O VIÉS OTIMISTA

Título original
THE OPTIMISM BIAS
WHY WE'RE WIRED TO LOOK ON THE BRIGHT SIDE

Primeira publicação nos EUA pela Pantheon Books,
uma divisão da Random House, Inc. New York, 2011

Primeira publicação na Inglaterra por Robinson,
um selo da Constable & Robinson Ltd, 2012

Copyright © Tali Sharot, 2012

O direito de Tali Sharot de ser identificada como autora desta obra foi assegurado por ela em conformidade com o Copyright, Designs and Patents Act, 1988.

Todos os direitos reservados.

Nenhuma parte desta obra pode ser reproduzida ou transmitida por qualquer forma ou meio eletrônico ou mecânico, inclusive fotocópia, gravação ou sistema de armazenagem e recuperação de informação, sem a permissão escrita do editor.

Direitos para a língua portuguesa reservados
com exclusividade para o Brasil à
EDITORA ROCCO LTDA.
Av. Presidente Wilson, 231 — 8º andar
20030-021 — Rio de Janeiro — RJ
Tel.: (21) 3525-2000 — Fax: (21) 3525-2001
rocco@rocco.com.br
www.rocco.com.br

Printed in Brazil/Impresso no Brasil

Preparação de originais
Barcímio Amaral

CIP-Brasil. Catalogação na fonte.
Sindicato Nacional dos Editores de Livros, RJ.

S541v Sharot, Tali
O viés otimista: por que somos programados para ver o mundo pelo lado positivo / Tali Sharot; tradução de Ana Beatriz Rodrigues. - 1ª ed. - Rio de Janeiro: Rocco, 2015.

Tradução de: The optimism bias: why we're wired to look on the bright side
ISBN 978-85-325-2993-0

1. Inconsciente (Psicologia). 2. Neurociência. I. Título.
15-21806   CDD- 153
                                                           CDU- 159.95

Tali Sharot

O VIÉS OTIMISTA

Por que somos programados para
ver o mundo pelo lado positivo

Tradução de Ana Beatriz Rodrigues

Para os meus pais —
Tamar e Steve Sharot

Sumário

Prólogo: Um copo metade cheio para sempre? … 9

1. Para cima ou para baixo? … 21
2. Os animais estão presos no tempo? … 49
3. O otimismo é uma profecia autorrealizável? … 73
4. O que Barack Obama e Shirley Temple têm em comum? … 99
5. Você consegue prever o que o fará feliz? … 117
6. Flores que brotam na neve? … 143
7. Por que a sexta-feira é melhor do que o domingo? … 169
8. Por que nossas escolhas nos parecem melhores depois que as fazemos? … 197
9. As lembranças dos atentados de 11 de setembro são tão precisas quanto parecem? … 225
10. Por que sobreviver a um câncer é melhor do que vencer o Tour de France? … 253
11. Um lado escuro para o otimismo? … 277

Epílogo: Uma linda senhorita ou uma velha e triste senhora? … 299

Agradecimentos … 311

Notas … 315

Prólogo
Um copo metade cheio para sempre?

Eu gostaria de poder lhes afirmar que meu trabalho sobre o otimismo nasceu de um profundo interesse pelo lado positivo da natureza humana. Teria sido uma manchete e tanto: "Neurocientista cognitiva busca base biológica para nossas almas esperançosas"; entretanto, infelizmente, é falsa. Topei com o viés do otimismo quase que por acidente, enquanto pesquisava as lembranças das pessoas sobre o maior ataque terrorista dos nossos tempos. Na época, meus interesses científicos inclinavam-se mais para o lado sombrio: minha principal pesquisa tivera como objetivo entender de que maneira eventos traumáticos moldam nossas lembranças. Estava interessada em saber como o cérebro nos induz a acreditar que nossas recordações de eventos excepcionalmente carregados de emoção, como os acontecimentos do 11 de setembro de 2001, são tão precisos quanto um videoteipe, mesmo quando estamos absolutamente equivocados.

Eu fazia pesquisas na Universidade de Nova York havia mais de um ano quando as aeronaves que realizavam o voo 11 da American Airlines e o voo 175 da United foram lançadas sobre as torres gêmeas do World Trade Center a uma velocidade de quase 700 quilômetros por hora. Nas ruas, choque, confusão e medo foram as reações comuns. Emoções fortes como essas são exatamente o tipo de reação que gera lembranças incomumente vívidas que relutam em desaparecer. São conhecidas como "memórias de lampejo" (ou *flashbulb memories*, no inglês), por causa de suas características: são lembranças afiadas, ricas em detalhes. No Capítulo 9, narro a história das *flashbulb memories* — como nos recordamos de eventos que surgem inesperadamente e como estruturas profundas em nosso cérebro retocam essas lembranças, como no Photoshop, acrescentam-lhes contraste, melhoram sua resolução, inserem e eliminam detalhes.

Aquilo me intrigou: por que o nosso cérebro havia desenvolvido um mecanismo que criaria lembranças altamente vívidas que não eram necessariamente precisas? Mais ou menos na mesma época em que meus colegas e eu publicamos nossa pesquisa científica das lembranças dos ataques terroristas de 11 de setembro,[1] um grupo de pesquisadores da Universidade de Harvard propôs uma resposta intrigante. O sistema neural responsável por recordar episódios do nosso passado poderia não ter sido desenvolvido para tal propósito. Ao contrário, a função básica desse sistema, que muitos acreditam ter evoluído para memória, pode, na realidade, ser *imaginar o futuro*.[2]

Estudos feitos com imagens mostram que as mesmas estruturas cerebrais que são ativadas quando recordamos nosso passado entram em ação quando pensamos no futuro.[3] Essas duas atividades fundamentais do pensamento humano usam os mesmos mecanismos cerebrais; baseiam-se em informações semelhantes e em processos subjacentes. Para imaginar aquela viagem que você fará a Barbados em breve, por exemplo, você precisa de um sistema capaz de reconstruir, com flexibilidade, novos cenários, de reunir lembranças (suas últimas férias em um lugar ensolarado, imagens de praias de areia branca, seu/ sua acompanhante em trajes de banho) e uni-las para criar algo novo (você e a pessoa amada, de chapéu de palha, em uma praia de Barbados no mês que vem) — um evento que ainda vai acontecer. Como usamos para recordar o passado o mesmo sistema neural que usamos para imaginar o futuro, a recordação também é um processo de reconstrução, e não um *replay* de eventos passados em um vídeo, e, portanto, está suscetível a imprecisões.

Será que essa teoria estava correta? Para saber a resposta, eu teria de registrar a atividade cerebral de pessoas enquanto elas imaginavam eventos *futuros* e depois comparar essa atividade com o padrão que observei quando recordavam eventos *passados*.

O plano era simples. No entanto, quando solicitei aos meus voluntários para imaginar eventos futuros, algo inesperado aconteceu. Mesmo em situações específicas do tipo mais trivial (tirar a carteira de identidade, jogar uma partida de um jogo de tabuleiro), as pessoas tendiam a imaginar cenários magníficos em torno delas. Pintavam com tons de rosa os eventos mais absolutamente cinzentos.

Seria plausível imaginar que um corte de cabelo no mundo futuro seja uma tarefa relativamente insípida. Mas não é bem assim. Um corte de cabelo hoje pode ser entediante, mas um corte de cabelo no futuro é motivo de comemoração. Eis o que uma das participantes do meu estudo escreveu:

> Projetei que cortava o cabelo para doar para a *Locks of Love* [organização sem fins lucrativos que faz perucas para crianças que sofrem de queda de cabelo]. Eu tinha deixado o cabelo crescer durante anos e meus amigos estavam lá para comemorar comigo. Fomos ao meu cabeleireiro favorito no Brooklyn e depois almoçamos no meu restaurante preferido.

Pedi a outra participante para imaginar uma viagem no *ferry boat*. Ela respondeu:

> Daqui a um ou dois anos, vejo-me no *ferry* para a Estátua da Liberdade. O dia está lindo, mas venta bastante e meus cabelos voam ao vento.

O mundo, daqui a apenas um ou dois anos, era um lugar maravilhoso para se viver. Passei horas com uma aluna minha, Alison Riccardi, tentando propor eventos excepcionalmente entediantes que certamente não fossem motivo para comemoração. Assim que as pessoas começavam a imaginar, os eventos mais banais da vida pareciam dar uma guinada para melhor e resultavam em uma vida um pouco menos medíocre.

Essas respostas acenderam uma luz vermelha (pelo menos, cor-de-rosa) na minha mente. Fiquei surpresa com essa poderosa inclinação, aparentemente automática, a imaginar um futuro brilhante. Se todos os nossos participantes insistiam em pensar positivamente quanto ao que estava reservado para eles, tinha de existir uma base neurológica para o fenômeno. Deixamos de lado o nosso projeto original e passamos a tentar identificar os mecanismos neurais que mediam nossas tendências otimistas.[4]

De que maneira o cérebro gera esperança? Como nos induz a seguir em frente? O que acontece quando fracassa? Qual é a diferença entre o cérebro dos otimistas e o cérebro dos pessimistas? Embora o otimismo seja vital para o nosso bem-estar e tenha um enorme impacto na economia, durante anos essas perguntas ficaram sem resposta. Neste livro, argumento que os seres humanos não têm um viés de positividade por terem lido inúmeros livros de autoajuda. Ao contrário, o otimismo pode ser tão essencial à nossa sobrevivência que foi incorporado ao nosso órgão mais complexo, o cérebro.

Dos modernos analistas financeiros a líderes mundiais, passando por casais recém-casados (Capítulo 11), os Los Angeles Lakers (Capítulo 3) e até pássaros (Capítulo 2), o otimismo enviesa o pensamento humano e não humano. Mantém a razão como refém, direciona nossas expectativas a um resultado melhor, sem indícios suficientes para fundamentar tal conclusão.

Cerre os olhos por um momento e imagine a sua vida daqui a cinco anos. Que tipo de cenários e imagens lhe vêm à mente? Como você se vê profissionalmente? Qual é a qualidade da sua vida pessoal e dos seus relacionamentos? Embora cada um de nós defina *felicidade* de uma maneira, em geral somos inclinados a nos ver avançando com felicidade rumo ao sucesso profissional, a relacionamentos satisfatórios, à segurança financeira e à saúde estável. Desemprego, divórcio, dívidas, Alzheimer e vários outros males, que infelizmente são comuns, raramente fazem parte de nossas projeções.

Mas será que essas previsões irrealistas da bem-aventurança futura limitam-se apenas aos pensamentos relacionados a eventos fundamentais que mudam a vida, como casamento e uma promoção no trabalho? Ou será que ilusões otimistas aplicam-se a eventos mais mundanos do dia a dia? Esperamos concluir um volume maior de trabalho esta semana do que na semana passada? Esperamos que amanhã seja melhor do que ontem? Partimos do pressuposto de que o mês que vem será, de um modo geral, repleto de encontros mais agradáveis do que desagradáveis?

Em meados de 2006, revolvi pesquisar essa parte mais prosaica da equação. Eu passava alguns meses no Weizmann Institute for Science, em Israel, antes de iniciar um novo trabalho no University College London. Por mais intensa que fosse minha natureza otimista, eu não contava com muitos dias ensolarados quando chegasse à Inglaterra, e por isso estava relativamente determinada a me expor ao máximo possível ao sol durante algumas semanas antes de me mudar para a capital inglesa.

O Weizmann Institute fica a aproximadamente vinte minutos da agitada cidade de Tel Aviv. É um oásis científico no meio do país, um lugar bem cuidado, cercado de verde, que em muito lembra um campus universitário californiano. Mas, se o instituto em si é um local de tranquilidade, não é segredo para ninguém que a volátil política de Israel está sempre à espreita. Os estudantes do instituto, em sua maior parte, ingressam na faculdade depois de prestar o serviço militar obrigatório, uma experiência de vida que não inclina, necessariamente, a ser otimista. Com isso em mente, perguntei-me até que ponto eles estariam propensos a apresentar o viés do otimismo. Recrutei um grupo de amostra e perguntei-lhes quais eram suas expectativas a respeito do mês por vir. No nível mais monótono, qual a probabilidade de acreditarem que ficariam presos no trânsito em algum momento ou de que se atrasassem mais de meia hora para um compromisso? Em um nível ligeiramente mais alto de previsão, em sua opinião, qual seriam as suas chances de ter um encontro sexual do qual se arrependeriam ou que lhes trouxesse satisfação? Conseguiam ver-se preparando uma refeição complicada, recebendo um presente-surpresa? Apresentei-lhes cem dessas perguntas.

Devo confessar que os resultados me impressionaram, na medida em que a enorme maioria dos estudantes esperava ter experiências mais positivas do que negativas ou até mesmo neutras, em uma proporção de aproximadamente 50% para 33%. E não foi só isso: esperavam que os incidentes positivos ocorressem antes dos desagradáveis ou dos simplesmente enfadonhos. Embora os estudantes em geral esperassem ter um encontro agradável com um parceiro/a nos próximos dias, eles só esperavam ter uma briga com o namorado ou a namorada — quando esperavam — mais para o fim do mês.

Na chance (remota) de que os participantes do meu estudo levassem uma vida encantada, pedi que voltassem daí a um mês e indicassem quais desses cem eventos nacionais realmente haviam vivido durante esse tempo. Revelou-se que haviam vivido acontecimentos cotidianos positivos, negativos e neutros praticamente em iguais proporções: 33% cada. Os alunos do instituto não tinham encontrado o segredo da felicidade humana; haviam meramente expressado o viés do otimismo, muito comum.

Ao considerar esse exemplo, você deve ter se perguntado se o otimismo é verdadeiramente uma tendência dominante em uma população como um todo ou, mais especificamente, uma ilusão especial da juventude. Trata-se de pergunta relativamente justa. Seria de imaginar que, ao envelhecermos, ficaríamos mais sábios. Com mais anos de experiência, deveríamos ser capazes de perceber o mundo com mais precisão — de distinguir ilusões de esperança da dura realidade. Deveríamos, mas não é o que acontece.

Usamos óculos com lentes cor-de-rosa, independentemente de termos oito ou oitenta anos. Há relatos de crianças de nove anos que expressam expectativas otimistas com relação à vida adulta,[5] e uma pesquisa publicada em 2005 revelou que adultos mais velhos (entre sessenta e oitenta anos) têm a mesma probabilidade de ver o copo metade cheio do que os adultos de meia-idade (dos 36 aos 49) e dos jovens adultos (entre 18 e 25 anos).[6] O otimismo é prevalente em todas as faixas etárias, etnias e condições socioeconômicas.[7] Muitos não estão cientes dessas tendências otimistas. Na realidade, o viés do otimismo é tão poderoso exatamente porque, como muitas outras ilusões, não é inteiramente acessível à deliberação consciente. Entretanto, os dados demonstram com clareza que as pessoas, de um modo geral, superestimam suas perspectivas de realização profissional; esperam que seus filhos sejam extraordinariamente talentosos; fazem um cálculo equivocado de seu provável tempo de vida (às vezes, com uma diferença de vinte anos a mais); esperam ser mais saudáveis do que a pessoa média e mais bem-sucedidas do que seus pares; subestimam enormemente a probabilidade de divórcio, câncer e desemprego; e em geral são confiantes de que sua vida será melhor do que a que seus pais tiveram.[8] É a isso que chamamos de viés do otimismo — a tendência a superestimar a probabilidade de viver eventos positivos no futuro e subestimar a probabilidade de viver eventos negativos.[9]

* * *

Muitos estão convencidos de que o otimismo foi inventado pelos americanos — subproduto da imaginação de Barack Obama, creem alguns. Encontro essa noção com frequência, em especial ao fazer palestras na Europa e no Oriente Médio. Sim, dizem, celebrar futuros cortes de cabelo, imaginar um passeio de *ferry boat* em dia ensolarado, subestimar a probabilidade de contraírem dívidas, câncer e outros males são sinais do viés do otimismo — mas é dos nova-iorquinos que estamos falando.

Verdade seja dita, minha primeira pesquisa sobre o otimismo foi feita com habitantes de Manhattan. (Esforcei-me ao máximo para fazer todas as futuras pesquisas com ingleses e israelenses céticos.) Perdoo a você por pressupor que a Big Apple é o contexto perfeito para uma pesquisa sobre otimismo. Embora eu não tenha dados estatísticos à mão para sustentar isso, a cultura pop certamente nos levará a acreditar que a cidade de Nova York é um para-raios para indivíduos que sonham alto e acreditam que seus sonhos podem ser realizados. Dos recém-chegados imigrantes que contemplam a Estátua da Liberdade a Holly Golightly a admirar a vitrine da Tiffany's na Quinta Avenida, a cidade de Nova York é um símbolo de tudo que remete à esperança: uma cidade de ruas fervilhantes nas quais as pessoas atropelam continuamente umas às outras na tentativa de ser o Novo Estrondoso Sucesso.

Para surpresa de alguns, entretanto, as raízes do conceito de otimismo podem ser facilmente remontadas ao pensamento europeu do século XVII. A formulação de uma filosofia otimista criou raízes não na cultura americana, mas na França. Descartes foi um dos primeiros filósofos a expressar a idealização otimista, ao manifestar a confiança de que os seres humanos poderiam dominar o próprio universo e, assim, aproveitar os frutos da terra e a manutenção da boa saúde. Mas normalmente se credita a introdução de *otimismo* como termo técnico ao filósofo alemão

Gottfried Wilhelm Leibniz, que afirmou notavelmente que vivemos "no melhor de todos os mundos possíveis".[10] Os resultados de ter uma visão de futuro com viés positivo podem ser bastante medonhos — batalhas sangrentas, desastres econômicos, divórcio e planejamento inadequado (vide Capítulo 11). Sim, o viés do otimismo às vezes pode ser destrutivo. Mas, como logo descobriremos, o otimismo também é adaptativo. Como ocorre com todas as outras ilusões da mente humana (como a ilusão de vertigem e as ilusões visuais descritas no Capítulo 1), a ilusão do otimismo desenvolveu-se por um motivo: tem uma função.

O viés do otimismo nos protege de perceber com precisão a dor e as dificuldades que o futuro sem dúvida nos reserva e pode nos defender de ver nossas opções na vida como um tanto ou quanto limitadas. Resultado: estresse e ansiedades são reduzidos, a saúde física e mental melhora e a motivação para a ação e a produtividade aumenta. Para seguir em frente, necessitamos ser capazes de imaginar realidades alternativas — não apenas antigas realidades, mas realidades melhores — e precisamos acreditar que são possíveis.

A mente, concordo, tem uma tendência a tentar transformar previsões em realidade. O cérebro é organizado de maneira a permitir que as crenças otimistas transformem nossa maneira de ver o mundo ao nosso redor, interagir com ele e fazer do otimismo uma profecia autorrealizável. Sem o otimismo, a primeira nave espacial talvez jamais tivesse sido lançada ao espaço, nunca teria havido uma tentativa de paz no Oriente Médio, as pessoas provavelmente não se casariam e nossos ancestrais nunca teriam se aventurado a se afastar de suas tribos e talvez ainda habitássemos as cavernas e sonhássemos com a luz e o fogo.

Felizmente, não foi o que aconteceu. Este livro explora um dos maiores enganos dos quais a mente humana é capaz: o viés do otimismo. Investiga quando esse viés é adaptativo e quando é destrutivo, e apresenta indícios de que ilusões moderadamente otimistas podem promover o bem-estar. Concentra-se na arquitetura específica do cérebro, que permite que o otimismo irrealista seja gerado e altere nossas percepções e ações. Para entender o viés do otimismo, necessitamos antes analisar como e por que o cérebro cria as ilusões de realidade. Precisamos estourar uma bolha gigantesca — a noção de que percebemos o mundo como realmente é.

CAPÍTULO 1

PARA CIMA OU PARA BAIXO?
Ilusões do cérebro humano

Sharm el-Sheikh, 3 de janeiro de 2004. O voo 604, da Flash Airlines, com destino a Paris via Cairo, transporta 148 passageiros e membros da tripulação. O Boeing 737-300 decola exatamente às 4:44. Dois minutos depois, desaparece do radar.

Sharm el-Sheikh fica na extremidade sul da Península do Sinai. O clima ameno o ano todo, suas belas praias e seus maravilhosos pontos para prática de mergulho fazem do local um destino turístico popular. Os passageiros do voo 604 são, em sua maior parte, turistas franceses que fogem do inverno europeu para passar os feriados do Natal e fim de ano próximo ao Mar Vermelho. Há famílias inteiras a bordo do voo 604, a caminho de casa.[1]

A tripulação é, em grande parte, de egípcios. O piloto, Khadr Abdullah, é um herói de guerra condecorado por sua habilidade no MiG-21 da força aérea egípcia durante a Guerra do Yom Kippur. Tem 7.444 horas de voo, embora apenas 474 sejam no comando do Boeing 737 que pilota agora.[2]

De acordo com a rota que deverá seguir, a aeronave deveria ter subido pouco após a decolagem para, em seguida, virar à esquerda, em direção ao Cairo. No entanto, com menos de um minuto de voo, o avião vira à direita e rapidamente atinge um ângulo perigoso. Voa totalmente de lado e inicia uma trajetória em espiral descendente, rumo ao Mar Vermelho. Pouco antes do impacto, o piloto parece readquirir o controle do avião, agora de cabeça para baixo, mas é tarde demais.[3] O voo 604 mergulha na água momentos após a decolagem. Não há sobreviventes.

Inicialmente, as autoridades desconfiam de que terroristas tenham plantado uma bomba no avião. A hipótese surge porque nenhum sinal de dificuldade foi enviado pela aeronave. No entanto, quando clareia o dia, e os destroços do avião são encontrados, fica aparente que a teoria não se sustenta. Os destroços do avião são encontrados próximos um do outro e não são numerosos.[4] Isso sugere que o avião estava intacto ao tocar a água, que não explodiu no ar, o que teria gerado muitos fragmentos espalhados pelo mar. O que, então, haveria feito o voo 604 despencar violentamente?

Para resolver o mistério, era fundamental encontrar a caixa-preta do avião. A área onde o avião caiu tem mil metros de profundidade, o que dificulta a detecção dos sinais emitidos por essa caixa. Além disso, a sua bateria dura apenas trinta dias; depois, a probabilidade de encontrá-la é praticamente nula. Equipes de busca egípcias, francesas e americanas participam do esforço. Felizmente, duas semanas mais tarde, um navio francês a detecta.[5]

As informações do gravador de voz e do registro da cabine contêm pistas que levam os investigadores em várias direções. Identificam-se nada menos do que cinquenta cenários que são descartados um a um com base nos dados disponíveis. Nenhum indício de defeitos ou mau funcionamento no avião foi encontrado.[6] Restam aos investigadores alguns cenários que eles então testam em um simulador de voo. Depois de examinar detalhadamente os cenários restantes, todos, exceto um, são considerados incoerentes com os dados existentes. A equipe de pesquisadores dos EUA conclui que "o único cenário identificado pela equipe de investigação capaz de explicar a sequência de eventos do acidente, sustentado pelos indícios existentes, indica que o comandante sofreu desorientação espacial".[7]

Durante a desorientação espacial, conhecida também como vertigem, o piloto não consegue detectar a posição da aeronave em relação ao solo. Isso normalmente acontece quando não existem referências visuais, por exemplo, quando a aeronave voa em uma nuvem densa ou em total escuridão sobre o oceano. O piloto pode estar convencido de que voa em linha reta quando, na verdade, o avião voa em um plano inclinado. Ou, ao arremeter o avião, acredita que está mergulhando. Tentar corrigir a (falsa) posição da aeronave só piora as coisas. Para corrigir a ilusão, o piloto pode tentar levantar o nariz da aeronave, manobra que normalmente leva a aeronave a iniciar uma catastrófica espiral descendente, conhecida, por razões óbvias, como "espiral da morte". É o que parece ter acontecido com a aeronave Piper pilotada por John F. Kennedy, Jr. O avião mergulhou no Atlântico em 16 de julho de 1999, depois que Kennedy sofreu uma desorientação espacial durante um voo noturno, com mau tempo, a caminho de Martha's Vineyard.[8]

Mas como um piloto pode estar convencido de que voa para cima quando na verdade voa para baixo? Ou que voa em linha reta quando, na verdade, faz uma curva perigosa? O sistema de orientação do cérebro humano evoluiu para detectar nosso movimento na terra, não no céu. Para calcular a nossa posição, compara sinais do ouvido interno (dotado de trompas cheias de líquido que mudam quando nos movemos) com a sensação fixa de gravidade que aponta para o centro da terra.[9] O sistema funciona extremamente bem quando estamos em terra, pois foi desenvolvido para funcionar nesse contexto (nossos ancestrais não passavam muito tempo no ar). No entanto, em uma aeronave veloz, no meio do ar, o sistema fica confuso. Nosso cérebro interpreta sinais irregulares, como acelerações angulares ou força centrífuga, como a força da gravidade normal. Resultado: calcula equivocadamente nossa posição em relação a terra. O líquido no ouvido interno não acompanha com a mesma rapidez a mudança de direção da aeronave, o que ocasiona a transmissão de sinais falsos ao cérebro. Quando nossos olhos também não conseguem confirmar a mudança de direção, pela falta de pistas visuais, a mudança de posição pode não ser detectada. Assim, a aeronave pode estar voando de lado, ainda que o piloto esteja absolutamente convencido de que está voando em paralelo ao solo; é como se ele estivesse relaxando no sofá de casa.

Ora, eis o problema: ao longo da vida, aprendemos a recorrer ao sistema de orientação do cérebro para nos oferecer a correta posição do corpo com relação ao solo. Raramente desconfiamos que o cérebro nos envia informações equivocadas. Por isso, normalmente não questionamos nosso senso de posição. Neste exato momento, enquanto lê este livro, você sabe com certeza que o céu está acima de você e o chão abaixo. Provavelmente tem razão. Mesmo na calada da noite, sem pistas visuais, você ainda consegue dizer com certeza o que está acima e o que está abaixo.

Assim, a primeira coisa que um piloto precisa aprender é que, embora possa ter 100% de certeza de que seu avião está na direção correta, isso talvez seja uma ilusão. Não é um conceito fácil de entender. Uma ilusão é uma ilusão porque a percebemos como tal — como uma realidade. "O ajuste mais difícil que você precisa fazer ao aprender a pilotar é a disposição de acreditar que, em determinadas condições, seus sentidos podem errar", afirma um manual de treinamento para aspirantes a piloto.[11]

A boa-nova é que existe solução para a vertigem dos pilotos: trata-se do sistema de navegação da aeronave. Por isso, felizmente, a maior parte dos aviões não acaba no fundo do oceano, embora praticamente todos os pilotos já tenham tido um episódio de vertigem pelo menos uma vez na carreira. Se o piloto estiver familiarizado com o sistema de navegação da aeronave e souber que precisa recorrer a ele mesmo para comunicar informações que contradigam as transmitidas pelo seu cérebro, evitará tragédias. O problema no caso de John F. Kennedy, Jr. foi o fato de não ter sido devidamente treinado para voar por instrumentos (IFR), apenas para voos visuais (VFR). Não foi treinado para voar em condições que não permitissem o uso de pistas visuais — condições nas quais é necessário confiar apenas em instrumentos para se orientar, como as vigentes na noite escura e de mau tempo em que seu avião caiu.[12]

Khadr Abdullah, o experiente piloto da Flash, era treinado em IFR e VFR. No entanto, naquele dia fatídico, seu cérebro pareceu tê-lo enganado e o levou a acreditar que voava na horizontal, quando fazia uma curva em um plano inclinado que o levou a mergulhar de nariz no oceano. Como isso pode acontecer com um piloto experiente? A equipe de investigadores americanos sugere o seguinte cenário: logo depois da decolagem, o avião sobrevoava o Mar Vermelho à noite; portanto, não havia pistas visuais (como luzes em terra) para indicar o nível da terra ou do mar. Em segundo lugar, a mudança de posição espacial do aeroplano foi tão gradual que não pôde ser percebida com precisão pelo sistema vestibular dos membros da tripulação. Na verdade, como o ângulo havia aumentado muito, o piloto pode ter percebido que o avião virava ligeiramente para a esquerda e não perigosamente para a direita.[13] O cenário é sustentado pelas gravações de voz na cabine. Na fita, ouve-se o copiloto informando ao piloto que o avião está virando para a dircita. Ouve-se então a voz do piloto, em tom de surpresa, perguntando, "*Direita? Como assim direita?*", o que indica que ele havia detectado um descompasso entre as informações fornecidas pelo copiloto e sua própria percepção.[14]

Devido à falta de pistas visuais e à mudança gradual de posição, a única maneira pela qual o piloto poderia ter percebido com precisão a localização do avião em relação ao solo era monitorar constantemente o sistema de navegação do avião. Há indícios, porém, de que os instrumentos de voo não foram monitorados constantemente. Desde o momento em que começou a fazer uma curva acentuada para a direita, o avião voou a 35 nós abaixo da velocidade necessária e subia acima da arfada padrão. Aparentemente, o piloto não detectou essas mudanças porque sua atenção estava voltada para ativar e desativar o piloto automático.[15] Sem monitorar o sistema de navegação da aeronave, o piloto dependia apenas do sistema de orientação de seu cérebro, que naquele momento recebia informações equivocadas de seu ouvido interno e nenhuma informação visual — o que resultou no desastre.

Ilusões visuais

A maior parte das pessoas nunca pilotou um avião, por isso não está familiarizada com a experiência de vertigem que pode ocorrer. Entretanto, sem nos dar conta, somos vítimas constantes das ilusões criadas pelo nosso cérebro. Dê uma olhada nos dois quadrados identificados na figura abaixo. Qual deles é o mais claro? Você provavelmente vê a mesma coisa que eu: o quadrado B é mais claro, certo?

Figura 1. Ilusão do tabuleiro de damas
Edward H. Adelson, 1995.

Errado. Os quadrados são exatamente da mesma cor; garanto que são idênticos. Então por que os percebemos com diferentes tons de cinza? Trata-se de uma ilusão visual criada pelo nosso cérebro. Nosso sistema visual acredita que o quadrado B está na sombra, enquanto o quadrado A está na luz. Não estão. As imagens foram criadas com o Photoshop. Os quadrados transmitem a mesma quantidade de luz, mas o nosso cérebro corrige o que presume ser a posição dos quadrados (na sombra ou na luz) e conclui que o quadrado B deve ser mais claro.[16] Resultado? O quadrado A parece ser mais escuro do que o quadrado B. Nossa percepção subjetiva da realidade difere da realidade objetiva.

Embora nesse caso nosso cérebro tenha nos dado informações imperfeitas (e de uma maneira muito convincente, também), ele teve um bom motivo para fazê-lo. Nosso sistema visual não foi desenvolvido para interpretar uma imagem inteligentemente construída no Photoshop que não segue regras físicas. Como o nosso sistema de orientação, nosso sistema visual foi desenvolvido para interpretar o mundo que encontra com mais frequência. Para tanto, desenvolveu alguns atalhos, alguns pressupostos sobre o mundo, dos quais lança mão para funcionar. Eles permitem que o nosso cérebro funcione com eficiência em quase todas as situações. Entretanto, não deixa espaço para erros quando esses pressupostos não são cumpridos.

Vamos explorar outro exemplo. Dê uma olhada nesta figura:

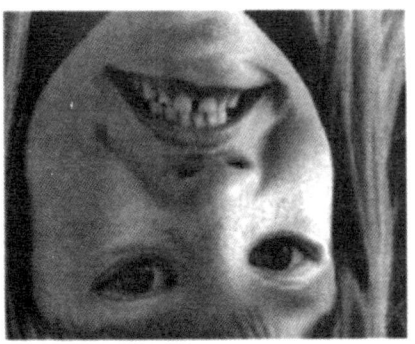

Figura 2. Garota sorrindo
Adaptado de P. Rotshtein, R. Malach, U. Hadar, M. Graif e T. Hendler, "Feeling or Features: Different Sensitivity to Emotion in Higher-Order Visual Cortex and Amygdala", *Neuron*, 32(2001): 747-57.

O que você vê? Uma foto, de cabeça para baixo, de uma garota sorrindo. Tudo bem. Agora gire o livro 180 graus e olhe a foto de novo. O que vê agora? De uma hora para outra ela deixa de ser um doce de menina, certo? É o chamado *efeito Thatcher* e foi demonstrado pela primeira vez em 1980 em uma foto da primeira-ministra britânica Margaret Thatcher,[17] que, sem entrar em detalhes, não é conhecida por expressões de alegria.

A ilusão é criada ao inverter-se o rosto sem inverter a boca e os olhos. De cabeça para baixo, o rosto parece relativamente normal e a expressão percebida é a mesma transmitida pela foto original antes de ser submetida ao efeito Thatcher (obtido com a inversão da face sem na realidade inverter a boca e os olhos). Assim, se originalmente a garota sorria, ela será percebida como se ainda sorrisse depois de submetida ao efeito Thatcher. No entanto, depois de submetida ao efeito, o rosto parece bizarro, grotesco até. O descompasso entre a orientação da boca e dos olhos com relação ao resto do rosto é facilmente detectado.

A ilusão, como muitas outras, nos oferece pistas sobre o funcionamento do cérebro e sobre as limitações evolutivas que nortearam o seu desenvolvimento. Todo dia vemos ao nosso redor rostos normais, sem inversão, pois estão por toda parte — nas ruas, ao nosso lado no ônibus ou no trabalho. É importante reconhecer com precisão e eficiência que um rosto é um rosto, e não, por exemplo, uma bola de futebol ou uma melancia, porque um rosto não é para ser quicado nem partido ao meio.

É importante também diferenciar facilmente o rosto da pessoa amada e o do seu chefe ou vizinho. Caso contrário, podem ocorrer constrangimentos. Na verdade, não basta ser capaz de reconhecer o rosto da pessoa amada, do chefe ou do vizinho. Para nos relacionar bem no mundo, temos de recordar e diferenciar milhares de rostos. Felizmente, a maior parte das pessoas o faz com facilidade, graças à parte do cérebro conhecida como área fusiforme da face, localizada em uma região do cérebro chamada de giro fusiforme.[18] A área fusiforme da face é a parte do nosso sistema visual que nos permite reconhecer que uma face é uma face e diferenciar entre as muitas outras que encontramos diariamente. Sem uma área fusiforme da face funcional, todos nos tornamos *prosopagnósticos*, ou seja, incapazes de reconhecimento facial. As pessoas que sofrem de lesões no giro fusiforme têm dificuldade de identificar faces e podem até ser incapazes de reconhecer a sua própria. (Oliver Sacks escreveu sobre um caso como esse no livro *O homem que confundiu sua mulher com um chapéu*).[19]

Imagine-se viver sem saber quem é quem. Verdade, nossa capacidade de reconhecimento facial não é perfeita. Muitas vezes somos abordados por pessoas que alegam nos ter conhecido antes, mas de quem não nos lembramos. No entanto, quando você busca seu filho na escola, em geral busca a criança certa, mesmo que ela use uma roupa diferente ou tenha acabado de cortar o cabelo. Na verdade, faz mais do que isso. Não só é capaz de detectar seu filho em meio a uma massa de rostos, como também é capaz de sentir se seu filho teve um dia bom ou ruim simplesmente ao analisar sua expressão facial.

Os seres humanos são excelentes em perceber o estado emocional dos outros. Nós o fazemos inconscientemente o tempo todo, usamos todo tipo de pistas, como o tom de voz ou o andar. Em geral, porém, identificamos os estados emocionais dos outros pelas expressões faciais. Identificamos uma expressão de alegria quando a vemos no rosto de uma pessoa; sabemos quando alguém está triste, com medo ou zangado por causa daquela curvinha no canto da boca, do franzir das sobrancelhas ou do apertar de olhos. As pistas podem ser sutis, mas somos muito hábeis em detectar o estado emocional das pessoas porque nos tornamos especialistas em identificar expressões faciais. Conseguimos fazê-lo com rostos que não nos são familiares, como rostos de pessoas que não encontramos antes, com rostos de nossa cultura ou de uma cultura diferente, porque as expressões emocionais são universais.[20]

A capacidade de transmitir e detectar emoções é fundamental para a nossa existência. Vejamos, por exemplo, nossa capacidade de diferenciar entre a expressão de medo e a de raiva. A expressão de raiva sinaliza que a pessoa diante de nós está zangada, possivelmente conosco, e talvez seja uma ameaça à nossa sobrevivência. Uma expressão de medo sinaliza que existe uma ameaça em alguma parte do meio; entretanto, a pessoa que está diante de nós não é a fonte dessa ameaça. Nesse caso, devemos olhar rapidamente ao redor para tentar detectar de onde vem o perigo para assim poder evitá-lo.

O reconhecimento preciso das expressões e da identidade emocionais é vital para a comunicação social. Em geral, as pessoas conseguem reconhecer milhares de faces; podemos facilmente distinguir Margaret Thatcher de Boy George (aparentemente, eles se parecem)[21] e um franzir de sobrancelhas de um sorriso amarelo. Entretanto, basta girar as faces de cabeça para baixo e ficamos quase tão impotentes quanto um piloto voando na escuridão total sem o auxílio de instrumentos de navegação.

O cérebro está acostumado a detectar faces e expressões faciais na vertical. Processa em uníssono as partes da face (olhos, nariz e boca), pois é a maneira mais eficiente de fazê-lo. Em outras palavras, em lugar de identificar cada parte separadamente, o cérebro processa a face e sua expressão como um todo.[22] Agora, como o cérebro não encontra rostos de cabeça para baixo com muita frequência, não aprendeu a processá-los com a mesma eficiência. Quando nos apresentam uma face invertida, parecemos processar suas características separadamente, não de maneira configurada.[23]

Voltemos ao rosto da menina na Figura 2. Embora seu rosto estivesse de cabeça para baixo, a boca e os olhos não estavam. Isoladamente a boca e os olhos expressam emoção de maneira normal. Nosso cérebro os processa separadamente do resto do rosto e identifica as pistas emocionais por eles transmitidas. Concluímos assim que a pessoa sorri. Vire a imagem "thatcherizada", porém, e o que se percebe são os olhos e a boca em uma forma jamais vista. A imagem se deforma e nossa reação emocional à distorção é de repulsa e medo.

Não são apenas os seres humanos que apresentam essa reação à imagem "thatcherizada". Macacos também.[24] Um grupo de pesquisadores da Universidade Emory "thatcherizou" a face de um macaco com a mesma técnica usada na Figura 2. Em seguida, mostrou a um grupo de macacos quatro fotos: uma da face padrão de um macaco, uma invertida da face padrão de um macaco, uma da face de um macaco "thatcherizada" invertida (como na Figura 2) e uma da face de um macaco invertida que não havia sido "thatcherizada" (a que os seres humanos consideram bizarra). Os macacos não se interessaram muito pelas fotos da face do macaco padrão — independentemente de a imagem estar invertida ou não, lançaram um breve olhar para a foto normal e seguiram em frente. E a foto "thatcherizada"? Quando a imagem foi invertida (como na Figura 2), os macacos não demonstraram maior interesse na face "thatcherizada" do que na face normal. No entanto, quando a imagem foi apresentada na vertical, os macacos passaram muito mais tempo olhando para a face "thatcherizada" do que para qualquer uma das outras. A reação dos macacos indica que a imagem lhes causou tanta estranheza quanto causou a nós, mas, assim como nós, também foram enganados, perceberam a face invertida como normal. Se os macacos são sensíveis ao efeito Thatcher, isso significa que os processos subjacentes à ilusão são antigos do ponto de vista evolutivo. O cérebro parece ter desenvolvido um viés específico para processar faces há muito tempo.

Como na maior parte das ilusões, o fato de saber que é uma ilusão e de conhecer suas origens não elimina a ilusão. Embora agora saibamos que os quadrados da Figura 1 são iguais, continuamos a acreditar que o quadrado B é mais claro do que o quadrado A. Nosso conhecimento não muda nossa percepção; a ilusão continua lá. Da mesma maneira, um piloto pode reconhecer que está em um estado de vertigem, no qual as informações fornecidas pelos instrumentos não estão alinhadas com a sua percepção, e ainda assim sentir que ganha altitude quando na realidade está em queda livre. A ilusão, que parece ser muito real, é dissociada do conhecimento (quando existe) de que a percepção é falsa.

No que diz respeito a ilusões visuais, é relativamente fácil para nós aceitar que nossa percepção está equivocada quando alguém nos aponta o equívoco. Conseguimos vê-lo com nossos próprios olhos. Podemos girar o livro ou mover os quadrados escuros da Figura 1 no Photoshop para ver a ilusão se desfazer. No entanto, é muito mais difícil aceitar as ilusões cognitivas, não as sensoriais.

Como em qualquer sistema complexo, o cérebro tem defeitos internos. Esses defeitos são fortíssimos; convivemos com eles todos os dias sem sequer estar cientes deles. Raramente duvidamos de que a nossa percepção seja um reflexo preciso do mundo, quando, na realidade, nosso cérebro pode nos oferecer uma noção distorcida da realidade. É quando essa disparidade nos é apontada por instrumentos (como no caso da vertigem), demonstrações (como no caso das ilusões visuais) ou dados (como no caso do viés do otimismo e de outras ilusões cognitivas), que vemos um quadro absolutamente diferente do que esperamos ver. É então que percebemos que o nosso cérebro não é exatamente a autoridade final sobre o que está ao nosso redor ou mesmo dentro de nós.

No entanto, as ilusões nos revelam algo sobre a natureza adaptativa do cérebro humano. Elas transmitem o sucesso, e não o fracasso, da evolução dos nossos sistemas neurais, mas, como a vertigem, vez por outra, podem levar ao desastre.

Ilusões cognitivas

Dê uma olhada na lista de atributos pessoais a seguir. Para cada um deles, avalie por um momento se você fica no 25º percentil inferior da população naquele atributo, do 25º ao 50º percentil, do 50º ao 75º percentil ou acima do 75º percentil — em outras palavras, nos 25% superiores.

1. Dar-se bem com os outros
2. Capacidade de liderança
3. Raciocínio lógico
4. Habilidade ao volante

Faça o mesmo para as seguintes características:

1. Honesto
2. Alegre
3. Interessante
4. Fisicamente agradável

A realidade é que a maior parte das pessoas se vê como superior ao ser humano em geral. Acreditamos ser únicos. Talvez você não tenha se classificado acima da média em todas as qualidades listadas. Mas desconfio que a maior parte das pessoas se posicionou no 50º percentil superior ou mesmo no 25º percentil superior.

Um levantamento feito em meados da década de 1970 revelou que 85% dos participantes se classificavam no 50º percentil superior na habilidade de se dar bem com os outros e 70% o faziam no quesito capacidade de liderança. Na verdade, na característica "Dar-se bem com os outros", um quarto dos indivíduos acreditou que deveria estar posicionado entre os 25% superiores.[25] Outro levantamento mostrou que 93% das pessoas entrevistadas acreditavam estar no 50º percentil superior no quesito habilidade ao volante.[26]

Isso, evidentemente, é impossível. A *maioria* das pessoas não pode ser melhor do que a *maioria* das pessoas. Os dados demonstram uma falha matemática. Alguém tem de estar na parte de baixo da curva; é impossível que estejamos todos nós na parte positiva da distribuição. Todos nós podemos, entretanto, *acreditar* que estamos muitíssimamente bem classificados na maior parte dos atributos positivos, o que realmente acontece. A ilusão é conhecida como *ilusão da superioridade* (ou *viés da superioridade*). É tão poderosa quanto as ilusões produzidas pela desorientação espacial ou um rosto "thatcherizado". Estamos confiantes de que somos mais interessantes, atraentes, simpáticos e bem-sucedidos do que a maior parte das outras pessoas.

Podemos não admiti-lo abertamente quando perguntados, mas temos uma forte noção de que isso é correto. Se fosse dita a verdade, algumas pessoas *são* mais criativas, honestas e engraçadas do que a média, mas cerca de metade não. A verdade é que somos cegos quanto às nossas ilusões. No entanto, embora não reconheçamos nossos próprios vieses, não raro detectamos os vieses dos outros.

Esse princípio aplica-se também à desorientação espacial. Quando Khadr Abdullah, piloto do voo 604, pilotava seu avião na fatal espiral descendente, não estava sozinho. Sentado ao seu lado estava Amr Shaafei, o copiloto. Shaafei parecia estar ciente da posição precisa do avião. Segundo o relatório da equipe de investigadores dos EUA, "as comunicações verbais do copiloto indicavam que ele tinha uma consciência precisa da altitude de voo da aeronave durante a sequência que culminou na queda do avião".[27] Muito provavelmente, quando ele finalmente advertiu Abdullah do que estava acontecendo, estava ciente da vertigem do piloto.

Para uma pessoa de fora, que não compartilha a ilusão de outra pessoa, a ilusão não raro é evidente. No entanto, no caso do voo 604, ainda que Shaafei parecesse não estar ciente da ilusão espacial vivida por Abdullah, ele hesitou em lhe comunicar a situação. Quando tentou corrigir a orientação especial de seu superior, era tarde demais.

Esse incidente mostra uma característica importante de muitas ilusões. Ao contrário das ilusões visuais, nas quais muitas vezes compartilhamos a mesma falsa percepção das pessoas que estão ao nosso redor, outros tipos de ilusão variam ligeiramente de acordo com nosso ponto de vista. Por exemplo, muitas pessoas se acreditam superiores, em muitos aspectos, às pessoas que estão ao seu redor. Isso significa que nós *nos vemos* como pessoas melhores, e não as outras pessoas como melhores do que nós. Portanto, (a) todos temos uma visão ligeiramente diferente do mundo e (b) somos capazes de detectar ilusões cognitivas, como a ilusão de superioridade, nos outros. Como podemos identificar essas ilusões e vieses nos outros, mas não em nós mesmos, concluímos que somos menos suscetíveis a vieses do que as outras pessoas em geral. Em essência, isso significa que temos a ilusão de que somos imunes a ilusões. Eis a ironia das ilusões cognitivas.

Nossa tendência a nos perceber como menos suscetíveis ao viés do que o restante da raça humana foi chamada de *viés do ponto cego* pela psicóloga Emily Pronin, da Universidade de Princeton.[28] Como exemplo desse fenômeno, Pronin cita a caça de patos.[29]

Em 2004, o juiz da Suprema Corte dos Estados Unidos Antonin Scalia e o vice-presidente Dick Cheney fizeram uma viagem para caçar patos em um campo particular no sul da Louisiana. Pressuponho que Cheney e Scalia acreditem ser exímios caçadores de patos — mas isso não vem ao caso aqui. O motivo do interesse pela viagem dos dois é que Scalia deveria julgar um processo no qual o vice-presidente estava envolvido. Cheney apelava da decisão de uma corte distrital que o obrigara a revelar detalhes sobre a identidade dos participantes de sua força-tarefa de energia.

A mídia e o público acreditavam que Scalia deveria se desvincular do processo, devido ao contato social que tinha com Cheney apenas semanas depois que a Suprema Corte havia concordado em julgar a apelação.³⁰ A preocupação era que o fato de comer, beber, socializar e caçar patos com o vice-presidente poderia não permitir que Scalia fosse inteiramente objetivo ao julgar o caso de Cheney. A resposta de Scalia? "Não acredito que minha imparcialidade possa ser questionada", e acrescentou que a única coisa que realmente dera errado na viagem foi que a caçada foi péssima.³¹

Scalia acabou decidindo-se a favor da posição de Cheney, bem como a da maioria dos juízes da Suprema Corte. Embora seja possível que Scalia tenha sido objetivo em seu julgamento, parece desarrazoado alegar que sua imparcialidade não poderia ser questionada. Por que isso nos parece claro, mas não pareceu a ele? Pronin sugere que isso se dá porque as pessoas tendem a julgar a intensidade do viés das *outras* pessoas de acordo com o seu comportamento, mas julgam *os próprios* vieses de acordo com seus sentimentos, seus pensamentos e suas motivações.³² Scalia saiu em viagem com Cheney, bebeu vinho tinto e compartilhou dicas de caça. Logo em seguida, Scalia decidiuse a favor de Cheney. Avaliamos tal comportamento e concluímos que Scalia pode ter sido tendencioso. Scalia, ao contrário de nós, teve acesso a seus próprios pensamentos e a suas próprias motivações. Avaliou-os e concluiu com a certeza de que era absolutamente imparcial ao julgar o caso de Cheney. Scalia acreditava ter *insights* sobre seus motivos internos e seu estado mental; acreditava saber se estava subindo ou descendo. Entretanto, estava equivocado, pelo menos parcialmente.

Scalia parece ter vivido uma *ilusão da introspecção*, a forte noção que as pessoas têm de que podem acessar diretamente o processo subjacente a seus estados mentais. A maioria dos estados mentais, porém, em grande parte está indisponível à interpretação consciente. A questão é que as pessoas não estão cientes de que não estão cientes. Assim, embora a introspecção dê a impressão de que simplesmente observamos nossas intenções internas, trata-se, em grande parte, de uma *inferência* sobre as nossas intenções internas e não seu verdadeiro reflexo.[33]

Um dos melhores exemplos da ilusão da introspecção vem de um estudo feito por Petter Johansson, Lars Hall, Sverker Silkstrom e Andreas Olsson (tive a sorte de dividir a sala com esse último durante o doutorado). A equipe de suecos resolveu examinar até que ponto as intenções estão disponíveis para introspecção precisa.[34] Apresentaram a 120 participantes quinze pares de fotos de mulheres. Em cada prova, os participantes tinham de indicar qual, entre duas fotos de mulheres, consideravam mais atraente. Em seguida, a equipe de pesquisadores lhes apresentava a foto da mulher escolhida para inspeção mais detalhada e pedia que explicassem por que haviam considerado aquela mulher específica mais atraente do que a outra. Sem saber, os participantes eram enganados pelo experimentador durante três experimentos. Nessas instâncias, o experimentador lhes apresentava fotos das mulheres preteridas, não das que eles haviam escolhido. Surpreendentemente, em quase 75% dos casos, os participantes não notaram a troca. Isso se deu mesmo em casos em que as duas fotos eram bastante diferentes uma da outra. No fim do experimento, fazia-se aos ingênuos participantes uma pergunta "hipotética": "Se você fosse participar de um estudo no qual a fotografia escolhida tivesse sido secretamente trocada com a que você havia rejeitado, você teria notado a troca?" Dos participantes (que momentos atrás haviam deixado de detectar a troca), 84% acreditavam-se capazes de detectar facilmente a troca.

Ainda mais impressionante foi o fato de que os participantes ficaram mais do que satisfeitos em explicar ao experimentador por que consideravam a foto que rejeitaram havia apenas alguns segundos mais atraente do que as que haviam de fato (sem saber) escolhido. Um participante explicou que havia escolhido a foto de uma garota que sorria e usava joias "porque ela é radiante. Eu a teria abordado em um bar, não a outra. Gosto de mulheres de brinco".[35] Na realidade, o participante não havia selecionado a garota sorridente que usava brinco! Tinha escolhido a garota mais séria, sem brincos. Quando foi levado a explicar por que preferia a garota sorridente, o participante acreditou que poderia avaliar os processos mentais que nortearam sua decisão. Sua resposta indica que ele estava equivocado, embora acreditasse ter acesso direto a suas preferências e intenções. Era a ilusão da introspecção em ação. Em vez de refletir verdadeiramente seus processos mentais internos, ele inferia e construía, de maneira imprecisa, suas intenções e seu estado mental passado.

Os pesquisadores chamaram o fenômeno de *cegueira da escolha*, e a descrença dos participantes de que poderiam ser assim enganados foi descrita como *cegueira da cegueira da escolha*.[36] A equipe de pesquisadores queria ter certeza de que a cegueira da escolha não era específica do julgamento da atração física de rostos. Como já mencionamos, o processamento facial é especial; processamos faces de maneira holística e talvez haja alguma coisa na percepção de faces que seja especialmente suscetível à cegueira da escolha.

Johansson e Hall então foram até o supermercado mais próximo e montaram um estande no qual ofereciam provas de geleia. Paravam as pessoas, que de nada desconfiavam, e perguntavam se desejavam provar dois tipos de geleia, uma de amora-preta e outra de framboesa. Uma estava em um pote azul e a outra em um pote vermelho. Depois que o cliente havia provado as duas, deveria indicar qual delas preferia. Em seguida, recebia uma segunda prova que, segundo os experimentadores, era do sabor selecionado; pedia-se então que ele explicasse por que havia preferido aquele sabor ao outro.

Sem que os clientes soubessem, Johansson e Hall aplicavam, mais uma vez, um truque. Os potes que eram colocados diante dos clientes tinham uma divisão interna, o que lhes permitia conter os dois sabores de geleia. Isso facilitava a execução do truque de Johansson e Hall, que podiam então oferecer ao cliente uma prova da geleia que havia rejeitado sem que notasse. Os clientes eram "cegos em relação à geleia". Não notavam que a prova da geleia que lhes era apresentada da segunda vez não era do sabor por eles escolhido. Mais uma vez explicaram, confiantes, o que havia motivado sua escolha, escolha essa que, na verdade, não haviam feito.[37] "Tem um sabor menos adocicado", explicou um cliente quando os pesquisadores lhe perguntaram por que preferia a geleia que na realidade havia rejeitado. "Cai bem com a colher de plástico", argumentou outro.[38]

Os experimentos feitos por Johansson e Hall e seus colegas mostram que, sem saber, podemos criar racionalizações verbais para preferências e intenções que na realidade não temos. Será que essa disparidade também existe quando não há truques envolvidos?

Antes de tomar decisões importantes na vida, como a de mudar-se para um país estrangeiro, escolher que faculdade cursar ou aceitar uma oferta de emprego ou outra, as pessoas em geral enumeram por um bom tempo os prós e os contras de cada alternativa. Analisamos as possibilidades inúmeras vezes até finalmente tomar uma decisão. Quando chegamos a uma conclusão, estamos prontos para explicar a qualquer um que esteja disposto a ouvir por que a Columbia Business School é melhor do que Wharton para as nossas necessidades. Algumas pessoas levam horas discutindo que filme assistir na sexta à noite e outras são capazes de elaborar uma lista mental de todas as vantagens e desvantagens da pizza calabresa em relação à de presunto com champignon antes de ligar para a pizzaria.

Muitas vezes desperdiçamos um tempo valioso. Estudos mostram que pensar muito pode levar a julgamentos subótimos. Em um estudo, solicitou-se aos participantes que escolhessem, entre algumas opções disponíveis, um pôster de arte para levar para casa.[39] Um grupo de participantes foi solicitado a enumerar as razões pelas quais gostava ou desgostava dos pôsteres antes de tomar suas decisões. A outro grupo de participantes permitiu-se apenas que fizesse julgamentos instantâneos. Quando sondados, algumas semanas depois, os participantes que haviam feito julgamentos rápidos expressaram maior satisfação com sua seleção do que os participantes que tiveram tempo para avaliar conscientemente as opções.

O que aconteceu? Por que pensar mais levou a escolhas piores? A avaliação consciente das opções fez com que as pessoas se concentrassem em determinados aspectos dos pôsteres, à custa de outros mais importantes. As características que receberam maior peso foram as mais facilmente verbalizadas. "As cores desse pôster combinam mais com os móveis lá de casa", explicou um participante. Outros elementos, como a reação emocional ao pôster, não estavam tão facilmente acessíveis para introspecção e verbalização, e, portanto, tiveram mais probabilidade de ser ignorados no processo de deliberação. Quando os participantes levaram os pôsteres para casa, esses aspectos sobre os quais na realidade não haviam refletido revelaram ser os mais importantes.

Embora seja até comum acreditarmos que a deliberação é a melhor maneira de avaliar qual a melhor opção, ela pode nos enganar. Esteja você escolhendo um apartamento ou um tipo de bombom, demonstrou-se que a deliberação prejudica a satisfação.[40] Isso porque a racionalização consciente permite o acesso apenas a determinados dados. Por mais que nos esforcemos, alguns processos mentais e emocionais provavelmente permanecerão ocultos.

★ ★ ★

O viés do otimismo é uma ilusão cognitiva. Somos cegos a ela exatamente como somos às ilusões visuais, até que dados brutos sejam apresentados. Como na cegueira da cegueira da escolha ou a ilusão da introspecção, não acreditamos que podemos ser enganados. Sim, talvez nossos colegas, como são cidadãos de um país estrangeiro, sejam irrealisticamente otimistas, mas não nós, não os europeus/habitantes do Oriente Médio/nova-iorquinos/advogados/jornalistas/acadêmicos/idosos (acho que já deu para entender). Muitos acreditam ser relativamente realistas com relação ao que o futuro lhes reserva, e embora as nossas expectativas possam ser relativamente rosadas, é porque no futuro, bem, vai dar tudo certo.

O viés do otimismo monta guarda. Encarrega-se de manter nossa mente em paz e nosso corpo saudável. É o que nos leva para frente, em vez de nos fazer procurar o alto do prédio próximo. Bem, você pode ter se perguntado: se é assim, por que eu iria querer furar minha bolha cor-de-rosa? E você tem razão. Mas pense no rosto "thatcherizado" (Figura 2) ou na ilusão da luz (Figura 1). Você reconhece totalmente essas ilusões, talvez seja até capaz de explicar como a mente as cria, mas ainda assim é por elas enganado. Sempre. Toda vez.

O mesmo princípio se aplica ao viés do otimismo. Você pode até reconhecer o viés depois de analisar os indícios apresentados aqui. Às vezes, esse conhecimento pode até mudar suas atitudes, assim como a compreensão dos mecanismos subjacentes à vertigem permite que um piloto guie um avião ao seu destino com segurança. Entretanto, o copo provavelmente permanecerá cheio pela metade.

CAPÍTULO 2

Os animais estão presos no tempo?
A evolução da capacidade de previsão

Jay teve seus 15 minutos de fama em 2007. Seu caso foi relatado inicialmente no prestigioso periódico médico *Nature* e depois em revistas, jornais e blogs do mundo inteiro. Psicólogos, biólogos, neurocientistas e o público em geral ficaram fascinados com as habilidades de Jay, e os cientistas que as revelaram alcançaram fama mundial.

Aparentemente, Jay não considera suas habilidades nada incomuns. Para ela, a vida está longe de ser extraordinária. Ela vive no campus da Universidade de Cambridge, uma das mais antigas e mais aclamadas do mundo. As faculdades que compõem a universidade situam-se ao longo do rio Cam, que flui pacificamente pela cidade. Em um dos belos prédios antigos, cercados por gramados, Jay reside com alguns colegas. A qualquer momento, o visitante encontrará uns dez colegas que dividem algumas salas em um dos andares do prédio. Normalmente, Jay e suas colegas se dão muito bem. Há, porém, alguns problemas. Em particular, um tende a roubar a comida do outro. Qualquer um que já tenha dividido um quarto de universidade ou um apartamento na juventude sabe que o roubo de comida é bastante comum. Ao acordar, de manhã, você enche um prato fundo de cereal crocante de nozes e descobre que não tem leite. O que faz? Pega o leite que seu companheiro de quarto acabou de comprar. Enquanto tira o leite da geladeira, um *brownie* irresistível chama a sua atenção. Você sabe que não deve, mas aquele quadradinho marrom, com pedacinhos de nozes, é tentador e, depois de alguns segundos de debate moral, cede à tentação. Ninguém vai poder provar que fui eu, diz com seus botões. Somos cinco que dividem o apartamento. Você enfia rapidamente o *brownie* na boca, apressa-se em eliminar os farelos incriminadores e lambe os beiços de satisfação.

Para evitar esse tipo de coisa, as pessoas que dividem um apartamento com outras muitas vezes escondem comida, guardam aquele pote de sorvete lá no fundo do congelador ou aquela garrafa de vinho caro dentro do armário, no quarto. Jay faz o mesmo e é muito cautelosa em relação a isso. Se um de seus colegas a vê esconder a comida do café da manhã em um determinado lugar, ela volta depois que o colega já tiver ido embora e trata de guardar seu café da manhã em outro lugar para não ter a surpresa de não o encontrar na manhã seguinte. De início, esse truque de esconder a comida em um lugar diferente não lhe ocorreu. Foi somente depois de roubar a comida de um dos colegas que Jay começou a adotar tal comportamento. Os iguais se reconhecem.

Há um aspecto peculiar no estilo de vida de Jay. Ela e colegas não têm quartos específicos. Podem dormir em qualquer um dos cômodos do andar onde estão alojados.

Jay não se importa em dormir em partes diferentes da residência. Entretanto, isso levanta uma questão. Jay odeia sentir fome de manhã. Sempre que vai dormir, quer ter certeza de que o café da manhã vai estar lá quando acordar. Obviamente, não há serviço de quarto; falamos de uma universidade, não de um hotel cinco estrelas. Assim, antes de ir dormir, Jay esconde seu café da manhã no quarto em que espera acordar na manhã seguinte. Em geral, Jay gosta de refeições diversificadas. Se, por exemplo, ela sabe que já tem grãos para o café da manhã armazenados no quarto, não se dá ao trabalho de buscar mais, mas faz questão de levar consigo alguns amendoins.

Não é só no café da manhã que Jay gosta de variedade. Na verdade, ela prefere variedade em toda e qualquer refeição. Quando come um determinado alimento durante um tempo, ela se cansa e sente vontade de comer algo diferente. É compreensível. Ninguém gosta de comer a mesma coisa sempre. Depois de um ou dois pratos de sopa, é pouco provável que você queira mais um. Mesmo que seja a sopa mais deliciosa que você já tenha provado na vida, vai querer algo diferente — uma salada, talvez, ou um sanduíche. A verdade é que Jay não tem controle total sobre o seu cardápio diário. Isso porque suas refeições são fornecidas pela universidade. Jay aprendeu desde cedo que sua necessidade de diversidade nem sempre é suprida pelo pessoal do refeitório. Muitas vezes eles servem no jantar exatamente a mesma coisa que serviram no almoço. Jay odeia isso. Para variar um pouco, ela armazena parte do que comeu no café da manhã para comer no jantar.

Há mais uma coisa que preciso mencionar sobre Jay. Ela pode voar. Em qualquer dado momento, pode abrir as asas e decolar. Mas essa não é a capacidade mais fascinante de Jay. Não foi por isso que seu caso figurou no periódico *Nature*.[1] Ela pode voar porque é um *scrub jay* (*Aphelocoma californica*), um belo pássaro azul com aproximadamente trinta centímetros de altura que pesa pouco mais de um quilo. O *Aphelocoma californica,* membro da família dos corvídeos, é um pássaro nativo do oeste da América do Norte. Jay e seus colegas pássaros foram levados pela psicóloga experimental Nicky Clayton para a Universidade de Cambridge vindos da Universidade da Califórnia em Davis.

Em meados da década de 1990, Clayton, nascida na Inglaterra, fazia suas pesquisas de pós-doutorado em Davis. Certo dia, enquanto almoçava no campus verde de Davis, observou que os *scrub jays* voavam em volta dos alunos, que comiam seu almoço, e coletavam restos de sanduíche. Até aí, tudo bem. Entretanto, os pássaros não comiam o fruto de sua coleta no local. Escondiam seu tesouro no campus, voltavam depois, e escondiam novamente a comida em um segundo lugar para comer em outro momento.[2]

A maioria das pessoas não teria dado muita atenção às ações dos pássaros. Ocorre que Clayton é psicóloga e estudava comportamento animal. Para ela, foi um momento "eureca". Os pássaros não apenas apresentavam impressionante memória espacial, recordavam-se exatamente de onde haviam armazenado (ou seja, escondido) a comida, como também demonstravam a capacidade de planejar-se para um momento em que poderia haver menor abundância de recursos. Além disso, sua estratégia de reesconder o alimento sugere que estavam preocupados com possíveis furtos por outros pássaros. Aproximadamente uma década depois, Clayton provaria empiricamente essas hipóteses.[3] Suas observações pareciam desafiar um pressuposto que muitos proeminentes psicólogos tinham — a noção de que os animais não humanos não têm noção de tempo: não conseguem imaginar-se em uma época ou lugar diferentes.

* * *

Estou em minha sala. Estamos no início do outono, mas lá fora o céu já está cinzento e chuvoso. Tempo típico de Londres, aliás. Embora fisicamente eu esteja diante do meu computador em Queen Square em 15 de setembro de 2009, minha mente vaga. Há um momento, eu viajava de volta a Davis, Califórnia, 2005, e recordava os muitos almoços que, também eu, tivera naquele mesmo gramado, sem me dar conta dos pássaros que voavam ao meu redor. Lembrei-me também de um jantar delicioso que tive com Nicky Clayton menos de um ano antes, em um bar especializado em ostras perto do Borough Market, em Londres. Clayton não come carne vermelha nem aves, por isso optamos por frutos do mar e vinho branco.

Faço um breve intervalo em minha escrita e reservo meu voo para uma conferência que será feita em Chicago. Só estive lá uma vez, em outubro de 2006. Estava a caminho de Los Angeles, mas perdi a conexão e tive de passar uma noite na fria Chicago. As roupas que eu levava na mala eram adequadas ao clima de Los Angeles, por isso morri de frio. Não tive como comprar um casaco ou suéter, pois as lojas já estavam fechadas. Um amigo que me acompanhava teve a brilhante ideia de entrar em uma loja de conveniência, que ficava aberta 24 horas por dia, sete dias por semana, e comprar dois cobertores de lã. Aproveitamos a vida noturna de Chicago enrolados em um cobertor cinza comprado em uma loja de conveniência.

Começo a fazer planos para a viagem. Preciso preparar minha apresentação na conferência, reservar um hotel. Dessa vez, devo me lembrar também de colocar na mala roupas mais adequadas. Talvez seja bom evitar a caminhada pela cidade enrolada em um cobertor de lã. Desconfio que terei tempo para explorar a cidade. Sonho acordada com a viagem. Embora não faça planos detalhados, em breve descobrirei que a vida me reserva planos diferentes. Assim que eu chegar a Chicago, não vou me hospedar no hotel que eu havia reservado. Vou passar meu tempo ao lado de pessoas que eu não esperava e não aprenderei as lições que eu desejava.

A viagem mental no tempo — ir para frente e para trás no tempo e no espaço — talvez seja o mais extraordinário dos talentos humanos.[4] É também um talento que me parece ser necessário para o otimismo. Se não formos capazes de nos imaginar no futuro, talvez não sejamos capazes, também, de ser positivos a respeito das nossas perspectivas.

Embora a maioria de nós não pense nas viagens mentais no tempo como uma habilidade (tal como a linguística ou a aritmética), certamente não devemos tomá-la como certa. Nossa capacidade de imaginar outro tempo e lugar é fundamental para a nossa sobrevivência. Permite-nos planejar com antecedência e aumentar consideravelmente as nossas chances de nos mantermos neste planeta. Motiva-nos a armazenar alimentos e recursos para um tempo em que esperamos que estejam menos disponíveis. Permite-nos suportar o trabalho árduo no presente na expectativa de uma recompensa ou procurar um parceiro adequado em longo prazo. Nossa viagem não se limita ao passado recente e ao futuro. Pode expandir-se para um tempo anterior e posterior à nossa própria existência. Isso nos permite prever como o nosso comportamento atual pode influenciar as gerações futuras. Se não pudéssemos imaginar como seria o mundo daqui a cem anos ou mais, será que estaríamos preocupados com o aquecimento global? Tentaríamos mudar nossa forma de agir?

É fácil ver por que viagens no tempo cognitivas foram naturalmente selecionadas ao longo da evolução. Mas será que somos os únicos com essa capacidade de planejamento? Compartilhamos essa capacidade com outras espécies? Quais? Com os nossos parentes vivos mais próximos, os macacos? Ou talvez animais distantes do ponto de vista evolutivo, como peixes ou aves?

O fato de os animais não poderem se comunicar verbalmente dificulta ainda mais a resolução desse problema.

Na ausência de linguagem, não podemos perguntar às aves, aos macacos e aos cães o que esperam do futuro ou o que se lembram de seu passado. Se os pássaros de Clayton pudessem nos dizer se se recordam de sua cidade natal, Davis, se eles costumam pensar nos dias felizes ao sol, se se entusiasmam diante da possibilidade de voar no parque no fim de semana ou se se imaginam velhos, teríamos nossas respostas. Mas eles não podem. Por isso, resta-nos observar cuidadosamente seu comportamento a fim de inferir se viajar no tempo pode ocorrer na mente deles. Até Clayton conduzir seus experimentos inovadores, praticamente não havia indícios que sugerissem que os animais podem fazer viagens mentais no tempo. A hipótese mais proeminente foi a de Bischof-Köhler, segundo a qual os seres humanos são a única espécie capaz de imaginar o futuro e voltar a viver mentalmente o passado.[5]

Você pode discordar. E quanto às aves que migram para climas mais quentes? E os ursos que hibernam? Esses exemplos não seriam indícios de planejamento? E quanto ao seu cão, que abana a cauda em antecipação à sua próxima refeição quando você entra na cozinha? Não é indicativo tanto da memória dos acontecimentos do passado quanto da expectativa de eventos futuros?

Não é bem assim. Esses não são os exemplos aos quais os psicólogos se referem quando falam em viagem mental no tempo. Deixe-me explicar. Certos comportamentos dos animais, como o armazenamento de alimentos ou a migração sazonal, não implicam necessariamente a compreensão da necessidade futura. Essas tendências podem simplesmente refletir uma predisposição genética evoluída.[6] Por exemplo, mudanças de temperatura podem estimular automaticamente migração, sem qualquer planejamento pelo animal. A fisiologia de um pássaro está programada de tal forma que pistas ambientais desencadeiam uma ação específica (migração), sem a previsão de que permanecer no lugar resultará em frio e condições desagradáveis. Outro exemplo é a construção de ninhos. As aves constroem ninhos antes de ter ovos para colocar neles. Estariam prevendo a necessidade de acomodar os futuros ovos? Talvez. Mas é provável que sejam movidas por um gatilho fisiológico que é independente da capacidade de prever o futuro.

Qualquer pessoa que tenha um cão, um gato ou mesmo um peixe sabe que os animais domésticos podem aprender. Um cão pode reconhecer o dono, ser treinado para apanhar uma bola, aprender a não urinar em locais fechados e saber que o som de um abridor de latas pode significar que o jantar está a caminho. Até um peixe parece saber que um toque no aquário será seguido da entrega de alimentos. Não há dúvida de que outros animais têm memória. No entanto, o fato de poderem associar um estímulo (o som de um abridor de latas) com uma futura recompensa (comida) não significa que podem fazer uma viagem mental no tempo. Essas associações podem ser adquiridas de uma maneira implícita, sem envolver necessariamente viagens mentais no tempo.[7] Por exemplo, sabemos que uma xícara de café pode ser dolorosamente quente e por isso muitas vezes usamos um pires para que ela não nos queime a mão. Embora o conhecimento de que uma bebida quente é perigosa possa ter sido adquirido com dolorosas experiências, não precisamos recordar um episódio específico no qual queimamos os dedos ou sermos capazes de imaginar a mão queimando para buscar o pires.

Os pássaros de Clayton, no entanto, parecem mostrar mais do que simples aprendizagem associativa ou predisposição genética. Vamos voltar ao início do presente capítulo e reavaliar as ações de Jay. Todos os comportamentos que descrevi foram, de fato, relatados por Nicky Clayton e seus colegas. As aves foram, de fato, observadas quando ocultavam os alimentos em locais onde esperavam que fossem escassos.[8] Elas também voltavam a esconder a comida se outro pássaro visse onde a haviam colocado, a fim de reduzir o roubo,[9] e armazenavam um determinado alimento em um local onde esperavam que aquele alimento, especificamente, estivesse ausente no dia seguinte.[10] Em sua opinião, esses comportamentos indicam planejamento? Eles refletem viagens no tempo?

Vamos examinar mais detalhadamente alguns exemplos. Em um experimento, Clayton fez com que seus pássaros acordassem em um de dois compartimentos.[11] No compartimento A, os pássaros sempre receberam café da manhã — o quarto com café da manhã. No compartimento B, nunca havia café da manhã — o quarto sem café da manhã. Durante o dia, os pássaros que ficavam no compartimento C recebiam alimentos em abundância. Podiam comer o que quisessem, quando quisessem, bem como armazenar a comida. O que os pássaros fizeram? Levaram alguns vermes e alimentos na forma de pó do compartimento C e os esconderam no compartimento no qual não havia café da manhã. Embora estivessem saciados no momento, já previam a fome no dia seguinte no compartimento que não tinha café da manhã. O sofisticado comportamento dos pássaros reflete um planejamento específico e detalhado. Não pode ser explicado por disposição genética e associações motivadas por estímulos difíceis de compreender. Na verdade, evoca o planejamento humano. Assim como um pássaro se programa para épocas em que vai estar com fome e leva alimentos de um lugar para outro, os seres humanos fazem compras de supermercado mesmo após uma lauta refeição, porque preveem que daqui a horas terão fome e sabem que a geladeira está vazia.

Isso não é tudo. Os pássaros também pareciam entender a noção de datas de vencimento. Aprenderam que os vermes apodrecem antes das nozes e buscavam os vermes primeiro se tivesse se passado apenas um curto tempo desde que os esconderam (ou seja, se a "data de vencimento" não tivesse passado), mas não iam até o local onde estavam escondidas as nozes se eles tivessem calculado que os vermes já teriam apodrecido.[12] Trata-se de uma habilidade impressionante; outros animais, como camundongos, não demonstram ter a compreensão de como o tempo afeta o alimento.[13] Os seres humanos, é claro, estão bem conscientes dos processos. Isso demonstra que podemos monitorar o tempo, definir prioridades e nos planejar. Aparentemente, os *scrub jays* também.

Obviamente, é muito pouco provável que os pássaros tenham o mesmo nível de planejamento sofisticado que os seres humanos e é muito improvável que consigam imaginar o futuro com a mesma riqueza de detalhes. No entanto, não parecem estar presos no tempo, tampouco. Pelo menos certa quantidade de entendimento de que amanhã pode ser diferente de hoje está aparente. Você deve imaginar que se os pássaros podem entender esse conceito, certamente os nossos parentes vivos mais próximos, os macacos, também podem. Não parece ser bem assim. Houve várias tentativas de testar se os macacos planejam. Na maior parte dos casos, as tentativas não conseguiram demonstrar esse tipo de planejamento em primatas não humanos.[14] Quando recebem comida, os macacos comem até ficar saciados e jogam o resto fora. Fazem isso mesmo se forem alimentados apenas uma vez por dia e certamente voltarem a ter fome daí a poucas horas. Se poupassem a comida acessível, poderiam evitar a fome mais tarde, mas não o fazem. Quando podem escolher entre diferentes quantidades de comida (por exemplo, duas, quatro, oito, dez ou vinte tâmaras), não escolhem sempre a maior quantidade. Em geral escolhem a quantidade que podem comer naquele momento. Alguns pesquisadores conseguiram treinar macacos para exibir comportamentos que indicam uma forma de compreensão do tempo futuro (por exemplo, pegar menos comida agora para mais tarde receber mais).[15] Entretanto, de um modo geral, os macacos não têm uma noção bem desenvolvida de tempo futuro ou os cientistas ainda precisam fazer os experimentos certos.

O Conhecimento

Se é assim, o que torna certos pássaros predispostos a viagens mentais no tempo? Embora provavelmente a capacidade básica de previsão dos pássaros tenha se desenvolvido separadamente da mesma capacidade nos seres humanos, a resposta pode ser encontrada no cérebro de motoristas de táxi de Londres. Os taxistas de Londres são a "nata da nata". Para se tornarem motoristas licenciados dos tradicionais táxis pretos, os candidatos precisam ser aprovados em um exame no qual demonstram "O Conhecimento". O programa "O Conhecimento" foi iniciado em 1865 e desde então se tornou o curso de treinamento para motoristas de táxi mais exigente do mundo. No programa, os motoristas são solicitados a adquirir um conhecimento íntimo de 25 mil ruas e 320 rotas dentro de um raio de quase dez quilômetros de Charing Cross, no centro da cidade. São obrigados a conhecer todos os pontos de interesse ao longo das rotas, inclusive teatros, hotéis, estações do metrô, clubes, parques e embaixadas.[16]

Se o taxista tiver acabado de pegar um passageiro na National Portrait Gallery (depois de ver a última exposição, *Twiggy: A Life in Photographs*) e quiser continuar até Ronnie Scott's para ouvir um pouco de jazz (Georgie Fame and the Blue Flames estão em cartaz), o motorista deve ser capaz de decidir em segundos qual é o melhor trajeto até o destino solicitado pelo passageiro e levar em conta as condições de tempo e trânsito. Precisa se lembrar de cabeça quais ruas vão até onde, quais são mão única, quais ficam engarrafadas durante a hora do *rush*. Não pode buscar no mapa ou no GPS nem pedir instruções pelo rádio e desperdiçar um tempo valioso. O conhecimento precisa ser armazenado na sua mente e recuperado instantaneamente quando necessário. Ele precisa estar sempre um passo à frente — virar à direita e já planejar virar na próxima à esquerda, prever um sinal vermelho antes mesmo que apareça à sua frente.

Em média, são necessários três anos de treinamento intensivo e aproximadamente 12 tentativas no exame final para conseguir a licença. Só sobrevivem os melhores — os melhores de todos. Deve ser por isso que andar de táxi em Londres é tão caro. Desconfio que os táxis de Nova York custam a metade do preço porque descobrir como ir da Terceira Avenida com a Rua 56 até a Quinta Avenida com a Rua 10 não é assim tão difícil. Apenas um quarto dos que se candidatam ao treinamento em Londres consegue chegar até o fim; os outros desistem. Geralmente, aqueles que são aprovados continuam na atividade durante décadas, tornam-se magos em trafegar pelas complexas ruas de Londres. Mas como conseguem?

Eleanor Maguire, professora da University College London, analisou os cérebros de alguns motoristas de táxi de Londres para descobrir. Ao examinar as imagens, notou curiosidades intrigantes. A parte posterior dos hipocampos dos taxistas era maior do que a média.[17] O hipocampo (há um em cada lado do cérebro) é uma região fundamental para a memória. A parte posterior é particularmente importante para a memória espacial. Isoladamente, esse resultado pode indicar que as pessoas com hipocampos maiores têm maior probabilidade de se tornar motoristas de táxi porque possuem maior capacidade de orientação espacial, assim como pessoas mais altas têm maior probabilidade de se tornar jogadoras de basquete. Mas a história não parou por aí. Maguire descobriu que os hipocampos dos motoristas cresciam ao longo do tempo! Aumentavam a cada ano que passavam atrás do volante, assim como a panturrilha de jogadores de basquete aumenta depois de anos. Os motoristas com quarenta anos de experiência tinham mais massa cinzenta (que contém as células nervosas) no hipocampo posterior do que os novatos. Os cérebros dos taxistas tinham literalmente aberto espaço para as habilidades e os conhecimentos adquiridos.

"Eu nunca notei que uma parte do meu cérebro crescesse. Penso no que aconteceu com o resto", disse David Cohen, um taxista de Londres.[18] É verdade, o que aconteceu com o resto? Aparentemente, enquanto a parte posterior do hipocampo crescia, a anterior encolhia.[19] Quanto mais anos no trabalho, menor se tornava a parte anterior. A região anterior do hipocampo também está envolvida no processamento da memória, mas é menos importante para a memória espacial. O encolhimento reflete uma reorganização do hipocampo com a finalidade de acomodar as habilidades obtidas recentemente. A aquisição dessas habilidades especiais, no entanto, teve seu custo. O extenso conhecimento dos taxistas de Londres foi acompanhado pelo comprometimento da memória para outros tipos de informações. Por exemplo, os taxistas tiveram um desempenho abaixo da média quando se tratava de memorizar pares de palavras (*maçã* e *brinquedo,* por exemplo). Esses déficits não eram permanentes. Depois que os taxistas se aposentavam, seus cérebros começavam a mudar outra vez.[20] A parte posterior do hipocampo encolhia lentamente, voltava ao seu tamanho original, e, embora suas capacidades de orientação espacial diminuíssem, sua pontuação em outros testes de memória voltou ao normal. Esse é um exemplo impressionante da plasticidade do cérebro humano, que muda de acordo com as nossas necessidades.

Processo semelhante acontece no cérebro dos pássaros. Os hipocampos do cérebro deles crescem e encolhem em função de como, e quando, são usados.[21] Pássaros que armazenam comida têm hipocampos maiores do que pássaros que não o fazem.[22] O volume do hipocampo está relacionado com o número de locais e o tempo durante o qual o pássaro estoca a comida.[23] Os *scrub jays*, por exemplo, podem armazenar milhares de alimentos, cada um em um local diferente. Podem deixar seus tesouros escondidos durante meses e voltar ao local exato para recuperá-los. (Eu, por outro lado, mal consigo me lembrar de onde estacionei meu carro.) Durante o outono, quando o armazenamento de comida está em seu pico, os hipocampos desses pássaros aumentam.[24] Quando termina a estação, o hipocampo volta a encolher. Assim como os hipocampos dos motoristas de táxi aposentados, os hipocampos dos pássaros adaptam-se às suas necessidades.

E o hipocampo dos pássaros não é sensível apenas às necessidades de comida. Ele responde a outras exigências de memória — por exemplo, a necessidade de lembrar onde estão os filhotes.[25] Alguns pássaros, como os azulões, são parasitas de ninhos. Isso quer dizer que deixam seus ovos nos ninhos de outros pássaros para que criem seus filhotes, que ficam, assim, livres, leves e soltos. É a versão da babá em tempo integral no mundo dos pássaros, só que esta não recebe salário e acredita que os filhotes são seus. Antes de deixar os ovos no ninho do hospedeiro, a fêmea pesquisa um pouco. Voa em busca de um ninho conveniente para seus ovos. Por isso, precisa se lembrar da localização do ninho escolhido para poder voltar mais tarde e colocar seus ovos. Numa espécie de azulão — o chupim —, a fêmea sai sozinha em busca de um ninho. Nesses pássaros, o hipocampo das fêmeas é maior do que o dos machos, presumivelmente para acomodar recursos adicionais de memória. No entanto, em outros tipos de azulões, macho e fêmea saem juntos nessa busca. Nesses casos, não há diferença no tamanho do hipocampo do macho e da fêmea.

Observam-se alterações no hipocampo semelhantes, determinadas pela necessidade, no arganaz, uma pequena criatura peluda que discuto detalhadamente no Capítulo 4. Existem dois tipos: o arganaz-do-campo, monógamo por natureza, e seu primo, o arganaz-da-montanha, que é polígamo. Todos nós sabemos que ter uma cara-metade exige uma certa dose de capacidade de memória. É preciso se lembrar das datas de aniversário e aniversário de casamento; saber do que a outra pessoa gosta e do que não gosta; saber os nomes de parentes, colegas de trabalho e amigos. Imagine se você tiver cinco ou dez companheiros(as). Quanto mais parceiros amorosos, maior a quantidade de informações a ser armazenada. Há também um castigo por associar informações erradas ao parceiro errado (com certeza Lucy não vai gostar de ganhar um presente de aniversário no dia do aniversário de Nancy). No arganaz, aparentemente, o tamanho do hipocampo é sensível a "estado civil" e muda de acordo com o número de parceiros sexuais. O arganaz-da-montanha (que gosta de pular a cerca) tem hipocampos maiores do que seus primos monógamos. E, mais, o tamanho dos seus hipocampos está correlacionado com seu alcance doméstico — o hipocampo do arganaz que tem múltiplos parceiros espalhados geograficamente é maior do que o do arganaz com parceiros que estão mais próximos de si.[26] Quanto maior a distância a ser percorrida entre uma parceira e outra, maior o tamanho do hipocampo. Presumivelmente, um hipocampo maior sustenta melhor a memória espacial e permite que o arganaz se oriente no espaço entre uma amante e a outra. Mas será que também sustenta uma compreensão de tempo futuro que acomoda múltiplos encontros?

Nossa capacidade de viajar no tempo

A expressão *viagem mental no tempo* foi criada pelo psicólogo canadense Endel Tulving para se referir à nossa capacidade de revisitar o passado *e* imaginar o futuro. Tulving alegou que essas duas habilidades são relacionadas: baseiam-se nos mesmos mecanismos cognitivos e neurais.[27] Em 1985, ele relatou o caso de K.C., um paciente com amnésia que não só não se lembrava do seu passado como também era incapaz de dizer o que esperava fazer daqui a um ano, uma semana ou mesmo no dia seguinte. Quando alguém lhe perguntava sobre o seu passado ou futuro, K.C. afirmava "dar um branco" em sua mente. K.C. tinha sofrido dano nos seus lóbulos frontais e temporais, inclusive uma lesão no hipocampo. Passadas duas décadas, Eleanor Maguire (cientista que fez os experimentos com os taxistas de Londres) examinou pacientes que haviam sofrido danos cerebrais confinados ao hipocampo. Descobriu que esses pacientes, exatamente como K.C., não eram capazes de construir imagens detalhadas de cenários futuros.[28] Sem hipocampos funcionais, os pacientes pareciam estar presos no tempo — incapazes de revisitar o passado ou explorar mentalmente o futuro.

Mais ou menos na mesma época, uma série de estudos de imagens cerebrais feitos na Universidade de Harvard pelos psicólogos Donna Addis e Daniel Schacter revelou que o hipocampo está envolvido quando recordamos o passado e quando imaginamos o futuro.[29] Eles sugeriram que o hipocampo desenvolveu-se não para formar e recuperar lembranças, como se imaginava, mas para simular o futuro.

Para inferir o que pode acontecer, precisamos acessar informações armazenadas. A função dos hipocampos desempenha um papel em todos esses processos — codifica os episódios de nossas vidas, armazena essas informações e as recupera, assim como imagina o futuro. É fundamental para reunir informações, a fim de criar uma imagem mental tanto do passado quanto do futuro.

Não surpreende, portanto, que espécies como o *scrub jay*, que evoluiu para ter uma memória extraordinária, também tenham capacidade de previsão. Isso levanta uma questão interessante: se determinados pássaros apresentam sinais básicos de viagem mental no tempo, será que também usam óculos cor-de-rosa? Mais uma vez, para responder a essa pergunta, é preciso uma abordagem sofisticada. Não temos como perguntar diretamente aos pássaros se eles preveem uma vida saudável e longa. Temos de recorrer a outros métodos. Melissa Bateson e a sua equipe na Universidade de Newcastle inventaram um método.[30] Treinaram pássaros para pressionar uma alavanca azul sempre que ouviam um tom curto de dois segundos; assim que o faziam, recebiam uma recompensa de comida imediata. Os pássaros ficavam satisfeitos por receber a recompensa e rapidamente associaram o som curto a um resultado positivo. Os pesquisadores também treinaram os pássaros para pressionar uma alavanca vermelha quando ouviam um tom de dez segundos; nesse caso, a comida seria entregue, mas só depois de um intervalo. Os pássaros não ficavam satisfeitos por ter de esperar a refeição (exatamente como nós não gostamos de chegar a um restaurante e saber que nossa mesa só estará pronta daqui a meia hora). Portanto, o tom longo, de dez segundos, foi associado a um resultado negativo.

Os pássaros rapidamente aprenderam que um tom de dois segundos queria dizer que deveriam pressionar a alavanca azul para receber uma recompensa imediata; o tom de dez segundos queria dizer que teriam de pressionar a alavanca vermelha para receber uma recompensa adiada. Os pássaros tinham de acertar. Se dessem uma resposta errada, não ganhariam comida. Agora, a pergunta era: o que aconteceria quando os pássaros ouvissem um som ambíguo com duração de dois a dez segundos? Esperariam um resultado positivo quando ouviam um tom de seis segundos e pressionariam a alavanca azul? Ou seriam pessimistas, preveriam uma espera irritante e pressionariam a alavanca vermelha?

Os pássaros demonstraram um viés positivo. Quando ouviam um som ambíguo (como um tom de seis ou mesmo de oito segundos), tinham mais probabilidade de classificá-lo como indicativo de um bom resultado. Embora não tivessem razão real para fazê-lo, previam a recompensa imediata e pressionavam a alavanca azul. Havia um detalhe, porém. Só os pássaros "felizes", que viviam em gaiolas "de luxo", demonstravam otimismo. Eram os pássaros privilegiados, que foram abrigados em gaiolas grandes e limpas. Em suas gaiolas, havia galhos com os quais podiam brincar, tinham acesso a banhos reconfortantes e oferta constante de água. Os pássaros que eram menos privilegiados, que viviam em gaiolas menores, sem brinquedos, com acesso imprevisível a água e a banhos, eram mais realistas. Não tinham o viés do otimismo e, em geral, classificaram os tons com maior precisão. Exatamente como seres humanos que sofrem de depressão leve, os pássaros que viviam em condições difíceis apresentavam um *realismo depressivo* (falaremos mais a respeito da conexão entre depressão e otimismo no Capítulo 6): tinham uma visão precisa do mundo em que viviam que não era afetada por ilusões positivas.

A diferença vital no nível de sofisticação de pensamento de futuro entre seres humanos e pássaros (e todos os outros animais), no entanto, reside em nosso lobo frontal. O que distingue os seres humanos de seus antepassados menos desenvolvidos e de todos os outros animais é a presença de lobos frontais relativamente grandes. O rápido desenvolvimento de lobos frontais no ser humano permitiu o surgimento da habilidade de fazer ferramentas, encontrar novas soluções para velhos problemas, planejar passos que tornariam os objetivos mais concretizáveis, ver longe no futuro e, mais importante, ter autoconsciência.

Embora tanto a capacidade de consciência quanto a de previsão tenham nítidas vantagens para a sobrevivência, a previsão consciente também cobrou seu preço, e alto — a noção de que, em algum momento, a morte nos espera. Essa noção — de que velhice, doença, declínio de capacidade mental e esquecimento estão logo ali na esquina — definitivamente não é otimista. Causa grande angústia e medo. Ajit Varkil, biólogo na Universidade da Califórnia em San Diego, argumenta que a consciência da mortalidade em si teria levado a evolução a um beco sem saída.[31] O desespero teria interferido no funcionamento diário e colocado um ponto final nas atividades e funções cognitivas necessárias à sobrevivência. Os seres humanos têm essa consciência, mas ainda assim sobrevivemos. Como?

A única maneira na qual a viagem mental no tempo consciente poderia ter sido selecionada ao longo da evolução é se tiver surgido ao mesmo tempo que crenças falsas.[32] Em outras palavras, a capacidade de imaginar o futuro teve de se desenvolver de mãos dadas com o viés positivo. O conhecimento da morte teve de surgir ao mesmo tempo que sua negação irracional. Um cérebro capaz de viajar deliberadamente no tempo seria uma barreira evolutiva, a menos que tivesse um viés de otimismo. É essa associação — previsão consciente e otimismo — que sustenta as extraordinárias realizações da espécie humana, da cultura e da arte à medicina e à tecnologia. Uma não poderia ter persistido sem a outra. O otimismo não existe sem ao menos uma capacidade elementar de considerar o futuro, pois o otimismo é, por definição, uma crença positiva sobre o que ainda está por vir, e, sem otimismo, a capacidade de previsão seria devastadora.

CAPÍTULO 3

O OTIMISMO É UMA PROFECIA AUTORREALIZÁVEL?

Como a mente transforma previsões em realidade

Junho de 1987. Do vestiário do Los Angeles Lakers ouvia-se o estouro das garrafas de champanhe. Eram os Lakers que acabavam de ganhar o campeonato da NBA, depois de derrotar o Boston Celtics por 4 a 2. Os Celtics só voltariam a participar de uma final da NBA em 2008. Os Lakers teriam outras vitórias pela frente. O Los Angeles Lakers de 1987 foi um dos melhores times de basquete de todos os tempos. Incluía jogadores famosos, como Magic Johnson, James Worthy e Kareem Abdul-Jabbar. Naquela noite, porém, quem estava prestes a fazer história era Pat Riley, o técnico do time.

Em meio à comemoração, Riley foi abordado por um repórter que queria saber se, na opinião dele, os Lakers poderiam ser o primeiro time em quase vinte anos a se sagrar bicampeão. O Boston Celtics tinha sido o último time a se sagrar bicampeão, em 1969, mas, de lá para cá, nenhum outro time havia conseguido repetir o feito. Será que os Lakers conseguiriam chegar lá e vencer novamente o campeonato dali a um ano?

"Vocês vão conseguir repetir o feito?", perguntou o repórter a Riley. Sem pestanejar, Riley respondeu: "Garanto que sim." O repórter ficou estupefato. Será que ouvira direito? "Garante?", perguntou de novo. "Isso mesmo", respondeu Riley.[1] Com aquelas três palavras, "garanto que sim", Riley prometeu aos jornalistas, aos jogadores e a milhões de torcedores um segundo campeonato.

A garantia de Riley não foi uma promessa motivada pelo champanhe no vestiário. Durante o desfile da vitória da equipe no centro de Los Angeles, imediatamente depois de fazer sua promessa inicial, Riley mais uma vez garantiu às multidões que seu time conquistaria o próximo campeonato, e continuou em várias ocasiões ao longo do verão e da temporada de 1987-1988 prometendo que repetiria o feito. "De todas as coisas psicológicas que Pat inventou, essa provavelmente foi a melhor", declarou Magic Johnson em uma entrevista em 1987.[2]

Os Lakers tiveram um bom desempenho durante a temporada e, um ano após a promessa de Riley, estavam novamente nas finais da NBA. Dessa vez jogariam contra os *bad boys* do Detroit Pistons, ávidos para conquistar seu primeiro título. A batalha foi acirrada. O Detroit Pistons saiu na frente e venceu o primeiro jogo. Embora os Lakers tenham vencido os dois jogos seguintes, os Pistons ganharam os jogos quatro e cinco; assim, no jogo seis, o escore estava em 3 a 2 para o Detroit Pistons.

A 52 segundos do fim do jogo seis, os Pistons estavam na frente, com 102 a 101. Os Lakers intensificaram a pressão e forçaram o astro dos Pistons, Isiah Thomas, a fazer um arremesso desesperado; depois Kareem Abdul-Jabbar conseguiu recuperar a bola. Enquanto Abdul-Jabbar arremessava, Bill Laimbeer, dos Pistons, foi punido por uma falta controvertida. Abdul-Jabbar conseguiu fazer dois lances livres, vencer o jogo e empatar a série, com três vitórias para os Pistons e três para os Lakers.

O sétimo jogo seria decisivo para o cumprimento ou não da garantia de Riley. Na metade da partida, os Pistons estavam na frente, mas os Lakers viraram o jogo e saíram na frente na segunda metade. A seis segundos do fim, estavam na frente por uma margem mínima, de 106 a 105. Durante esses seis segundos, conseguiram marcar mais um ponto, venceram o último jogo por 108 a 105 e cumpriram a promessa de Pat Riley.

Segundos depois de cumprir a promessa, Riley estava novamente diante das câmeras. Os torcedores vibravam. "E agora, os Lakers vão conseguir mais uma vitória, a terceira consecutiva?", perguntavam os repórteres. Riley abriu a boca para responder à pergunta, mas, antes que ele emitisse qualquer som, Abdul-Jabbar, com seus mais de cem quilos, deu um de seus famosos saltos. Dessa vez, porém, o alvo não era a cesta de basquete, era a boca de Riley, que conseguiu cobrir com suas mãos enormes a tempo de impedir que o técnico fizesse outras promessas. Mais tarde, Abdul-Jabbar explicou que a pressão para cumprir a promessa de Riley por mais um ano seria demais para ele.

Riley jamais garantiu uma terceira vitória consecutiva. A final da temporada seguinte foi uma repetição do campeonato do ano anterior entre o Los Angeles Lakers e o Detroit Pistons. Dessa vez, porém, os Pistons venceram todos os quatro primeiros jogos da série e ganharam o campeonato; depois da derrota dos Lakers, Kareem Abdul-Jabbar, na época com 42 anos, anunciou sua aposentadoria. Será que os Lakers teriam vencido um terceiro campeonato consecutivo se Riley o tivesse prometido? Nunca saberemos.

Profecia ou causa?

Muitos fatores levaram à vitória dos Lakers na final contra os Pistons em 1988 e à derrota no ano seguinte. Entretanto, é tentador especular que a promessa feita por Riley durante a temporada de 1987-1988 e sua ausência durante a temporada de 1988-1989 tiveram uma função fundamental no desfecho dos eventos.

A garantia da segunda vitória consecutiva feita por Riley constitui um exemplo clássico de uma profecia autorrealizável — um prognóstico que, ao se tornar crença, provoca a própria concretização. Não há dúvidas de que Pat Riley tinha um bom motivo para acreditar que sua equipe ganharia o campeonato no ano seguinte quando o repórter lhe fez a famosa pergunta após a final de 1987. Seu time tinha acabado de vencer a final do campeonato, havia sido consagrado o melhor e, portanto, era um forte candidato a repetir o feito no próximo ano. No entanto, sua declaração, que transmitiu inabalável otimismo, detonou um processo que aumentou enormemente a probabilidade de a garantia se tornar realidade. "Garantir um campeonato foi a melhor coisa que Pat fez. Preparou o palco na nossa cabeça. Esforçar-se mais, ser melhor. Só assim poderíamos repetir a vitória. Treinamos o tempo todo com a ideia de que iríamos vencer de novo e é exatamente essa ideia que temos agora", disse Byron Scott, dos Lakers, em 1988.[3]

Acreditar que uma meta não apenas pode ser concretizada, como também é muito provável, leva as pessoas a agir vigorosamente para alcançar o resultado desejado. No caso de Riley, ele fez mais do que prever a repetição da vitória; garantiu-a. Ao prometer um segundo campeonato, pressionou ainda mais a si e a seus jogadores. Os Lakers não podiam decepcionar os torcedores, que já esperavam a vitória; tinham de provar que o treinador estava certo. Assim, Magic, Kareem e outros jogadores do time tiveram de treinar mais do que nunca e ser melhores do que nunca para fazer com que a previsão de Pat Riley se tornasse realidade.

A ideia por trás da profecia autorrealizável é que não se trata de uma previsão de um evento, mas sim uma causa. Não me entenda mal: prever que sua equipe vencerá o campeonato não o faz vencê-lo necessariamente. Não é mágica. Nem todos os atletas que imaginam seu sucesso voltarão para casa com uma taça de campeonato ou uma medalha de ouro. Muitos fatores determinarão o resultado, e o time adversário pode ser dotado do mesmo grau de confiança. Entretanto, uma previsão influencia o evento que prevê, porque o comportamento das pessoas é determinado por sua percepção subjetiva da realidade e não pela realidade objetiva. Assim, acreditar em um resultado positivo aumenta a probabilidade de que realmente se concretize.

A expressão *profecia autorrealizável* foi cunhada em 1948 pelo sociólogo Robert Merton.

A profecia autorrealizável é, no início, uma *falsa* definição da situação. Evoca um novo comportamento que faz com que o conceito, originalmente falso, torne-se *realidade*. A ilusória validade da profecia autorrealizável perpetua o domínio do erro, pois o profeta citará o curso real dos eventos como prova de que estava certo desde o início.[4]

Vamos usar os termos de Merton para dissecar a profecia autorrealizável feita por Riley. A declaração de que os Lakers com toda a certeza sairiam campeões no ano seguinte era falsa na época em que foi feita, pois nenhum acontecimento é predeterminado. Como o futuro é sempre incerto, ninguém tem como saber ao certo o que nos reserva. Assim, a afirmativa de Riley era "uma *falsa* definição da situação". Entretanto, ao "evocar um novo comportamento" — treinamento rigoroso e nenhuma concessão —, a alegação resultou na conquista do segundo campeonato e fez com que "o conceito originalmente *falso* se tornasse *realidade*". Depois de cumprir sua promessa, Riley pode ter acreditado que estava certo o tempo todo, pois "o profeta citará o curso real dos eventos como prova de que estava certo desde o início". Entretanto, foi a profecia, em si, que tornou o resultado altamente provável.

A profecia autorrealizável é um exemplo extremamente poderoso. Demonstrou-se que expectativas afetam tudo, da educação e de tendenciosidades étnicas a mercados financeiros, passando por saúde e bem-estar e até mesmo morte prematura. Foi também uma profecia autorrealizável que transformou um cavalo alemão em um mago da matemática.

Comunicar expectativas

Em 4 de setembro de 1904, um artigo intitulado "Berlin's Wonderful Horse: He Can Do Almost Everyting But Talk" ("O maravilhoso cavalo de Berlim que faz quase tudo, menos falar") foi publicado no The New York Times.[5] O maravilhoso cavalo era um garanhão alemão chamado Hans, que mais tarde passou a se chamar "Clever [esperto] Hans". O dono de Hans, Wilhelm von Osten, era um professor que, ao se aposentar, decidiu ensinar matemática e alemão ao cavalo. Von Osten acreditava que, se usasse as mesmas técnicas que havia dominado em sala de aula, poderia educar qualquer um, até mesmo um cavalo. Durante quatro anos, na frente de um quadro-negro, Von Osten ensinou Hans a ler, soletrar, fazer operações matemáticas, dizer a data, a hora e muito mais. Hans usava a pata direita da frente para responder às perguntas. Para responder problemas matemáticos complicados, por exemplo, Hans batia com a pata no chão o número de vezes que correspondia à resposta correta. Criava palavras com um sistema semelhante: Von Osten escrevia o alfabeto no quadro e Hans usava uma sequência específica de pancadas para indicar cada letra. Hans era capaz de reconhecer pessoas e soletrar seus nomes corretamente, mesmo com toda a complexidade do idioma alemão.

Especialistas e leigos — todos ficaram impressionados. O *The New York Times* deixou claro que "os fatos apresentados neste artigo não são fruto da imaginação; baseiam-se em observações verdadeiras que podem ser comprovadas por (...) autoridades científicas e militares".[6] Será que um cavalo poderia realmente somar, multiplicar e dizer a hora exata e soletrar? Ou será que simplesmente havia aprendido truques inteligentes, como aqueles usados para treinar animais de circo? Pessoas de toda parte ficaram intrigadas e queriam uma resposta. Será que Hans realmente tinha uma capacidade mental incrível?

Em 2 de outubro de 1904, quase um mês após a publicação do artigo original, o *The New York Times* publicou outra reportagem: "Clever Hans Again: Expert Commission Decides That the Horse Actually Reasons"[7] ("De volta a Clever Hans: comissão de especialistas conclui que o cavalo realmente raciocina"). A comissão, composta de médicos, zoologistas, fisiologistas e treinadores de animais de circo, foi unânime em sua opinião: Hans não havia aprendido sofisticados truques circenses;

tinha sido treinado pelos mesmos métodos usados para educar crianças em idade escolar. Parecia ter habilidades mentais autênticas. Hans dava a resposta correta mesmo que não fosse o mestre a lhe fazer as perguntas e respondia a questões sobre tópicos para os quais não tinha sido treinado. Assim, a conclusão era que se os animais fossem tratados como seres humanos raciocinariam também como seres humanos.

A comissão transmitiu as descobertas ao psicólogo Oskar Pfungst, que, porém, não se convenceu. Decidiu examinar pessoalmente o cavalo genial. A cuidadosa pesquisa de Pfungst revelou que o cavalo respondia corretamente a qualquer pergunta desde que (a) a pessoa que fazia a pergunta soubesse a resposta e (b) o cavalo pudesse ver a pessoa que fazia a pergunta. Sempre que essas duas condições eram satisfeitas, Hans acertava 89% das perguntas. No entanto, quando uma ou as duas condições não eram satisfeitas, a capacidade de Hans de responder às perguntas caía para menos 16%. O que acontecera?

A conclusão de Pfungst foi que Hans na realidade respondia a pistas corporais inconscientes do perguntador. Fazia-se a pergunta e, em seguida, começava-se a bater logo em seguida. Quando o número de batidas aproximava-se da resposta correta, o perguntador involuntariamente tensionava sua postura corporal e expressão facial na expectativa da resposta. Quando Hans dava a última batida que se esperava, o perguntador mudava novamente sua postura e expressão facial e liberava a tensão. Era a dica que Hans esperava para parar de bater a pata no chão e era o que fazia. Em outras palavras, Hans não sabia as respostas às perguntas. Não fazia cálculos matemáticos complexos; não sabia se era janeiro ou dezembro, segunda ou quarta-feira. Em quatro anos de entediante treinamento, o que Hans aprendera foi a responder às pistas corporais do seu mestre de maneira que o deixasse satisfeito. Para um cavalo, era um feito e tanto.

Como Osten acreditava poder ensinar a Hans o idioma alemão e matemática, e pensava poder ensinar o cavalo a dar as respostas corretas a perguntas feitas oralmente, suas expectativas tinham impacto no cavalo. É verdade, Hans não executava as tarefas da maneira que seu mestre acreditava que estivesse. O cavalo não recuperava as informações que Osten havia lhe ensinado. Ao contrário, Hans havia sido condicionado (inconscientemente) a parar de bater a pata no chão em resposta a determinados movimentos corporais da pessoa que estava à sua frente. Entretanto, o resultado final era o mesmo: o cavalo dava a resposta certa — as respostas que Von Osten esperava que ele desse.

No que se refere aos seres humanos, porém, a influência de expectativas comunicadas socialmente é mais profunda. No fim da década de 1960, uma colaboração entre o psicólogo de Harvard, Robert Rosenthal, e a diretora de uma escola primária de San Francisco, Lenore Jacobson, levou a uma fascinante demonstração da profecia autorrealizável.[8] Os dois queriam examinar que efeito as expectativas dos professores tinham sobre o desempenho dos alunos. Será que as conquistas dos alunos eram moduladas pelas expectativas dos professores, mesmo quando não tinham fundamento?

Rosenthal e Jacobson selecionaram aleatoriamente alunos na escola de Jacobson e disseram aos seus professores que esses alunos estavam em um ponto de significativo crescimento intelectual. A informação era falsa — não havia dado que indicasse que esses alunos tivessem capacidade diferente da de qualquer outro aluno.

Entretanto, no fim do ano, as falsas previsões haviam se tornado realidade. Os alunos que tinham sido (aleatoriamente) rotulados por Rosenthal e Jacobson de intelectualmente superiores tiveram uma pontuação mais alta nos testes de QI de fim do ano do que os que haviam obtido pontuação semelhante à deles no início do ano. Sua melhoria ao longo do ano foi maior do que se esperaria originalmente. Assim como Magic Johnson, Kareem Abdul-Jabbar e o cavalo Clever Hans, os alunos apresentaram o desempenho que se esperava deles.

A conclusão foi clara: os seres humanos são enormemente afetados pelas expectativas que se têm sobre eles. Seu empregado será mais produtivo se você esperar que ele seja; seu filho terá mais probabilidade de se sair bem na escola se você acreditar que ele é talentoso e menor probabilidade de se sair bem se você tiver expectativas negativas com relação à sua capacidade. Demonstrou-se que até o consumo de álcool pelos adolescentes é influenciado pelas expectativas dos pais.[9]

O que exatamente os professores de Jacobson fizeram e que resultou na melhoria observada na capacidade acadêmica dos estudantes? Rosenthal identificou diversos comportamentos expressos pelos professores que poderiam ter influenciado o desempenho dos alunos: os professores dedicaram mais tempo aos alunos "talentosos" do que aos outros alunos, ofereceram-lhes mais *feedback* e os estimularam mais a participar das aulas. De um modo geral, os professores trataram os alunos "especiais" de modo diferente; resultado: esses alunos de fato se tornaram especiais. Rosenthal e Jacobson chamaram a descoberta de *efeito Pigmaleão*, em homenagem à peça de George Bernard Shaw. *Pigmaleão*, de Shaw, é uma história clássica de transformação — a história do professor que converte uma moça da classe operária em uma dama da alta sociedade.

No estudo de Rosenthal e Jacobson, foram atribuídas aleatoriamente noções preexistentes aos estudantes. Na vida real, porém, educadores, bem como o resto de nós, têm preconcepções relativamente estáveis que em geral não se baseiam em provas reais. Demonstrou-se que professores fazem previsões acerca do desempenho de novos alunos com base em etnia, sexo, nível socioeconômico e até mesmo beleza física.[10] Isso pode ser perigoso. As expectativas, como acabamos de ver, podem influenciar o desempenho da criança e alterar, em última análise, seu futuro. Na realidade, acredita-se que o efeito Pigmaleão constitua um fator importante para a produção e manutenção de lacunas étnicas e de sexo em testes de QI, coeficientes de rendimento e sucesso na universidade.

O poder dos estereótipos

Os estereótipos são outro exemplo de uma profecia autorrealizável. São especialmente poderosos para moldar a realidade de um indivíduo, em particular quando um grande número de pessoas tem as mesmas expectativas. As pessoas se adaptam ao estereótipo do grupo porque a sociedade interage com um indivíduo de uma maneira coerente com a previsão baseada no estereótipo. Vejamos Tom e Rob, por exemplo. Ambos são alunos de uma escola primária em Washington, têm aproximadamente a mesma altura e o mesmo peso, são alunos médios e estimados pelos colegas e professores. Tom é negro, Rob é branco. Inicialmente, Tom e Rob tinham habilidades físicas semelhantes. Rob corria na mesma velocidade que Tom, saltava na mesma altura e era igualmente propenso a acertar a bola na cesta. Todos, porém, tinham a expectativa de que Tom fosse um jogador de basquete melhor do que Rob simplesmente pela cor de sua pele. Por essa razão, Tom tinha mais chance do que Rob de ser escolhido pelos colegas para integrar o time de basquete. Seu treinador lhe dedicava atenção especial e fazia questão de corrigir seu jogo. Os pais de Tom o estimulavam a treinar na quadra da escola após a aula. Resultado: Tom se tornou melhor jogador de basquete do que Rob. Embora, para início de conversa, fosse falsa a crença de que Tom era melhor jogador do que Rob, o estereótipo se autorrealizou. Consequentemente, Tom é outro exemplo do estereótipo de que os negros são melhores no basquete, o que fortalece um preconceito que basicamente se autoalimenta.

Os estereótipos nutrem a si mesmo não só porque afetam o modo no qual as pessoas agem em relação ao indivíduo estereotipado, mas também porque os indivíduos têm forte tendência a se adaptar rapidamente ao que se espera deles. O exemplo mais impressionante desse rápido ajuste às expectativas é o famoso caso de Jane Elliott, professora do terceiro ano em Iowa. Sua turma, como a maior parte das turmas no Estado de Iowa, era composta somente de alunos brancos. Estávamos em 5 de abril de 1968, o dia seguinte ao assassinato de Martin Luther King Jr., e Elliott queria demonstrar aos seus alunos como era sofrer discriminação étnica. Inventou um "jogo". Como parte desse jogo, as crianças eram selecionadas em dois grupos de acordo com a cor de seus olhos. Elliott anunciou que as crianças de olhos azuis eram inferiores às crianças de olhos castanhos. Afirmou que eram menos inteligentes, aprendiam mais lentamente e, portanto, deveriam ser tratadas de modo diferente. As crianças de olhos azuis só podiam sair para o recreio depois que todas as crianças de olhos castanhos tivessem deixado a sala. Além disso, não podiam se comunicar com os coleguinhas de olhos castanhos, superiores.

Imediatamente depois do anúncio de Elliott, o comportamento das crianças mudou. As crianças de olhos castanhos tornaram-se mais confiantes, enquanto as de olhos azuis ficaram assustadas. O mais impressionante foi a mudança repentina nas habilidades de ler e escrever das crianças. No dia seguinte, Elliott inverteu os papéis. Proclamou que as crianças de olhos azuis eram superiores às de olhos castanhos. Em questão de minutos, as crianças se adaptaram aos seus novos papéis. Crianças de olhos azuis passaram a agir como dominantes, enquanto as de olhos castanhos ficaram com medo e frustradas. Um teste de ortografia que Elliott fez nos dois dias revelou que as crianças se saíam melhor no dia em que seu grupo era considerado superior.

Os alunos de Jane Elliott responderam a expectativas que foram expressas explicitamente por uma figura de autoridade. Quando lhes diziam que eram burros, eles imediatamente agiam como se o fossem. Quando lhes diziam que eram inteligentes, agiam como se o fossem. Seria possível argumentar que isso acontece porque as crianças são especialmente sugestionáveis. Certamente, adultos, com uma autoimagem sólida, não seriam assim tão ingênuos — ou seriam?

Não só os adultos se adaptam rapidamente de maneira semelhante aos alunos de Elliott, como também o fazem mesmo quando não estão totalmente conscientes do que se espera deles. A Dra. Sara Bengtsson, minha colega neurocientista cognitiva, queria avaliar se poderia influenciar o desempenho em uma tarefa cognitiva ao preparar estudantes universitários com palavras como *esperto, inteligente* e *brilhante* ou como *burro, idiota* e *im-*

becil. Depois de apresentar aos participantes uma palavra como *inteligente* ou uma palavra como *burro*, pediu-lhes que fizessem uma série de testes cognitivos. Descobriu que os estudantes se saíam melhor depois que ela lhes apresentava a palavra *inteligente* do que a palavra *burro*.[11] Bengtsson conseguiu influenciar as expectativas das pessoas em relação ao próprio desempenho simplesmente ao apresentar-lhes informações que eram irrelevantes para a sua verdadeira habilidade. Entretanto, essa informação irrelevante modulou inconscientemente as expectativas que as pessoas tinham de si mesmas e, assim, alterou seu desempenho.

De maneira análoga, quando os indivíduos são lembrados de sua participação em um grupo (como gênero ou etnia), o estereótipo associado a esse grupo tem maior probabilidade de influenciar seu comportamento. Por exemplo, demonstrou-se que as mulheres tiram notas mais baixas em testes de matemática quando são lembradas de seu sexo antes do teste.[12] Lembrar as mulheres de seu sexo ativa inconscientemente o estereótipo de que as mulheres não são boas em matemática. A manobra reduz as expectativas das mulheres quanto a sua capacidade de se saírem bem no teste e faz com que aceitem o estereótipo e seu desempenho seja afetado negativamente. Em outro exemplo, descobriu-se que negros se saem significativamente pior em testes de QI comparados com brancos quando se enfatiza a questão da etnia, mas saem-se tão bem quanto brancos quando não há ameaça de estereótipo presente.[13]

O que o estudo de Sara Bengtsson e o experimento de campo de Jane Elliott mostram é que a influência dos estereótipos é surpreendentemente fluida. Novas expectativas podem rapidamente tomar o lugar das antigas e substituir rapidamente um comportamento pelo outro. Essa fluidez é estimulante. Significa que, com intervenção guiada, talvez possamos reverter os efeitos negativos dos estereótipos no desempenho de um indivíduo.

Aprender com previsões frustradas

De que maneira as expectativas influenciam o funcionamento da mente humana? O estudo de Bengtsson oferece respostas intrigantes. O estudo *inteligente/burro* foi feito com voluntários enquanto seu cérebro era analisado por um equipamento de ressonância magnética funcional. Essa ressonância mostra não apenas uma imagem anatômica do cérebro, como também fornece dados que podem nos revelar como funciona. Quando neurônios em uma parte específica do cérebro estão ativos, seu consumo de oxigênio aumenta. Como resposta, o fluxo sanguíneo para aquela região aumenta e fornece hemoglobina (a "molécula que armazena oxigênio", que secreta e absorve oxigênio), o que leva a mudanças locais na concentração de deoxihemoglobina e oxihemoglobina, que alteram o sinal da ressonância magnética registrado no aparelho.[14] Assim, se o participante de um estudo submetido a uma ressonância magnética funcional ouve o Concerto nº 2 para piano de Rachmaninoff, os Black Eyed Peas ou Al Green, o aparelho registra mudanças dependentes no nível de oxigênio no sangue (sinal *bold*) do córtex auditivo e indica que a atividade naquela parte do cérebro se intensifica quando o indivíduo ouve música.

O que os dados de Bengtsson mostraram foi que o cérebro dos participantes reagia de maneira diferente quando eles sabiam ter cometido um erro. Dependia de lhes ter sido apresentada anteriormente a palavra *inteligente* ou a palavra *burro*. Quando lhes apresentavam a palavra *inteligente* e, em seguida, eles cometiam um erro, detectava-se atividade intensificada no córtex pré-frontal medial. Essa atividade aumentada não era observada depois que as pessoas acertavam a resposta; tampouco era observada quando lhes apresentavam anteriormente a palavra *burro*.[15]

O córtex frontal é uma área grande do cérebro e inclui anatômica e funcionalmente sub-regiões distintas. É a parte do cérebro que se desenvolveu mais recentemente e não existe em animais que estão na extremidade mais baixa da escala evolutiva. Embora muitos animais não humanos tenham lobo frontal, é consideravelmente menos desenvolvido do que o dos seres humanos. O córtex frontal aumentou desproporcionalmente na evolução humana em comparação com o restante do cérebro. Seu desenvolvimento físico é o principal motivo pelo qual temos um cérebro relativamente maior do que a maioria dos outros animais.[16]

O lobo frontal é fundamental para funções singularmente humanas, como a linguagem e a *teoria da mente*, que é nossa capacidade de pensar sobre o que as outras pessoas pensam. Quando você pensa que seu supervisor sabe que você descumpriu o prazo porque saiu ontem à noite, em vez de se dedicar a concluir seu trabalho, isso é teoria da mente, que inclui ponderar sobre o que as outras pessoas sabem, avaliar as motivações e os sentimentos dos outros e considerar o que os outros esperam de você.[17]

Teoria da mente é apenas um processo que requer a função do lobo frontal. Os lobos frontais estão envolvidos em diversos outros processos mentais de alto nível, tais como as *funções executivas*, aquelas que nos permitem identificar objetivos e reconhecer as ações que nos levarão a sua concretização. A capacidade de prever quais comportamentos levarão a quais resultados ("Sair hoje vai me fazer descumprir meu prazo de entrega do trabalho"), diferenciar os resultados desejados dos indesejados ("Entregar o projeto no prazo é bom; ser demitido é ruim") e promover ações que levem aos resultados buscados ("Ficar em casa hoje para terminar o projeto") são funções que exigem o funcionamento adequado das regiões frontais.[18]* Muitas vezes são transmitidos sinais conflitantes, e os lobos frontais são solicitados a diferenciar esses desejos contraditórios, a se certificarem de inibir ações que, pelo

---

* Os lobos frontais não fazem sozinhos todos esses cálculos complicados. Recebem informações importantes sobre o valor das ações e dos resultados de muitas outras regiões — mais notavelmente de regiões subcorticais envolvidas no processamento da motivação e da emoção, como o corpo estriado e a amígdala.

que se previu, levam a resultados menos desejados ou a situações socialmente inaceitáveis.

Somos confrontados com necessidades e informações conflitantes o tempo todo. Depois de um longo dia no trabalho, muitas vezes tudo que queremos é ir embora para casa, nos jogar no sofá diante da televisão e comer um saco inteiro de batata frita. Ao mesmo tempo, uma voz interior nos diz que devemos ir para a academia.[19*] Encontrar uma solução para esse conflito envolve reconhecer as futuras consequências de diferentes ações e direcionar pensamentos e ações de acordo com essas metas internas. Um lobo frontal com bom funcionamento inibe a ação associada com a meta menos desejável e promove a ação associada com a mais desejada.

No estudo de Bengtsson, depois que lhes era apresentada a palavra *inteligente*, os participantes tinham a expectativa de sair-se bem. No entanto, quando erravam a resposta, o resultado colidia com sua expectativa. O resultado (um erro) conflitava com o resultado previsto (sair-se bem) e gerava um sinal de discordância no córtex frontal. Quando não consegue o que espera, o cérebro tenta freneticamente descobrir o que deu errado. O sinal no córtex frontal talvez modulasse a atenção e sinalizasse "Atenção! Há alguma coisa errada aqui".[20] A importância desse sinal está no fato de que ele pode facilitar o aprendizado. Como

---

* Os dois desejos contradizem um ao outro. Acredita-se que esse conflito seja sinalizado em uma região do lobo frontal chamada córtex cingulado anterior.

aprender com os erros é fundamental para nortear nosso comportamento na direção do funcionamento ideal, uma maior atenção aos erros cometidos levaria a um melhor desempenho na próxima tentativa.

No entanto, quando se apresentou aos participantes a palavra *burro*, não houve atividade aumentada no córtex frontal após uma resposta incorreta. Os participantes *esperavam* sair-se mal; por isso não mostraram sinal de surpresa nem de conflito. Como careciam de um sinal "Atenção! Há alguma coisa errada aqui" no cérebro, os participantes não aprenderam com seus erros e sua probabilidade de melhorar ao longo do tempo foi menor. Aceitaram seus erros porque eram esperados e não tentaram regular seu comportamento de modo a alcançar um melhor desempenho.

Em geral, nosso lobo frontal medeia o planejamento e a ação de modo a concretizar as metas que identificamos para nós. Podem ser metas de curto prazo, como terminar aquelas palavras cruzadas ou preparar um jantar *gourmet* para amigos. Pode haver metas de médio prazo, como correr uma maratona em quatro horas ou aprender a tocar violão. Pode haver também metas de longo prazo, como sair-se bem na vida profissional, ser um bom pai/mãe ou ser feliz. Nosso progresso rumo a esses ideais é monitorado por meio da comparação do que fazemos com o que esperamos. Quando nos desviamos do caminho que definimos para nós, quando o comportamento não está totalmente alinhado com as expectativas, rapidamente são gerados pensamentos e ações para nos colocarem de volta no caminho certo. Se temos a expectativa de ganhar uma promoção no trabalho, mas há anos não conseguimos sair do mesmo cargo, sem sinal de mudança à vista, podemos parar para refletir sobre o que deu errado. Podemos então reavaliar nosso comportamento e identificar novas ações que levem ao resultado que tanto desejamos. Talvez tenhamos motivação para nos dedicar ainda mais ao trabalho e pedir que nos sejam atribuídas responsabilidades maiores. Em última análise, essas ações podem levar à tão sonhada promoção que previmos.

No entanto, se não tivermos expectativa de conseguir uma promoção, continuaremos com a nossa rotina normal. Não ficaremos surpresos com a ausência de promoção e não notaremos que não avançamos. O cérebro receberá o que previu e não será gerado sinal relacionado a erro no córtex frontal para modular o comportamento. Não tentaremos mudar nem conseguir uma promoção.

Você pode perguntar: "Bem, as expectativas positivas podem levar a resultados melhores, mas o que acontece quando não o fazem?" Uma coisa é certa: que nos perdoem Mick Jagger e Keith Richard, nem sempre conseguimos o que queremos; muitas vezes não conseguimos nem o de que precisamos. E aí? Será que ter grandes expectativas provoca apenas decepção? Não seria melhor não ter expectativas tão grandes para nos proteger da frustração?

A noção de que ter expectativas menos grandiosas nos protegerá da decepção é conhecida como *pessimismo defensivo*. Expectativas mais baixas, entretanto, não diminuem a dor do fracasso. Não só expectativas negativas levam a resultados piores, como também não nos protegem de emoções negativas caso ocorram resultados indesejados. Por exemplo, estudantes que tinham baixas expectativas em relação ao seu desempenho em uma prova de psicologia no curso de graduação se sentiram tão mal quando essas expectativas se tornaram realidade quanto os estudantes que esperavam sair-se bem no exame.[21]

Na verdade, expectativas negativas podem — literalmente — nos matar. Vejamos, por exemplo, Peter e James. Peter tem 40 anos e trabalha em um banco de investimento; James tem 42 e é advogado. Em uma bela manhã de domingo, os dois vão parar no pronto-socorro depois de sofrerem um ataque cardíaco. Inicialmente, a gravidade do problema de cada um e o prognóstico dos dois são considerados semelhantes. Peter normalmente vê o copo cheio pela metade e James tende a vê-lo vazio pela metade. A reação de cada um deles à doença é coerente com sua visão de mundo em geral. Peter acredita ser um homem forte e que, com um pouco de esforço, vai se recuperar e voltar à vida normal em pouco tempo. James, por outro lado, está convencido de que sua hora chegou. Acredita que na melhor das hipóteses terá mais alguns anos de vida e que, mesmo assim, sua qualidade de vida nunca mais será a mesma.

Na época, não havia indícios que sustentassem as previsões: não havia razão objetiva para acreditar que Peter teria uma recuperação mais acelerada e que a vida de James terminaria em breve. No entanto, suas previsões têm grande probabilidade de influenciar o resultado de sua doença, alterar seu comportamento e, portanto, se autorrealizar. Peter tem maior probabilidade de tomar atitudes que resultem na recuperação esperada (evitar os alimentos gordurosos, o sal, as situações de estresse e praticar exercícios moderados). James, que acredita não ter mais muito tempo de vida, terá menos motivação para adotar as iniciativas necessárias. Sua probabilidade de recidiva será maior, algo que provavelmente contribuirá para concretizar sua previsão de morte prematura.

De fato, as pessoas que reagem à doença com a aceitação passiva da própria morte iminente, como James, morrem prematuramente.[22] Embora sejam frutos da minha imaginação, James e Peter poderiam facilmente ter sido dois participantes de um estudo feito em 1996. O estudo examinou um grupo de pacientes que haviam sofrido ataques cardíacos e seguiam um programa de reabilitação. Os pesquisadores descobriram que, exatamente como Peter, os otimistas exercitavam-se mais, tinham maior probabilidade de reduzir os níveis de gordura corporal e, assim, o risco coronariano em geral. Além disso, era maior sua probabilidade de tomar vitaminas e seguir uma alimentação pobre em gordura.[23] Resultado: os otimistas viveram mais.[24]

Os pessimistas, por outro lado, morrem mais jovens. Um estudo que acompanhou mil pessoas saudáveis ao longo de 50 anos revelou que os pessimistas tinham maior probabilidade do que os otimistas de morrer prematuramente como resultado de eventos acidentais ou violentos — acidentes de automóvel e de trabalho e homicídios eram mais frequentes entre eles. Mas por que motivo uma perspectiva sombria resultaria nessas mortes trágicas? Parece que uma perspectiva pessimista promovia comportamentos arriscados porque os pessimistas acreditavam não ter muito a perder.[25]

Os otimistas visualizam um futuro glorioso e relutam em desaparecer. O segredo de um relacionamento positivo entre otimismo e saúde é que os otimistas são seletivos quando se trata de assumir riscos. Assumem riscos quando o problema de saúde em potencial é trivial e/ou tem poucas chances de afetá-los.[26] Não são daqueles que falam ao celular com medo de ter um tumor no cérebro, pois a relação entre os dois fatores não foi comprovada. Por outro lado, têm menos probabilidade de fumar, pois o tabagismo é uma causa bem documentada de câncer de pulmão.[27] Em outras palavras, os otimistas poupam seus recursos mentais e físicos para ameaças significativas.

Por definição, otimistas são pessoas que têm expectativas positivas: esperam sair-se bem na vida, ter bons relacionamentos e ser produtivos, saudáveis e felizes. Como esperam sair-se bem na vida e ser mais saudáveis, os otimistas têm menos razões subjetivas para preocupação e desespero. Resultado? São menos ansiosos e ajustam-se melhor a fatores de estresse, como um aborto ou parto, câncer ou Aids e até mesmo à faculdade de medicina ou direito.[28] Como consequência, podem até ganhar mais. O nível de otimismo de uma pessoa no primeiro ano da faculdade de direito previu quanto ela ganharia uma década mais tarde. O aumento de um mero ponto na escala de otimismo valeu mais US$ 33 mil por ano.[29]

Esperança, quer seja gerada interna ou externamente, permite que as pessoas adotem suas metas e mantenham o comprometimento de avançar em sua direção. Esse comportamento aumentará a chance de a meta tornar-se realidade. Deu aos Lakers sua segunda vitória repetida, a Clever Hans suas habilidades peculiares e a Peter uma vida longa após o ataque cardíaco. Quando nossas previsões otimistas provam-se equivocadas, bem, nós, como o fizeram os participantes do estudo de Bengtsson, simplesmente aprendemos com nossos erros e tentamos de novo. Como diz o antigo ditado: *Tudo vai bem quando acaba bem; se ainda não vai bem, é porque não acabou.*

CAPÍTULO 4

O QUE BARACK OBAMA E SHIRLEY TEMPLE TÊM EM COMUM?

Quando o otimismo privado encontra o desespero público

Uma onda de otimismo varre o país, dizia a manchete. E varreu mesmo. As pesquisas apontavam que 80% dos americanos estavam otimistas quanto aos quatro próximos anos, 63% achavam-se confiantes de que sua situação financeira pessoal melhoraria, 71% acreditavam que a economia se recuperaria e 65% afirmaram crer que a taxa de desemprego cairia.[1] O otimismo estava por toda parte e não se restringiu à "terra da liberdade". Em breve, a esperança chegaria aos espanhóis, italianos, alemães, franceses e até mesmo aos céticos britânicos. O otimismo partiu dos Estados Unidos e da Europa, e cruzou mais outros oceanos, chegou à Índia, China, Indonésia, Nigéria, Rússia e Turquia, Japão, México, Chile, Egito e Gana, onde, segundo as pesquisas, as pessoas eram as mais otimistas de todas. Das 1.700 pessoas entrevistadas nas pesquisas da BBC e da GlobeScan Incorporated, três de cada quatro esperavam mudanças positivas. A maioria de 15 em 17 países do Leste da Ásia, da América Latina e do Oeste da África, além do mundo islâmico, concordava com que o futuro próximo seria bem rosado.

O que estimulou uma esperança assim tão abrangente, inabalável? Quando foram esses momentos gloriosos? Que acontecimentos na história humana puderam gerar otimismo em 80% das pessoas em um país de quase 304 milhões de habitantes e continuou a estimular pessoas ao redor do mundo? Tente adivinhar. Foi durante a alta do mercado, na década de 1990, quando os EUA e muitos outros mercados financeiros globais subiram rapidamente? Foi logo após a queda do Muro de Berlim, quando a democracia parecia ter vencido e a internet tornou-se acessível a pessoas ao redor do mundo? Otimismo e alegria disseminados tomaram conta das pessoas no fim da Segunda Guerra Mundial e levaram alívio a milhões de pessoas no mundo? Ou será que a esperança atingiu seu ápice depois que o homem pisou na Lua, em 1969, quando os seres humanos finalmente acreditaram ter conquistado o mundo?

A resposta é não, não, não e... não. O otimismo não tomou o mundo de assalto de maneira inédita durante épocas de estabilidade financeira, crescimento econômico, avanços científicos e tecnológicos ou paz mundial. Não, o otimismo teve seu ápice durante um período em que nos encontrávamos em profunda recessão global. Os Estados Unidos, em particular, enfrentavam um período extremamente difícil, talvez um dos piores de sua história econômica, atrás apenas da Grande Depressão do início da década de 1930. Além disso, a guerra ao terror estava a todo vapor e muitos soldados americanos lutavam no Iraque. E estávamos no fim de 2008 quando o otimismo atingiu seu ápice e uma visão otimista foi adotada por pessoas ao redor do mundo.

Talvez você já tenha adivinhado o que deu o pontapé inicial no otimismo no povo americano durante essas épocas terríveis. Um homem de 47 anos, nascido no Havaí, pai de duas filhas, autor de *The Audacity of Hope* — Barack Obama, primeiro negro a ocupar a presidência dos EUA.[2] Mas como uma pessoa poderia inspirar tantas a se tornarem esperançosas? Mais importante: as pessoas não estavam esperançosas em relação ao seu futuro pessoal (algo que hoje sabemos ser fundamental para a natureza humana), mas esperançosas em relação ao futuro do país e do mundo (algo que, como veremos mais adiante, é bastante raro).

David Gardner foi um dos muitos jornalistas que saíram em campo em busca de respostas. Perguntou às pessoas por que elas acreditavam que Obama tinha conseguido encher de esperança o país. "[Ele] leva para Washington, para a Casa Branca, mais especificamente, um conjunto de valores diferente, um ponto de vista diferente, algo que não vimos nos oito últimos anos", disse uma mulher. Outra pessoa entrevistada atribuiu o otimismo do país à "abertura a outras ideias, à disposição de ouvir conselhos dos outros".[3] Realmente, o manifesto de Obama foi alicerçado na mudança. Como primeiro presidente negro do país, ele representava progresso, e não apenas para as minorias. Sua ideologia e seus planos para o país prometiam avanços que poderiam levar a maior igualdade financeira, estabilidade dos mercados, melhores relações internacionais e mais. Tudo isso, com sua conduta honrada que muitos constataram contrastar totalmente com a do seu antecessor ("Ele não é Bush", disse alguém), poderia ter gerado as expectativas otimistas das pessoas.

Mas essa não foi a história toda. Será que as pessoas teriam sido tão esperançosas, tão otimistas, se os Estados Unidos não estivessem em meio a uma das piores crises financeiras da história? Será que pessoas no Egito, na China, na Rússia e em Gana acreditariam sinceramente que coisas boas estavam por vir se centenas de pessoas não morressem diariamente em ação militar? Ironicamente, a resposta é não. Como disse um entrevistado: "[Obama] não pode se dar ao luxo de não ter sucesso. Tem de ter sucesso porque o mundo depende realmente dele agora."[4]

Altas expectativas relacionadas a um novo presidente não se limitam a épocas de incerteza. Após as eleições de 2000, 49% dos americanos acreditavam que George W. Bush seria um presidente acima da média. No fim de seu primeiro mandato, apenas 25% afirmaram que isso de fato acontecera.[5] Quando Tony Blair foi escolhido primeiro-ministro da Inglaterra, 60% dos cidadãos acreditavam que o país ia melhorar. O percentual caiu para 40% quando ele deixou o governo.[6] Nos próximos anos, talvez fique claro que Obama de fato foi digno da fé nele depositada. A verdade, porém, é que a necessidade urgente das pessoas de boas notícias muito provavelmente elevou as expectativas positivas muito acima da linha de base.

É durante épocas difíceis que as pessoas recorrem mais ao otimismo. Quando a coisa fica feia, começamos desesperadamente a buscar um lado positivo, e Barack Obama ofereceu justamente isso. Em seu discurso de posse, ele reconheceu as dificuldades do momento:

> Que estamos em meio a uma crise hoje é bem sabido. Nossa nação está em guerra contra uma ampla rede de violência e ódio. Nossa economia está gravemente enfraquecida. (...) Lares foram perdidos; empregos, cortados; empresas, fechadas. Nosso sistema de saúde é caro demais; nossas escolas falham para muitos; e cada dia traz novas evidências de que os modos como usamos a energia reforçam nossos adversários e ameaçam nosso planeta.[7]

Entretanto, além das dificuldades presentes, ele descreveu o que acreditava ser um futuro promissor:

> O caminho que temos diante de nós será longo. Nossa escalada será íngreme. Podemos não chegar lá em um ano, talvez nem em um mandato, mas os Estados Unidos — nunca tive tanta esperança quanto tenho hoje de que vamos chegar lá (...) — podem mudar. Nossa união pode ser aperfeiçoada. E o que já conquistamos nos dá esperança para o que podemos e devemos conquistar amanhã.[8]

Depositar nossa confiança na esperança

Se você fosse um dos milhões de pessoas ao redor do mundo que assistiam ao discurso de vitória de Obama na televisão, ouviam no rádio, liam on-line ou o viram pessoalmente, tente voltar àquele momento. Como você descreveria sua reação emocional? Quais eram seus sentimentos? "Uma sensação de calor líquido que invadiu o peito e um aperto na garganta", foi assim que um estudante da Universidade da Califórnia em Berkeley expressou sua reação. Foi mais ou menos assim que você se sentiu? Cientistas em Berkeley chamaram essa sensação de "elevação".

Jonathan Haidt, psicólogo da Universidade de Virgínia que estuda a sensação de elevação, descreve tais casos como situações em que o ceticismo desaparece e a esperança e o otimismo são gerados.[9] Ele postulou a existência de um mecanismo fisiológico específico que pode estar por trás dos momentos de elevação. Segundo Haidt, tais ocorrências estimulam o nervo vago, que, por sua vez, provoca a secreção de oxitocina.[10] O nervo vago é um dos 12 pares de nervos cranianos. Seu trajeto inicia-se no tronco cerebral, a antiga parte evolutiva do cérebro que desempenha um papel fundamental na regulagem das funções vitais. O nervo estende-se do tronco cerebral ao tronco e abdômen, passando pelo pescoço. Transmite informações sensoriais ao cérebro que refletem o estado interno do corpo, além de enviar avisos do cérebro ao restante do corpo. Haidt sugere que a estimulação do nervo vago por eventos que geram elevação causa a secreção de oxitocina.

Pense na última vez em que você abraçou alguém, segurou um bebê no colo, acariciou um cão ou transou. Em todos esses casos, a oxitocina era secretada no seu corpo. A oxitocina é produzida no hipotálamo (estrutura na base do cérebro que produz neuro-hormônios), armazenada na glândula pituitária, situada logo abaixo do hipotálamo, e secreta hormônios. Quando estimulada, é descarregada na corrente sanguínea e também se liga a receptores no cérebro, particularmente em regiões envolvidas no processamento emocional e social.

Altos níveis de oxitocina reduzem nossa incerteza acerca de estímulos sociais. Um sorriso será interpretado com mais confiança como um sinal positivo, reduzirá assim a ansiedade social e promoverá o comportamento de aproximação. Em um estudo com imagens do cérebro, administrou-se oxitocina a voluntários antes que eles fossem expostos a rostos que transmitiam diferentes expressões faciais. Depois da administração de oxitocina, os participantes tiveram menos dificuldade de interpretar as expressões. Resultado: observou-se menos atividade na amígdala, que normalmente participa do processamento de sinais sociais, em especial os sinais ambíguos.[11]

A redução do estresse social e da incerteza, com o aumento do comportamento de aproximação, deve aumentar a confiança entre indivíduos. Se é assim, será que a administração de oxitocina poderia fazer com que as pessoas confiassem mais em estranhos? Para testarem isso, os cientistas recorreram ao seu método favorito de pesquisa da confiança — um jogo conhecido como, veja bem, "jogo da confiança".

O jogo tem dois participantes; um é o "investidor" e o outro é o depositário do investimento. Digamos que João da Silva seja o investidor e Bernard Madoff seja o depositário do investimento. Tanto João da Silva quanto Madoff recebem uma quantia inicial — US$ 20. João, o investidor, pode enviar dinheiro para Madoff, o depositário do investimento. Digamos que João decida enviar US$ 5 a Madoff. Quando João entrega dinheiro a Madoff, o especulador triplica a quantia. Assim, Madoff recebe US$ 15. Madoff pode então decidir entre manter o dinheiro todo (nesse caso, o pobre João perde US$ 5) ou enviar uma determinada quantia de volta a João. Uma atitude mais justa de Madoff seria enviar de volta mais de US$ 5, talvez US$ 7. João precisa relaxar e confiar na noção de justiça de Madoff.

Quando o jogo ocorre no laboratório, os cientistas descobrem que os Joões normalmente optam por confiar seu dinheiro aos Madoffs.[12] A parte interessante é que, se você administrar oxitocina a João, sua probabilidade de confiar seu dinheiro a Madoff aumenta ainda mais. Mas não deveria. Madoff não age com reciprocidade e não lhe devolve uma quantia maior.

Será que o discurso de Obama provocou a liberação de oxitocina em seus ouvintes? Dada a esmagadora confiança que lhe foi depositada, eu não me surpreenderia se os níveis de oxitocina da multidão estivessem realmente altos. As pessoas confiavam em Obama, que prometia um futuro melhor, e por isso as pessoas depositaram sua fé na confiança.

Enquanto na primeira década do século XXI o povo americano voltou-se para seu primeiro presidente negro em busca de esperança, na terceira década do século anterior o povo se voltou para uma fonte menos provável — uma garotinha de cachos dourados, com voz animada e carinha de bebê. O nome dela era Shirley Temple.

A famosa atriz infantil apareceu em inúmeros filmes durante a década de 1930. Seus filmes enaltecedores, nos quais ela frequentemente canta e dança, geraram mais bilheteria do que os filmes com qualquer outra estrela da sua época — tudo isso no auge da Grande Depressão, que se originou nos Estados Unidos após o colapso abrupto do mercado de ações em 1929, se transformou em uma crise financeira mundial e afetou cidades do mundo inteiro. A renda pessoal caiu radicalmente; nos Estados Unidos, 13 milhões de pessoas engrossaram as fileiras dos desempregados e cinco mil bancos fecharam as portas.[13] Assim como ocorreu durante o aperto do crédito, que nos afetaria quase oitenta anos depois, as pessoas buscavam alguém que pudesse animá-las. Shirley Temple surgiu para ocupar essa lacuna.

Assim como os discursos de Barack Obama, os filmes de Shirley Temple espelhavam uma era difícil e, ao mesmo tempo, prometiam um futuro melhor. Seus filmes ofereciam a noção de que tempos melhores "estavam logo ali na esquina" (referência a um filme popular que ela fez em 1938, *Just Around the Corner* [no Brasil, *O anjo da felicidade*]) e que deveríamos todos nos animar (título de um filme seu, de 1934 — *Stand Up and Cheer!* [*Alegria de viver*]). A premissa fundamental dos filmes de Shirley era de que tudo ficaria bem, desde que todos trabalhassem em uníssono e cuidassem uns dos outros. Parece familiar? "É a bondade de hospedar um estranho quando os diques se rompem e o altruísmo de trabalhadores que preferem reduzir seus horários a ver um amigo perder o emprego que nos fazem atravessar as horas mais sombrias (...) os valores de que depende nosso sucesso — trabalho duro e honestidade, coragem e justiça (...) — são coisas antigas."[14] Assim como a mensagem otimista de Obama, a de Shirley Temple ficou na mente das pessoas. De tal maneira que Franklin Roosevelt, que era presidente na época, disse: "Enquanto o país tiver Shirley Temple, ficará tudo bem."[15]

Por falar em otimismo...

Pessimismo global

A confiança no otimismo durante a Grande Depressão e também durante a recessão de 2008 intriga não apenas por causa do acentuado contraste entre as dificuldades da época e a esperança das pessoas, mas também porque o otimismo público é relativamente raro. Embora o otimismo privado (expectativas positivas com relação ao nosso próprio futuro) seja comum, ele normalmente vem acompanhado pelo desespero público (expectativas negativas em relação ao futuro do nosso país). Estatísticas como as que revelam o otimismo das pessoas sobre a economia em 2008 (71% das pessoas acreditavam que a economia ia melhorar no ano seguinte)[16] e a situação política (três de cada quatro entrevistados esperavam mudanças positivas nas relações internacionais) não são observadas frequentemente durante épocas de estabilidade. Quando se observa otimismo público, normalmente ele tem curta duração (como a esperança elevada logo após as eleições).[17]

Mais frequentemente, as pessoas esperam sair-se melhor pessoalmente no futuro próximo, ao mesmo tempo que preveem que o restante do país vai entrar pelo cano. Por exemplo, alguns meses antes do colapso financeiro de 2008, a maioria dos ingleses afirmou que acreditava que a condição do país piorava — e logo descobririam que sua avaliação estava correta. Ao mesmo tempo, esperavam que suas circunstâncias pessoais nos próximos anos melhorariam — muitos deles descobririam ter se enganado.[18] Dos entrevistados, 93% afirmaram estar otimistas com relação ao futuro da *própria* família, mas apenas 17% estavam otimistas quando ao futuro de *outras* famílias.[19] Naquele ano, a maior parte das pessoas expressou satisfação com sua experiência pessoal com o National Health Services (NHS) da Inglaterra: quase 80% se disseram satisfeitos com sua última ida ao hospital e 65% afirmaram que o NHS fazia um bom trabalho. Entretanto, ao mesmo tempo, a maioria dos entrevistados afirmou que o NHS estava em crise e menos de 50% informaram que oferecia um bom serviço *nacionalmente*.[20]

Mas o pessimismo dos britânicos não se restringia apenas ao National Health Services. Eles também não estavam muito positivos com relação à perspectiva de o governo conseguir controlar a criminalidade e a violência.[21] A grande maioria das pessoas (83%) acreditava que a violência aumentava na Inglaterra. Na realidade, a criminalidade diminuía havia quase uma década. Isso se devia parcialmente ao fato de os investimentos nacionais na prevenção do crime estarem aumentando. No entanto, a confiança das pessoas na capacidade do governo de deter a criminalidade caiu de 63% em 1997 para 27% em 2007. A criminalidade parecia ser uma preocupação importante para os cidadãos. Mais da metade dos entrevistados classificou a criminalidade como um dos três problemas mais preocupantes da Inglaterra. Cidadãos de outros países não pareciam estar tão preocupados. Somente 23% dos espanhóis e 35% dos americanos listavam a criminalidade como um dos três problemas mais perturbadores de seu país. Será que os ingleses tinham alguma razão especial para tamanha preocupação? Deveriam ter se mudado para os Estados Unidos? Talvez, mas a criminalidade não teria sido sua motivação.

Vamos analisar rapidamente as taxas de homicídios em países ao redor do mundo. Veja os números mais recentes para taxas de homicídios por 100 mil habitantes nos países enumerados a seguir:*

---

* Algumas das taxas de homicídios a seguir incluem tentativas de homicídio e algumas não. Isso limita a comparação entre países. As taxas que excluem as tentativas de homicídio estão assinaladas com um *asterisco*.

El Salvador — 71
Guatemala — 52
Colômbia — 35
Brasil — 22
México 15
Rússia — 15
Tailândia — 5,9
Estados Unidos — 5*
França — 1,31*
Austrália — 1,3*
Inglaterra — 1,28*
Itália — 1,1*
Emirados Árabes Unidos — 0,92
Japão — 0,5[22]

Em outras palavras, se um britânico decidir arrumar as malas e se mudar para a França, ou até para a Austrália, sua probabilidade de acabar vítima de homicídio aumenta. Embora países na América do Sul e na América Central encabecem a lista dos lugares com altos índices de criminalidade, a Itália, conhecida por sua Máfia, parece ser relativamente pacífica. Embora a Inglaterra não tenha se saído tão bem quanto a Itália, as taxas de homicídio ainda são relativamente baixas. Tenho de admitir que o homicídio é apenas um dos tipos de violência, mas é um bom indicador dos índices de criminalidade em geral.

Parece que os britânicos superestimavam a extensão do problema da criminalidade. Será que isso significa que eles também superestimavam *sua própria* probabilidade de serem vítimas de um crime? Se atos criminosos são uma das três maiores preocupações na Inglaterra, e as pessoas acreditam que a capacidade do governo de colocar um ponto final na criminalidade diminuiu, não seria lógico concluir que as pessoas deveriam estar bastante preocupadas com *sua própria* segurança? Meu aluno Christoph Korn e eu decidimos pesquisar. Reunimos dados a respeito da probabilidade de uma pessoa ser vítima de diferentes crimes, depois pedimos aos habitantes de Londres para estimar a probabilidade de encontrar tais incidentes para ver se havia uma correlação entre as duas coisas.

O experimento que fizemos em nosso laboratório na parte central de Londres indicou que as pessoas subestimam ligeiramente a probabilidade de serem vítimas de um ato criminoso.[23] Quando pedimos às pessoas que estimassem a probabilidade de lhes acontecerem ao longo de sua vida diferentes eventos adversos, como ter o carro roubado, o apartamento invadido por ladrões ou outros acontecimentos traumáticos, as pessoas deram estimativas que eram, em média, um pouco mais baixas do que os números divulgados pelas autoridades. Assim, embora as pessoas acreditem que são altos os índices de criminalidade, também acreditam que, de alguma maneira, *são imunes*. Ainda que a economia do país esteja com problemas, acreditamos que *vamos* prosperar. Embora o serviço de saúde seja ruim e as escolas públicas sejam ainda piores, *nossos* serviços médicos locais e *nossas* escolas locais, felizmente, são bastante satisfatórios.

Em um simpósio organizado pela Royal Society of Arts em 2008, políticos, acadêmicos e especialistas em pesquisas de opinião pública se reuniram para discutir as contradições entre o otimismo privado e o desespero público. No fim da sessão, um homem na plateia levantou a mão e disse: "Não vejo para que tanto estardalhaço. É verdade. As pesquisas estão certas. O National Health Services é uma bagunça e, em geral, oferece um serviço ruim. No entanto, na minha cidade, o serviço de saúde é excelente."[24]

Alternância entre otimismo e pessimismo

De onde vem essa disparidade? Por que as pessoas subestimam continuamente seus próprios riscos e, ao mesmo tempo, superestimam a gravidade da situação para o resto da sociedade? Por que avaliamos bem nossas próprias experiências, mas ao mesmo tempo pressupomos que os serviços no restante do país são ruins? Se nós vamos sobreviver à desaceleração da atividade econômica e evitar sofrer um assalto, as outras pessoas também não conseguirão fazê-lo?

Deborah Mattinson, palestrante do simpósio da Royal Society of Arts, sugeriu que tudo isso está relacionado à noção subjetiva de controle. As pessoas tendem a se sentir mais otimistas em relação às coisas que acreditam poder controlar. Muitas vezes, essa noção de controle é apenas uma ilusão. Entretanto, quando pensamos que nosso destino está em nossas próprias mãos, aumenta nossa probabilidade de acreditarmos poder girar o leme na direção certa. Julgamos ter menos chance de sofrer um assalto do que nosso vizinho porque com certeza vamos evitar andar por ruas escuras. Temos menos chance de desenvolver câncer de pele pois fazemos questão de usar filtro solar. Sobreviveremos à crise econômica porque sempre haverá grande demanda pelos nossos talentos únicos. Ao mesmo tempo, reconhecemos que não temos controle sobre a situação financeira do nosso país ou sobre a saúde e a segurança dos nossos concidadãos. Portanto, normalmente somos menos confiantes de que esses elementos seguem na direção certa.

Há mais um fator em jogo — o poder da relatividade. O fato de estarmos ou não satisfeitos com o nosso salário, com o pedido feito no restaurante, com a operadora de telefonia celular e com o plano de saúde depende, em grande medida, de como os nossos amigos estão se saindo, se a pessoa que janta ao nosso lado pediu uma entrada mais apetitosa, de quanto o nosso colega paga pela sua conta de celular e se nosso médico da família é mais competente do que os outros. Acreditar que as nossas experiências pessoais não se aplicam à população em geral significa que na verdade somos privilegiados. Não são apenas bons serviços que recebemos; são serviços *melhores*. Se acreditamos que a escola pública do nosso bairro é excelente, enquanto as outras são inadequadas, isso significa que tiramos a sorte grande. Não só nossos filhos terão uma melhor educação, como também terão uma melhor educação do que todas as outras crianças em outras escolas públicas ao redor do país.

Mais uma vez, o cérebro faz um truque que intensifica as ilusões positivas. As pessoas não têm apenas um viés de otimismo com relação ao seu futuro pessoal, elas têm um viés pessimista sobre o futuro dos outros. Somando um mais um, e em lugar de simplesmente nos acreditarmos sortudos, nós nos percebemos como excepcionalmente sortudos, o que é ainda melhor. E quando encontramos momentos difíceis é sempre útil acreditar que todas as outras pessoas também têm dificuldades.

No fim do dia, se nossas expectativas a respeito do futuro da nossa sociedade serão positivas ou negativas, dependerá de qual visão alimentar melhor o otimismo privado. Durante épocas de tranquilidade, o pessimismo público pode estimular o otimismo privado por intermédio da comparação. Assim, quando o mundo se sai bem, ter uma visão pessimista da sociedade e, ao mesmo tempo, manter crenças otimistas a respeito do nosso próprio futuro, significa que não apenas esperamos nos sair melhor, como também esperamos nos sair melhor enquanto os outros se saem mal. Isso nos dá uma ilusão de superioridade. Não quer dizer que queiramos mal aos outros; simplesmente nos sugere que os óculos cor-de-rosa que usamos para ver nosso futuro não são usados quando examinamos o futuro dos outros. Na verdade, muitas vezes usamos cores bem mais escuras para avaliar o futuro do nosso país.

No entanto, quando a sociedade alcança níveis extremamente baixos que afetam diretamente nossa vida pessoal, a única maneira de nossa situação melhorar é colocar o resto do mundo para cima junto conosco. Quando as pessoas perdem o emprego e as economias em épocas de profundas dificuldades econômicas, elas têm de acreditar que o mundo logo viverá uma guinada para melhor, porque essa é a maneira mais provável de conseguir recuperar a renda e o bem-estar. É em épocas como essas que as pessoas se voltam para os portadores de boas notícias, como Barack Obama e Shirley Temple. É então que o otimismo varre o mundo. Ou pelo menos até que a economia se estabilize, quando então ficamos bastante satisfeitos em voltar ao pessimismo público.

CAPÍTULO 5

Você consegue prever o que o fará feliz?
O ingrediente inesperado para o bem-estar

O que você acha que o fará feliz? Anote em uma folha de papel cinco coisas que você acredita que aumentarão sua satisfação na vida. Ganhar mais? Que tal exercitar-se mais? Ou passar mais tempo ao sol? Uma pesquisa com 2.015 pessoas feita pela Ipsos MORI, empresa de pesquisa britânica, revelou que as pessoas acreditam que os cinco fatores a seguir (apresentados em ordem de importância) têm mais probabilidade de aumentar sua felicidade.

1. Passar mais tempo com a família
2. Ganhar o dobro do que ganho hoje
3. Ter uma saúde melhor
4. Passar mais tempo com os amigos
5. Viajar mais[1]

Algum deles estava na sua lista? A resposta pode depender da sua idade. A importância percebida dos fatores acima varia de acordo com a faixa etária. A relevância de ter mais dinheiro, por exemplo, diminuiu uniformemente à medida que a pessoa envelhece. Enquanto 55% dos jovens adultos, entre 14 e 24 anos, acreditavam que ganhar mais os faria mais felizes, apenas 5% dos entrevistados com 75 anos ou mais acreditavam que ganhar mais contribuiria para sua felicidade. Talvez a experiência de vida lhes tenha ensinado que felicidade não se compra. Por outro lado, a contribuição percebida da saúde para a satisfação na vida aumentou uniformemente à medida que a pessoa envelheceu. Apenas 10% dos entrevistados na faixa de 15 a 24 anos classificaram a melhor saúde como um dos cinco fatores principais que as fariam felizes, em contraste com 45% das pessoas com mais de 75 anos. Isso não surpreende muito: adultos com mais idade enfrentam muito mais problemas de saúde do que os adultos jovens e, portanto, têm mais chance de estar preocupados com sua condição física. A contribuição percebida de passar mais tempo com a família para o bem-estar da pessoa continuou relativamente constante com a idade, embora tenha atingido seu ápice entre 35 e 44 anos. Isso pode refletir a ansiedade sentida pelas pessoas dessa faixa etária com relação ao equilíbrio adequado entre vida profissional e vida familiar.

Poderíamos passar mais tempo com a família e os amigos, viajar mais e ao mesmo tempo conseguir ganhar o dobro do que ganhamos hoje? Seria um desafio e tanto, com certeza. E se conseguíssemos ter um emprego que pagasse bem e, ao mesmo tempo, nos permitisse ter tempo suficiente para levar a família e os amigos de férias para as Bahamas? Será que isso nos faria felizes? Será que poderia haver outras coisas ao nosso alcance imediato que nos deixassem igualmente satisfeitos? E, em última análise, será que conseguimos prever o que nos faz felizes?

Estimar como aumentar nosso bem-estar não é tarefa fácil. As pessoas, de um modo geral, estão bastante dispostas a revelar o que as deixaria felizes. Anúncios tentam nos vender felicidade em uma lata de refrigerante ou uma barra de chocolate. Nossa sociedade prega que educação, casamento, filhos e dinheiro nos farão felizes. Fé, sexo, paz mundial, drogas, amor, casa própria, um emprego no mercado financeiro, um plano de aposentadoria, sorvete, TV a cabo — o que realmente importa?

Considere a lista de fatores a seguir. Alguns deles estão positivamente associados a relatos individuais de satisfação com a vida, alguns estão negativamente relacionados; entretanto, a relação de outros fatores com essa satisfação é tão complexa que determinadas pesquisas os classificam em um grupo e outras, em outro. Você consegue adivinhar qual é qual?

1. Caminhar/nadar/praticar esportes
2. Casar-se
3. Ter filhos
4. Praticar jardinagem
5. Frequentar igreja/sinagoga/mesquita/outra religião
6. Ter doutorado ou outro diploma
7. Ganhar bem

E, agora, você sabe o que torna as pessoas felizes? Vamos começar com a análise dos fatores que foram positivamente associados à satisfação com a vida. Ben Page, diretor geral do Ipsos MORI, que faz pesquisas globais para descobrir isso, resumiu suas descobertas ao reproduzir uma citação tradicional: "Se quiser ser feliz durante algumas horas, embebede-se. Se quiser ser feliz durante alguns anos, arrume uma esposa. Se quiser ser feliz para sempre, plante um jardim." Será que há um fundo de verdade nesse axioma? Pegue o balde e as ferramentas de jardinagem e coloque a mão na massa. A pesquisa de Page, que envolveu milhares de entrevistados, revela que as pessoas que praticam jardinagem pelo menos uma vez por semana são mais felizes, em média, do que as outras, e as pessoas que nunca praticaram jardinagem têm menos chance de estar satisfeitas com a vida que levam.

Você nem precisa praticar jardinagem em si. Estudos mostram que o simples cuidado com uma planta está relacionado ao bem-estar. Segundo cientistas da Universidade do Estado do Texas, os funcionários que tinham plantas no escritório eram mais felizes do que os que não tinham.[2] Isso não significa necessariamente que ter uma planta ou dedicar tempo à jardinagem uma vez por semana *leve* à satisfação na vida. Tampouco implica que a felicidade faz as pessoas pegarem uma pá e outras ferramentas de jardinagem e comecem a plantar rosas. Embora todas essas relações sejam viáveis, é possível também que jardinagem e felicidade estejam correlacionadas porque ambas são causadas por um terceiro fator. Por exemplo, ter mais tempo livre pode aumentar tanto o bem-estar quanto a probabilidade de trabalhar no jardim. Ter um bom relacionamento com os colegas de trabalho pode contribuir tanto para a sua satisfação com a vida quanto para o seu desejo de tornar o escritório um local acolhedor, ao decorá-lo com uma planta. Portanto, embora não possamos concluir que as plantas *nos fazem felizes*, podemos presumir que um colega de trabalho que tem uma planta na mesa provavelmente é mais feliz do que um colega de trabalho cuja mesa esteja entulhada de papéis sem qualquer verde.

O que mais está relacionado à felicidade? Segundo a pesquisa, se você tiver doutorado, frequentar a igreja (ou outro centro religioso) e praticar esportes, terá muito mais chances de ser feliz do que uma pessoa que não tenha doutorado, nunca vá à igreja e fuja de atividades físicas. Dos entrevistados que tinham doutorado, 35% descreveram-se como pessoas muito felizes, comparados com apenas 23% das pessoas sem doutorado. Quase metade dos entrevistados que frequentavam a igreja várias vezes por semana relatou ser muito feliz, comparados com apenas 26% daqueles que nunca iam à igreja. Novamente, esses números revelam apenas uma *correlação* entre os fatores, não uma relação *causal*.

Casados, com filhos

E quanto à sabedoria convencional de que ter filhos nos faz felizes? Em geral, as pessoas acreditam que ter filhos é fundamental para levar uma vida satisfatória. As pessoas investem uma quantidade inacreditável de tempo, esforço e recursos nos filhos. Nossos filhos nos fazem felizes?

Estudos mostram consistentemente que, se existe alguma correlação entre ter filhos e felicidade, ela é negativa. Por exemplo, dados da Ipsos MORI mostram que a satisfação com a vida diminui uniformemente assim que um casal sem filhos começa a constituir família e chega ao seu nível mais baixo quando os filhos chegam à adolescência. Daí em diante, a felicidade aumenta gradualmente e volta aos níveis vigentes na época em que o casal ainda não tinha filhos. Na verdade, pessoas de meia-idade (35 a 54 anos) são as menos satisfeitas. O bem-estar subjetivo é mais alto em jovens adultos (de 15 a 24 anos), e os idosos (75 anos em diante) vêm em segundo lugar.[3]

A noção de que criar filhos está negativamente relacionada com a felicidade foi sustentada por um estudo feito por Daniel Kahneman, ganhador do prêmio Nobel.[4] Kahneman, psicólogo cognitivo, recebeu o Nobel de Economia em 2002 por seu trabalho sobre a teoria da perspectiva, que descreve como as pessoas tomam decisões em situações de incerteza. É conhecido por suas pesquisas em economia comportamental e processos decisórios e é especialmente reconhecido por descrever o viés cognitivo — a base de muitos erros humanos. Nos últimos anos, ele se concentrou em estudar psicologia hedônica. Com o uso de princípios desenvolvidos em seu trabalho anterior, agora tenta descrever e explicar os erros que cometemos ao refletir sobre o que nos faz felizes.

Em um estudo, Kahneman e sua equipe pesquisaram a satisfação com a vida em um grande grupo de mulheres americanas e francesas que trabalhavam fora. Para medir a felicidade, usou-se um método relativamente pouco convencional. Em lugar de fazer às pessoas perguntas sobre seu bem-estar geral (ou seja, simplesmente perguntar-lhes o quão felizes estavam com sua vida), eles pediram que as pessoas relatassem seu estado emocional momento a momento. Solicitou-se que os participantes fizessem uma pausa ao longo do dia e registrassem seus sentimentos, bem como as atividades que exerciam, naquele momento. A técnica produziu o que Kahneman chama de "medida da felicidade experimentada". Segundo Kahneman e seus colegas, existe uma medida mais precisa da felicidade do que aquela obtida com as técnicas tradicionais. A ideia por trás da medida da felicidade experimentada é que o bem-estar é mais significativamente influenciado pelo fluxo da nossa experiência diária. O que realmente importa é quando, e com que frequência, nós nos sentimos irritados, ansiosos, satisfeitos. Embora às vezes voltemos no tempo e analisemos nossa existência, não o fazemos com muita frequência. Nossa felicidade, portanto, não é afetada, em grande medida, pelas reflexões sobre a nossa vida, mas sim pelo fluxo de sentimentos que são constantemente gerados dentro de nós. A maioria dos questionários de bem-estar subjetivo, porém, nos pede para refletir e avaliar nossa satisfação geral com a vida, e não com a felicidade que vivemos no dia a dia.

Com o uso da medida da felicidade experimentada, Kahneman e seus colegas descobriram que a felicidade experimentada das mães estava negativamente correlacionada com a quantidade de tempo que elas passavam com os filhos. As participantes relataram ter vivido menos momentos de alegria ao interagir com os filhos do que ao fazer tarefas domésticas, como cozinhar e fazer compras. Na verdade, não havia muitas outras atividades que tivessem uma influência menos positiva na felicidade experimentada — exceto a ida e vinda do trabalho. Ir para o trabalho e voltar dele contribuíram mais negativamente para a satisfação com a vida.

O fato de ficar preso no trânsito durante horas em um vagão do metrô apinhado, com centenas de pessoas que tentam chegar em casa durante a hora do rush, não contribui para aumentar nosso bem-estar e isso não nos choca. O fato de que brincar com os filhos, ler para eles, alimentá-los ou orientá-los na hora de fazer o dever de casa não contribui muito mais, isso sim é impressionante. E perturbador. A conclusão consistente dos estudos — de que filhos não nos trazem necessariamente alegria — bate de frente com a sabedoria convencional de maneira surpreendente. Por que a cultura popular e as pessoas ao redor do mundo nos fizeram pensar que seria diferente? Por que os indivíduos insistem em que sua felicidade depende da existência de uma prole e muitas vezes acreditam piamente nisso? Uma explicação é que a felicidade, seja ela experimentada ou refletida, não é necessariamente o fator mais importante para a continuação da humanidade. A transmissão dos nossos genes, por outro lado, o é. Com esse objetivo adaptativo em mente, parece plausível que, embora os métodos científicos racionais sugiram que a criação dos filhos não nos traz felicidade, as pessoas têm uma visão enviesada ao acreditar que traz. Daniel Gilbert, psicólogo de Harvard, sugere que as pessoas racionalizam o esforço e os recursos que dedicam à criação dos filhos em termos da felicidade que estes proporcionam.[5] Como nossa sociedade costuma ver a felicidade como uma meta definitiva, concluímos que precisamos dedicar grande parte de nosso tempo e de nossa energia aos nossos filhos pela alegria que eles nos proporcionam, não por causa do nosso anseio biológico de transmitir nossos genes.

Poderíamos tentar explicar em termos semelhantes a crença popular de que o casamento proporciona felicidade. O fato de a relação entre casamento e felicidade ser ou não um mito ainda não foi resolvido. Em contraste com outros fatores, como mudanças na saúde ou riqueza, o casamento pode afetar o bem-estar de maneira positiva e negativa. Para determinados indivíduos, o casamento aumenta a felicidade, enquanto para outros diminui; portanto, em média, é difícil detectar um efeito. Um estudo feito na Alemanha revelou que o casamento não influenciava muito a felicidade. O bem-estar aumentava ligeiramente após o casamento, mas logo depois retornava aos níveis anteriores.[6] É interessante observar que as pessoas que mostram benefícios de longo prazo derivados do casamento são indivíduos que partiram de níveis relativamente baixos de felicidade. As que já estavam felizes antes do casamento não ganham muito depois que se "amarram". Isso talvez ocorra porque as pessoas que desfrutam de altos níveis de bem-estar têm maior probabilidade de possuir um emprego satisfatório e um círculo próximo de amigos e parentes e, assim, têm relativamente menos a ganhar com o casamento.

Uma pesquisa feita pela Ipsos MORI revelou que 33% das pessoas casadas descreviam-se como muito felizes, 31% das que moravam juntas também e apenas 25% das solteiras se consideravam muito felizes. Esses números podem indicar que o que afeta o nosso bem-estar não é necessariamente ter uma certidão de casamento, mas sim sentir-se amado e ter a sensação subjetiva de segurança que costuma vir de dividir a vida com outra pessoa.

Mais, mais, mais

O fator mais discutido na literatura em termos de sua relação com a felicidade é a riqueza. Será que seríamos mais felizes se fôssemos mais ricos? Segundo o Pew Research Center, as pessoas que ganham mais em geral são mais felizes.[7] Embora metade das pessoas entrevistadas que ganhavam US$ 100 mil ou mais por ano tenha afirmado estar feliz com a vida que levava, apenas 25% dos entrevistados que ganhavam US$ 30 mil ou menos por ano se declararam felizes. Entretanto, dados de outras fontes, entre elas a U.S. General Social Survey, mostram que, embora exista de fato um aumento de duas vezes nos relatos subjetivos de felicidade entre o grupo com a menor renda e o grupo com a renda mais alta, a diferença entre as pessoas com renda média e as com renda alta não é grande.[8] De maneira análoga, ao examinar os níveis de felicidade em diversos países, observou-se um aumento uniforme em função do Produto Interno Bruto (PIB). No entanto, assim que o PIB chega a um determinado nível, um aumento adicional não mais se correlaciona com maior bem-estar subjetivo.[9] Segundo os números publicados pela Ipsos MORI, o aumento do PIB britânico nos últimos cinquenta anos nada fez pela felicidade declarada dos ingleses.

Estudos que usam uma medida de felicidade experimentada momento a momento para quantificar o bem-estar não detectam uma clara correlação entre renda e felicidade. Em um estudo no qual os participantes foram solicitados a relatar seus sentimentos a cada 25 minutos ao longo do dia, a correlação entre os momentos de felicidade de nível de renda foi zero (absolutamente nenhuma). Revelou-se, porém, que as pessoas que ganhavam mais tendiam a relatar mais momentos de raiva, ansiedade e animação. Isso sugere que os empregos que remuneram melhor podem produzir níveis mais altos de entusiasmo que, muito frequentemente, são do tipo negativo.

Tais descobertas levantam uma questão óbvia: para que nos esforçamos tanto para ganhar mais se ter uma conta bancária polpuda não nos traz felicidade? Existem algumas explicações possíveis. Primeiro, enquanto desejamos mais, como acontece em praticamente todas as esferas da vida, assim que conseguimos o que acreditávamos almejar logo nos adaptamos, e a nova conquista já não nos proporciona mais prazer. Mesmo pessoas que ganham na loteria apenas 12 meses depois relatam níveis de satisfação com a vida semelhantes aos vigentes antes de ganhar milhões.[10] Nós nos adaptamos aos bens recém-adquiridos — a TV de tela plana, o BMW estacionado na porta da casa de cinco quartos, as roupas de grife. Podemos até desejar ter uma casa nova, comprar um carro mais luxuoso, sair de férias mais vezes, frequentar restaurantes finos e comprar ternos caros. No entanto, meses depois de termos tudo isso, nós nos adaptamos e o dinheiro a mais deixa de contribuir significativamente para o nosso nível de felicidade.

Além disso, uma renda mais alta normalmente vem acompanhada de maior responsabilidade profissional e maior dedicação ao trabalho. Lembre-se de que, quando perguntamos o que as faria felizes, as pessoas classificaram passar mais tempo com a família em primeiro lugar, ganhar mais em segundo e passar mais tempo com os amigos em terceiro. Para crescer na carreira e ganhar mais, muitas vezes temos de sacrificar o tempo com a família e os amigos. Poderíamos conseguir atingir a meta número dois, mas ao fazê-lo sacrificamos as metas números um e quatro. Resultado: podemos aumentar nossa sensação geral de conquista e, ao mesmo tempo, diminuir a quantidade de tempo por dia em que nos sentimos felizes.

Essa associação entre a influência da riqueza sobre a nossa sensação geral de satisfação, por um lado, e o prazer momento a momento, por outro, pode explicar por que os estudos detectam diferentes graus de correlação entre renda e bem-estar subjetivo como uma função do método de pesquisa. Embora os estudos que usam perguntas gerais para avaliar a felicidade (como "O quão feliz você está com a sua vida?") encontrem correlações significativas a meio-termo entre renda e felicidade,[11] estudos que usam a felicidade vivida momento após momento em geral não encontram um relacionamento significativo.[12] Isso porque uma renda mais alta pode de fato influenciar a satisfação refletida com a vida sem aumentar significativamente a felicidade experimentada.

Perspectiva

Outra razão para a dissociação acima é o que Kahneman e outros chamam de *ilusão do foco*.[13] Trata-se da importância exagerada que atribuímos a aspectos específicos de nossas vidas quando somos perguntados sobre eles. Uma pesquisa sobre nossa renda desvia nossa atenção para nossa situação financeira. Assim, quando mais adiante respondermos a perguntas gerais sobre satisfação com a vida, teremos uma tendência maior de atribuir mais peso às considerações econômicas do que teríamos normalmente. Por exemplo, caso se pergunte às pessoas primeiro sobre sua renda e depois sobre sua satisfação com a vida, revela-se uma maior correlação entre os dois do que se a ordem das perguntas for invertida. Kahneman observa: "Nada na vida é mais importante do que quando pensamos no assunto."

Vários pesquisadores sugeriram que o que contribui para nossa felicidade não é a riqueza absoluta, e sim nossa riqueza *relativa*, ou seja, nossos bens materiais em relação aos das pessoas ao nosso redor.[14] Podemos estar felizes da vida por ganhar US$ 80 mil por ano se nossos vizinhos, colegas e parentes ganharem cerca de US$ 50 mil. Mas se nossos colegas de trabalho e nossos amigos ganharem US$ 95 mil por ano, não estaríamos mais satisfeitos por ganhar apenas US$ 80 mil. A importância da riqueza relativa para o nosso bem-estar explica as descobertas contraintuitivas na literatura. Por exemplo, por que o aumento no PIB de um país ao longo do tempo não vem acompanhado de um aumento no bem-estar subjetivo geral. Ainda que o país fique mais rico, a condição econômica relativa do indivíduo continua a mesma. Por isso, a felicidade permanece constante.

Relatividade é um aspecto fundamental da psicologia humana. Considere nossa percepção do meio físico. A extensão da mudança que precisa ocorrer nas condições do que nos cerca para que notemos uma diferença (como uma mudança no brilho ou no volume) depende de estados preliminares. Por exemplo, se ouvirmos música em um volume baixo, uma pequena mudança no volume poderá ser notada. No entanto, se ouvirmos nossa banda preferida a um volume altíssimo, uma mudança maior precisa ser induzida para que detectemos uma diferença no volume. A importância da relatividade para a percepção foi observada inicialmente por Ernst Heinrich Weber, médico alemão que por vezes é considerado o fundador da psicologia experimental. Em um de seus experimentos, Weber solicitou que voluntários vendados segurassem pesos. Aumentou lentamente a quantidade de peso e pediu que os participantes lhe relatassem sempre que sentissem uma diferença nos pesos. Weber descobriu que o aumento do peso necessário para que se percebesse uma diferença era proporcional ao peso inicial. Assim, ainda que inicialmente bastassem alguns gramas para induzir uma diferença notável, à medida que o peso aumentava, alguns gramas deixavam de ser suficientes; para que os participantes do estudo notassem alguma diferença era necessário haver um aumento de quase meio quilo.

As pessoas percebem o dinheiro de maneira semelhante. Se você der a alguém US$ 10 mil para fazer um trabalho e depois acrescentar US$ 50 a título de bonificação, a pessoa não ficará assim tão impressionada. No entanto, se pagar a alguém US$ 70 para fazer um trabalho e depois acrescentar mais US$ 50, a pessoa ficará extremamente grata. Estudos em economia comportamental mostram que o valor que as pessoas atribuem ao dinheiro é mais bem descrito de maneira não linear.[15] Se o dinheiro ganho por um trabalho for dobrado, as pessoas não percebem o valor do trabalho como o dobro, mas como um pouco menos do dobro. Assim como a percepção de volume ou brilho, o valor subjetivo de US$ 1 depende do ponto inicial. O dólar vale mais se você começar com um único dólar do que se começar com US$ 100. Assim, quanto mais você tiver, mais terá de aumentar sua riqueza para notar alguma diferença que afetaria sua felicidade.

Embora não pareça haver uma relação entre riqueza e bem-estar subjetivo, as pessoas acreditam veementemente na existência de tal relação. Um estudo publicado no periódico *Science* relatou que, quando os participantes foram solicitados a estimar o humor de outras pessoas, previram que as que ganhavam mais também tinham mais chance de estar em um humor melhor.[16] Na realidade, não foi bem assim. Portanto, embora as pessoas pareçam pensar que riqueza, filhos e casamento as farão felizes, a ciência diz que não. Lembre-se, nem ganhar milhões na loteria parece aumentar nosso bem-estar por mais do que alguns meses. Entretanto, toda semana as pessoas gastam seu suado dinheiro em bilhetes de loteria, na esperança de ficar mais ricas e, assim, mais felizes na vida.

Nossa noção do passado é tão nebulosa quanto nossa noção do futuro?

Pense na sua infância. Quais acontecimentos lhe vêm à mente? Muitas pessoas se lembram de uma festa de aniversário, de um castigo recebido por uma travessura, de uma peça na escola, de um jogo, de uma briga com um amigo, de uma viagem com a escola ou de um amor infantil. São lembranças que resistem ao teste do tempo porque trazem à tona fortes reações emocionais. São as lembranças que continuam vivas em nossa mente e são recuperadas com facilidade. As lembranças de eventos cotidianos, como uma aula de história ou compras, não são tão nítidas e tendem a desaparecer.

Em 2004, passei dez meses na Universidade da Califórnia em Davis e fiz experimentos que tinham como objetivo demonstrar os efeitos da emoção na memória. Davis é uma pequena cidade no norte da Califórnia, a mais ou menos uma hora e meia de San Francisco e a quarenta minutos do belo Vale do Napa. É uma cidade calma, pacífica, com uma rua principal, alguns restaurantes, enormes gramados, habitantes educados e clima agradável o ano inteiro. Não preciso dizer que, vinda de Nova York, fiquei chocada. A atmosfera calma e lenta e a simpatia dos habitantes locais me eram inteiramente estranhas. Minha senhoria deixou balas na minha porta no *Halloween*, no Natal e na Páscoa. Nem pediu para ver os inúmeros documentos que eu havia reunido com meu empregador e meu banco, tampouco outras referências que indicassem que eu era uma pessoa digna de alugar seu apartamento. Eu não precisava usar tapa-ouvidos para dormir bem — uma necessidade para quem morava na Sexta Avenida —, e depois das dez da noite não havia mais nada aberto.

A sonolenta cidade, entretanto, teve um efeito duradouro na minha pesquisa graças ao especialista em memória Andrew Yonelinas, psicólogo famoso por sua teoria de duplo processo da memória de reconhecimento, em que a recuperação da memória inclui dois processos distintos: familiaridade e recordação.

Imagine que você esteja na rua quando, de repente, alguém se detém para cumprimentá-lo. Você olha para a pessoa e sente que já a viu. O sujeito lhe é *familiar*; você sabe que vocês já se encontraram, mas não sabe ao certo onde e como. Saber se alguém é novo (você nunca o viu) ou velho (você já o encontrou) baseia-se na noção de familiaridade. Podemos sentir que uma pessoa nos é familiar sem necessariamente nos lembrar de quando ou onde a encontramos. Educadamente, você começa a conversar com a pessoa, mas ainda se sente um pouco estranho, pois não sabe ao certo o que vocês dois têm em comum. Assim que a pessoa à sua frente menciona Sally, uma amiga sua, você se recorda de ter conhecido a pessoa meses atrás em um jantar na casa de Sally. Lembrar o contexto episódico (o jantar) no qual você encontrou Bob (você por fim se lembra do nome do sujeito) é um processo conhecido como *recordação* — a capacidade de voltar no tempo e reviver mentalmente um acontecimento.

Demonstrou-se que esses dois processos de memória (familiaridade e recordação) são funcional e neuroanatomicamente distintos.[17] Usam diferentes regiões do cérebro na parte medial dos lobos temporais. Enquanto uma região chamada hipocampo é fundamental para a recordação (discutimos o hipocampo detalhadamente no Capítulo 2), o córtex perirrenal adjacente sinaliza familiaridade. Os amnésicos que sofreram danos permanentes no hipocampo, mas cujo córtex adjacente permaneceu intacto, normalmente sofrem de dificuldade de recordação, mas reconhecem quando algo lhes é familiar. Talvez saibam que já o conheceram, mas não têm lembrança do contexto episódico do encontro.

A emoção aumenta fortemente nossa experiência de recordação. Eleva a confiança de que relembramos com imagens vívidas o incidente exatamente como ocorreu.[18] Entretanto, esse aumento na recordação não ocorre de uma vez só; leva tempo. Em um estudo feito com Yonelinas em Davis, apresentamos aos voluntários fotografias de forte apelo emocional (principalmente fotos desagradáveis de corpos mutilados e atos de violência), bem como fotos neutras (pessoas numa livraria ou funcionários em um escritório). Em seguida, testamos a lembrança que os voluntários tinham de metade das fotografias imediatamente após lhes terem sido apresentadas; testamos as lembranças que tinham do restante das fotos 24 horas mais tarde. Em um primeiro momento, parecia não haver diferença entre as lembranças das fotos de forte conteúdo emotivo e das neutras; eles se recordavam delas igualmente bem. No entanto, ao voltarem ao laboratório, no dia seguinte, algo tinha mudado. Agora, o reconhecimento das fotografias carregadas de forte conteúdo emocional foi melhor do que o das fotografias neutras. Nem sempre as lembranças dos voluntários eram mais precisas, mas eles informaram que eram mais vívidas.[19]

Ter lembranças extremamente vívidas de experiências emocionais e apenas uma leve reminiscência de acontecimentos cotidianos significa que temos uma percepção enviesada do passado. Tendemos a vê-lo como uma linha de tempo concentrada de acontecimentos emocionalmente empolgantes. Recordamo-nos dos aspectos interessantes de um episódio, mas nos esquecemos das partes chatas. Certamente vamos recordar os pontos altos das férias de verão, mas as partes menos interessantes desaparecerão com o passar do tempo e cairão no esquecimento para sempre. Resultado: quando imaginamos como serão nossas próximas férias de verão, superestimamos os lados positivos. A imagem imprecisa do passado é um dos motivos das nossas previsões incorretas do futuro.

 Os outros dois principais fatores que nos levam a prever equivocadamente aquilo que nos fará felizes são os mesmos que nos fazem prever erroneamente o que vai nos devastar. A primeira é nossa tendência a subestimar a nossa rápida adaptação em praticamente todas as circunstâncias novas. Sim, um salário mais alto ou uma saúde melhor podem nos deixar temporariamente felizes. No entanto, mais cedo ou mais tarde, vamos nos habituar a uma conta bancária polpuda e a um estado de saúde melhor e voltar ao nosso nível normal de bem-estar. A questão é: não incorporamos essa adaptação a nossas previsões e, portanto, inevitavelmente fazemos predições imprecisas. Em segundo lugar, quando pensamos no efeito que uma renda mais alta, mais tempo de férias ou uma saúde melhor terá sobre a nossa felicidade, tendemos a nos concentrar em um único fator e ignorar todo o restante, que, infelizmente, continuará igual. O fato é que, mesmo com mais dinheiro no bolso, teremos de continuar a percorrer o trajeto de ida e volta para o trabalho todos os dias e a lavar os pratos. Assim, embora determinadas mudanças na vida possam nos deixar mais felizes do que somos hoje, talvez não tenham um impacto tão grande quanto imaginamos.

Isso não significa que a mudança seja impossível. Apesar de os níveis de felicidade serem relativamente estáveis ao longo da vida, ocorrem modificações. Por exemplo, um estudo feito na Alemanha revelou que um quarto das pessoas entrevistadas relatou mudanças significativas nos níveis de satisfação com a vida ao longo de 17 anos.[20] Podemos, a princípio, nos tornar mais ou menos felizes do que somos no momento. No entanto, não é o que acreditamos ser importante que realmente faz diferença.

O que realmente importa

No início do capítulo, pedi-lhe para enumerar cinco fatores que poderiam fazer você feliz. Se você é como a maioria das pessoas, a lista incluía mais dinheiro, mais saúde ou mais tempo para viajar. Parto do pressuposto de que sua lista não inclui maior estabilidade política. Talvez você queira rever os itens da sua lista. Estabilidade política é um dos nove mais fortes indicadores de bem-estar nacional e direitos humanos é um dos dois mais fortes.[21] Entre outros fatores estão taxas de divórcio e a expectativa de vida ao nascer. Demonstrou-se que praticar atos aleatórios de bondade uma vez por semana também aumenta a felicidade.[22] Aposto que ninguém listou "praticar mais atos de caridade" entre "ganhar o dobro do que ganho hoje" e "viajar mais".

Não somos capazes de prever com precisão o que nos fará felizes, mas será que isso importa? Parecemos estar muito bem. Embora não sejamos muito bons em adivinhar o que nos tornará alegres e contentes, a maioria das pessoas é muito feliz. Um levantamento em grande escala, que envolveu pessoas em vários países, chegou à conclusão definitiva de que a maioria das pessoas é feliz a maior parte do tempo.[23] Afirmaram estar felizes 80% (!) dos entrevistados. Dos Amish aos habitantes do deserto do Saara, muitos são pura e simplesmente felizes. Qual é o fator fundamental que nos torna tão felizes? Todos os fatores demográficos, juntos, explicam apenas 20% da variação da felicidade entre os indivíduos.[24] Não são saúde nem beleza, riqueza nem casamento. Será que a mera *expectativa* de que uma renda maior, um corpo mais saudável ou uma família amorosa nos trará felicidade nos torna realmente felizes?

Ganhar na loteria pode não nos fazer felizes. No entanto, comprar um bilhete de loteria com a convicção de que, se ganharmos, seremos felizes para sempre nos faz dar pulinhos de alegria. O mero pensamento do que vamos ser capazes de fazer com todos esses milhões nos preenche momentaneamente com uma sensação calorosa, acolhedora. Nossa crença de que a felicidade está logo ali ao virarmos a esquina é, ironicamente, o que nos mantém esperançosos no presente. Imaginar um futuro melhor — que pode ser conquistado se seguirmos determinadas regras (ou assim acreditamos) — mantém o nosso bem-estar.

O que exatamente acontece com o nosso cérebro quando nos imaginamos na presidência de uma empresa ou entre os melhores da turma na formatura? Em um estudo que fiz alguns anos atrás com Elizabeth Phelps, proeminente neurocientista e minha orientadora de tese, e com Candace Raio e Alison Riccardi, estudantes, solicitamos a voluntários que imaginassem eventos específicos que pudessem ocorrer nos próximos cinco anos e, ao mesmo tempo, gravamos sua atividade cerebral em um equipamento de ressonância magnética funcional.[25] Alguns dos eventos eram desejáveis (um convite para sair com uma pessoa agradável, ganhar uma grande soma de dinheiro) e outros eram indesejáveis (perder a carteira, o fim de um relacionamento amoroso). Os voluntários relataram que as imagens dos eventos positivos foram mais ricas e mais vívidas do que as dos acontecimentos indesejados. Quando visualizam um cenário em que perderam uma grande quantia de dinheiro ou romperam um namoro ou casamento, surgiram apenas imagens borradas. No entanto, ao imaginar uma cerimônia de entrega do prêmio, uma detalhada história formou-se em sua mente. Como o cérebro gera essa polarização?

Delilah, uma animada estudante de psicologia, de cabelos louros encaracolados e olhos grandes, era do tipo otimista. Quando imaginou o dia de sua formatura, observou-se um aumento na atividade em duas regiões críticas do cérebro: a amígdala, a pequena estrutura situada profundamente no cérebro, fundamental para o processamento das emoções; e o córtex cingulado anterior rostral (rACC — do inglês *rostral anterior cingulate cortex*), uma área do córtex frontal que modula a atividade em regiões que são importantes para a emoção e a motivação. O rACC assumiu o papel de guarda de trânsito, intensificou o fluxo de atividade de regiões subcorticais quando elas transmitiam emoções e associações positivas. O resultado foi uma forte imagem detalhada: Delilah vestida de beca roxa e preta e chapéu de formatura e com um diploma da NYU na mão, enquanto a família comemorava ao fundo. Quanto mais otimista é uma pessoa (segundo os testes psicológicos padrão), maior o volume de atividades nessas regiões quando a pessoa imagina eventos futuros positivos em comparação com eventos negativos.[26]

Tais observações revelaram um importante elo biológico — uma ligação entre otimismo e depressão. Rollo May, o psicólogo americano existencialista, afirmou que depressão é a incapacidade de construir um futuro. Na verdade, pessoas clinicamente deprimidas têm dificuldade de criar imagens detalhadas dos acontecimentos futuros e, quando o fazem, tendem a ser pessimistas com relação a eles.[27] Identificaram-se duas regiões do cérebro como particularmente disfuncionais nos casos de depressão[28], e a forma como essas duas regiões se comunicam umas com as outras é especialmente anormal. Essas estruturas são a amígdala e o rACC. Os mesmos caminhos neurais que estão danificados em pacientes deprimidos são os que desempenham um papel importante na mediação do viés do otimismo em indivíduos saudáveis.

O que observamos no cérebro de voluntários saudáveis e otimistas revelou-se uma imagem espelhada do padrão de atividade que costuma ser detectado no cérebro de indivíduos clinicamente deprimidos. Em pacientes deprimidos, o rACC não consegue regular adequadamente a função da amígdala. Resultado: enquanto as pessoas saudáveis têm um viés que favorece um futuro positivo, pessoas deprimidas percebem possíveis desgraças com clareza demais.[29] Enquanto os portadores de depressão grave são pessimistas, os portadores de depressão leve são muito bons em prever o que lhes pode acontecer no futuro próximo — fenômeno conhecido como *realismo depressivo.* Se você perguntar a pessoas que sofrem de depressão moderada o que esperam para o próximo mês, elas lhe apresentarão um relato bastante preciso. Se você lhes perguntar sobre sua longevidade ou a probabilidade de terem uma determinada doença, elas lhe apresentarão estimativas corretas. Será que sem o viés do otimismo todos nós sofreríamos de depressão moderada?

O viés do otimismo é um ingrediente essencial para nos fazer felizes. Quando as pessoas percebem o futuro com precisão, quando estão conscientes de que nada do que as pessoas acreditam que as farão felizes terá uma importância duradoura para o seu bem-estar, quando tiram os óculos cor-de-rosa e veem as coisas com mais clareza, tornam-se deprimidas — clinicamente deprimidas.

CAPÍTULO 6

FLORES QUE BROTAM NA NEVE?
Quando as coisas saem errado: depressão, interpretação e genes

Vejamos a história de dois jovens, Shawn e Fred. Shawn mora em Seattle com a namorada, Phoebe, e o cachorro, Mr. Kat. Fred mora com a esposa, Sabrina, a quase cinco mil quilômetros, em um condomínio da Flórida. A vida é agradável para Shawn e Fred — ambos são bem-sucedidos advogados corporativos, saudáveis e felizes em seus respectivos relacionamentos amorosos. Um dia, no início de outubro, os dois pegam um avião para Paris a trabalho. Não é algo incomum para eles; Fred e Shawn viajam muito. Uma semana depois, voltam para casa, animados para se reencontrar com seus entes queridos. Quando Shawn entra em casa, porém, alguma coisa mudou. Não demora a notar que o armário de Phoebe está aberto, vazio. Anda freneticamente pela casa e descobre que seus livros, sapatos, DVDs e a câmera também não estão lá. Sobrou apenas Mr. Kat, que está sobre o sofá, triste e confuso. Por coincidência, Fred chega em casa na Flórida e encontra uma situação semelhante. Sobre o sofá, em vez de Mr. Kat, descansa uma carta de Sabrina — o tipo de carta de despedida que normalmente vemos em filmes melodramáticos.

Desnecessário dizer que ambos ficam arrasados. As pessoas de quem mais gostaram na vida foram embora e de uma maneira que eles acreditavam só acontecer na televisão. Nas duas semanas seguintes, o sofrimento toma conta deles. Têm dificuldade de comer, dormir ou trabalhar e perdem o interesse pelas interações sociais e atividades físicas. Ficam na cama, remoem mentalmente os acontecimentos, perguntam-se o que fizeram de errado e o que poderiam ter feito de diferente. O que teria acontecido se eles não tivessem ido a Paris? Os pensamentos giram em sua cabeça de maneira extenuante.

As reações de Shawn e Fred são normais. As pessoas sofrem com a perda. Temos também dificuldade de lidar com fracasso, rejeição, abandono e mudança. Shawn e Fred viveram tudo isso, e suas situações foram particularmente angustiantes pelo fato de não terem controle aparente sobre o resultado. Tristeza temporária, inércia e até desamparo são sentimentos esperados nesses casos. Os comportamentos que os dois apresentam — perda de interesse em atividades que antes eram recompensadoras, problemas de sono, perda de peso, dificuldade de concentração, tristeza e pensamentos negativos — são sintomas de depressão.[1]

Alguns psicólogos argumentam que essas reações têm uma função adaptativa.[2] Nós nos retiramos temporariamente para um mundo próprio, concentramos nossas energias mentais no processamento de eventos dolorosos para nos curar. Examinamos nosso comportamento, as ações dos outros e as circunstâncias que levaram a um resultado específico até conseguir entender o que houve. É como se déssemos um tempo na vida — semelhante ao repouso necessário para curar uma gripe. Quando pegamos uma gripe, em geral ficamos de cama por um ou dois dias, à base de chá com torrada e canja, até nosso sistema imunológico conseguir combatê-la. Algumas pessoas, porém, desenvolvem complicações. As pessoas que são propensas a desenvolver problemas mais graves em decorrência da gripe comum são indivíduos com baixa imunidade, como idosos, gestantes e pessoas com problemas médicos preexistentes. As outras conseguirão combater a gripe e voltar à vida normal. Da mesma maneira, todos nós vivemos a perda e a adversidade em algum momento na vida, e muitas pessoas inicialmente reagem como Shawn e Fred. No entanto, embora a maioria das pessoas se cure da decepção e da mágoa, vez por outra a adversidade dá início a um estado mental negativo que pode ser o começo de uma depressão clínica. Isso ocorre em aproximadamente 15% da população ao longo da vida.[3] Muitas vezes, episódios depressivos podem ter origem em um acontecimento estressante específico na vida da pessoa, mas nem sempre é assim.

Depois de processar o que aconteceu e ruminar seus pensamentos, Shawn e Fred vão se tornar mais fortes ou mais fracos? O que eles terão aprendido?

Como perceberão seu passado, seu futuro e seu papel no que ocorreu? Nesse ponto, os dois divergem. Fred culpa-se pelo que aconteceu; conclui que era exigente e inflexível no relacionamento com Sabrina. Passa a acreditar que suas altas expectativas interferirão para sempre em seus relacionamentos. Pensa que sua vida está condenada e que sua incapacidade de se comprometer não só destruirá seus relacionamentos amorosos, como também fará dele um advogado medíocre e, quando chegar a hora, um pai inadequado. A maneira de Fred de interpretar o evento é conhecida como *estilo explanatório pessimista*. Responsabiliza-se pelo evento negativo ("Afastei-a de mim"), acredita que a situação é permanente ("Todos os meus relacionamentos estão fadados ao fracasso e não há nada que eu possa fazer") e extrapola de um fracasso específico para outras áreas da vida ("Não sou só um péssimo companheiro, sou também um péssimo advogado e amigo").[4]

Fred acredita que os eventos negativos são inevitáveis em sua vida por causa do que considera serem características problemáticas de sua personalidade. Sua atual incapacidade de restabelecer o relacionamento com Sabrina transforma-se em total impotência em relação ao futuro. Fred imagina que o fracasso de seu casamento indica que ele falhará em todos os relacionamentos amorosos que tiver. Torna-se pessimista e espera o pior.

Shawn tem uma interpretação muito diferente da situação. Sim, ele e Phoebe nem sempre concordavam. Sim, havia cometido erros, mas ele é humano — e quem não erra de vez em quando? Em última análise, foi a fraqueza de Phoebe, sua incapacidade de lidar com conflitos, suas inseguranças que a levaram a fugir em vez de enfrentar a realidade. Ele terá de buscar uma parceira mais forte, mais digna de confiança. Shawn usa o que se conhece como *estilo explanatório otimista*.[5] Acredita que os outros é que causam a situação adversa ("Phoebe é fraca e histérica"), crê que sua situação vai mudar ("Vou encontrar outra pessoa") e não generaliza o fracasso em sua vida pessoal para outras áreas ("Continuo a ser um advogado de sucesso"). Como vê a partida de Phoebe como um evento isolado, que não terá influência em seus relacionamentos (ou outras interações sociais e profissionais), não perde a esperança. Pode ter sido incapaz de impedir que Phoebe o deixasse, mas isso não significa que não terá controle algum sobre futuros relacionamentos. Ao contrário, acredita que aprendeu uma lição importante. Está otimista e, desde que fique longe das Phoebes do mundo, ficará bem.

    É claro, nem a interpretação do evento feita por Fred nem a feita por Shawn estão totalmente alinhadas com a realidade. É mais provável que ambos tenham tido uma parcela de culpa no fim do relacionamento. Provavelmente os dois continuarão a cometer os mesmos erros. Shawn, porém, tem mais chance de superar o sofrimento, voltar a agir como antes e até encontrar um novo amor. Fred terá mais dificuldade de seguir em frente. Pesquisas mostram que ele tem uma probabilidade maior de desenvolver depressão. Diversos estudos demonstram que um estilo explanatório pessimista (como o de Fred) constitui um fator de risco para depressão clínica. Pessoas deprimidas também têm maior probabilidade de se culpar por eventos negativos — de maneira permanente e que envolve todos os aspectos da vida.[6] O elemento fundamental que associa sintomas depressivos com um estilo explanatório pessimista é a expectativa. Um estilo explanatório pessimista aciona a depressão e produz previsões negativas, o que promove humor negativo, passividade e desesperança.

Choque, choque, choque

A noção de estilos explanatórios otimista e pessimista foi proposta pelo psicólogo Martin Seligman, que desenvolveu o conceito ao tentar explicar os resultados de um estudo que havia feito uma década antes. Em meados da década de 1960, Seligman era um jovem pesquisador que estudava o aprendizado animal na Universidade da Pensilvânia. Ele queria examinar se os cães podiam aprender a evitar situação adversa se advertidos anteriormente. A ideia era simples: primeiro ele ensinaria aos cães que um determinado tom auditivo seria seguido de um choque elétrico. Em seguida, daria aos cães a opção de saltar sobre uma barreira depois de apresentado o tom auditivo e escapar dos choques. Será que aprenderiam?

Antes de revelar os resultados do estudo de Seligman, hoje famoso, gostaria de lhes propor um breve exercício mental. Imagine que você esteja sentado no centro de uma sala vazia. Não há nada nas paredes — nada de quadros, plantas, tampouco uma parede. A cadeira na qual você está sentado é o único móvel disponível. De repente, do nada você sente um forte choque elétrico. A corrente percorre sua pele, seus músculos e cabelos. Alguns momentos depois, outro choque é administrado, depois outro e mais outro. Preciso sair daqui, você diz com seus botões. Tenta a porta — trancada; a saída de ar — pequena demais; senta-se na cadeira — choque; levanta da cadeira — choque, choque, choque. Não há como sair de lá e nada que você faça parece deter a dor. Os choques continuam quando você soca a parede, fica de cabeça para baixo ou deita-se no chão. Você volta a se sentar na cadeira, aterrorizado e desesperado. Algumas horas depois, sem razão aparente, os choques cessam e a porta se abre. Aliviado, você suspira e foge dali.

A euforia, entretanto, tem vida curta. No dia seguinte, para seu terror, você se descobre sozinho em outro cômodo que desconhece. Não é igual ao anterior — dessa vez, há quadros nas paredes e carpete cinza no chão. Mas, passados alguns minutos, os terríveis choques elétricos recomeçam. O que você faz?

Reflita sobre a resposta por alguns minutos enquanto voltamos aos cães de Seligman. Como você deve estar lembrado, Seligman queria ver se seus cães seriam capazes de escapar dos choques elétricos (como os que você acabou de imaginar) depois de aprender que um tom de advertência os previa. Primeiro, colocou os cães na coleira e lhes apresentou um tom seguido por um choque, depois outro seguido por um choque e mais outro. Em pouco tempo, os cães começaram a uivar assim que ouviam o tom, o que indicava saber que o choque viria em seguida. Enquanto estavam na coleira, os cães nada podiam fazer para escapar dos choques.

Em seguida, Seligman tirou os cães da coleira e os colocou em uma caixa com uma barreira baixa, sobre a qual poderiam pular com facilidade. Apresentou o tom, mas, para sua surpresa, os cães nada fizeram. Não tentaram pular para fora da caixa; simplesmente ficaram lá, uivando. Seligman sabia que os cães haviam aprendido a prever o choque quando ouviam o tom. Por que, então, não fugiam quando o som de aviso era apresentado? Havia uma pista sobre o que estava acontecendo: somente os cães que antes tinham sido colocados na coleira agiram passivamente; os cães que nunca foram colocados na coleira logo aprenderam a saltar sobre a barreira para evitar os choques.[7] Parecia que os cães que haviam ficado na coleira antes presumiram que, mais uma vez, não tinham controle algum sobre resultados adversos. Embora fossem colocados em um novo ambiente, do qual podiam escapar do sofrimento, nem ao menos tentaram.

Certos aspectos do comportamento dos cães lembravam uma conhecida condição humana. A passividade dos cães, sua falta de assertividade e exploração, seu humor negativo, suas queixas e sua sensação geral de desamparo remeteram Seligman a pacientes que sofriam de depressão. Os animais também comeram menos e emagreceram, exatamente como acontece com os pacientes humanos. Tais semelhanças fizeram Seligman se perguntar se a depressão clínica seria causada pela ausência percebida de controle sobre os resultados. Pessoas com depressão, postulou, aprendem com a experiência a se sentirem desamparadas. Assim, mesmo em situações nas quais os resultados negativos podem ser evitados e os resultados positivos podem ser alcançados, elas não tentam moldar seu destino e, por isso, têm menos chance de evitar danos e alcançar resultados desejáveis. Isso, por sua vez, alimenta ainda mais sua depressão. Seligman chamou sua teoria de *teoria do desamparo aprendido*, que veio a se tornar o modelo dominante de depressão.[8]

Agora, vamos voltar à terrível sala dos choques. Imagine-se nela mais uma vez. Você está sozinho na sala com carpete cinza quando outro choque é administrado. Sente a eletricidade que atravessa seu corpo. O que você faz? Espera o choque parar? Ou busca uma maneira de escapar?

Em nosso cenário hipotético, a maioria das pessoas certamente tentaria encontrar uma maneira de fugir da *primeira* sala. Mas será que tentariam escapar da *segunda* sala? Ou partiriam do pressuposto de que a sala número dois era igual à sala número um e que, também dessa vez, a porta estaria trancada e a saída de ar seria pequena demais para permitir a passagem de uma pessoa. Será que elas aprenderiam o desamparo e nem sequer tentariam evitar os choques? A resposta variaria de pessoa para pessoa. Assim como também de um cão para outro.

No experimento de Seligman, nem *todos* os cães aprenderam a se sentir desamparados; nem todos os cães apresentaram sintomas depressivos. Quando tinha oportunidade, uma minoria dos cães que havia recebido choques anteriormente, enquanto estava na coleira, arriscava-se de bom grado a saltar sobre a barreira para evitar os choques. Os cães expressaram diferenças individuais, assim como os seres humanos. E do mesmo modo que alguns cães não aprenderam a se sentir desamparados, alguns seres humanos (como o nosso amigo Shawn) viverão vários golpes — morte de um ente querido, doença, desemprego, falência, mágoa — e, mesmo assim, juntarão os cacos e seguirão em frente. Se Shawn fosse um cão no experimento de Seligman, provavelmente seria o primeiro a saltar da caixa. Nunca partiria do pressuposto de que determinada situação na qual se encontrou se aplicaria a todas as outras situações.

No outro fim do espectro, encontramos um pequeno número de cães que demonstraram desamparo mesmo sem terem sido antes expostos a choques incontroláveis. Como você deve estar lembrado, Seligman observou que a maior parte dos cães que não haviam vivido choques inevitáveis com coleiras rapidamente aprendia a saltar da caixa depois dos primeiros choques. No entanto, ele também descobriu que 5% dos cães nem tentavam pular. Agiam como se estivessem desamparados e aceitavam a dor do choque sem razão aparente, uma reação passiva que lembrava o comportamento das pessoas vulneráveis à depressão — pessoas como Fred.

Seligman acredita que as pessoas que pensam como Fred podem aprender a raciocinar como Shawn; que um estilo explanatório otimista pode ser ensinado e implantado, mesmo em indivíduos propensos a interpretar o mundo sob uma ótica pessimista.[9] Para tanto, Fred primeiro seria solicitado a identificar o evento adverso (isso é fácil — a partida repentina de Sabrina), sua interpretação do evento ("a culpa de Sabrina ter partido é minha, minha personalidade é insuportável") e as consequências dessa interpretação ("Sinto-me péssimo e desamparado; não sou mais produtivo no trabalho"). Em seguida, Fred teria de considerar os indícios que sustentam ou negam sua interpretação ("Tenho vários bons amigos que gostam de mim e me dou muito bem com eles. Isso deve significar que minha personalidade não é assim tão ruim"), pensar em outras explicações para o fim do relacionamento ("O fato de Sabrina ter partido não significa necessariamente que vou morrer pobre e sozinho") e avaliar os benefícios de seguir em frente. Assim que Fred seguisse esses passos, poderia surgir uma nova esperança.

Há indícios de que alterar o estilo cognitivo da pessoa com treinamento e psicoterapia reduz a probabilidade de sofrer de depressão e melhora a saúde física. Por exemplo, Seligman identificou um grupo de estudantes universitários com um estilo explanatório pessimista. Fez então sessões de treinamento com metade dos estudantes e ofereceu-lhes técnicas para adotar um estilo explanatório otimista; a outra metade dos estudantes (o grupo de controle) não recebeu treinamento. Meses depois, os estudantes que haviam recebido treinamento apresentaram menos sintomas autorreportados de doenças físicas e consultas médicas do que os estudantes no grupo de controle.[10]

O número certo de bolas de tênis

Terapia cognitiva é um caminho que Fred poderia escolher para combater sua crescente depressão. Além disso, ou como alternativa, ele poderia resolver recorrer ao uso de medicação antidepressiva (se optasse por usar antidepressivo, não seria o único — cerca de 27 milhões de americanos usam essas drogas).[11] O de que Fred talvez não estivesse ciente é que os antidepressivos acabariam por mudar sua forma de pensar — a maneira pela qual ele processa e interpreta o mundo ao seu redor — e a agir de uma maneira muito semelhante ao modo de ação da terapia cognitiva (como o treinamento em otimismo aprendido proposto por Seligman). Mas como os antidepressivos alteram a percepção da pessoa?

Os antidepressivos mais receitados são drogas que ampliam a função da serotonina, um neurotransmissor, substância química que permite a comunicação entre os neurônios no cérebro. É secretado no espaço entre dois neurônios (conhecido como fenda sináptica) por um neurônio e se liga aos receptores do neurônio recebedor. Podemos imaginar os neurônios como duas crianças que jogam tênis e o neurotransmissor como a bola. Uma pessoa, William, saca e joga a bola para a outra, Henry. Nos casos em que a bola não chega ao lado da quadra onde Henry se encontra, William corre para pegar a bola de volta e sacar de novo. A maioria dos antidepressivos, como o Prozac, é inibidor seletivo da recaptação de serotonina (ISRSs). O que os ISRSs fazem, nesse universo paralelo, é inibir o desejo de William de ir buscar as bolas de volta (inibir o que se conhece como recaptação). Assim, William tira outra bola de tênis da mochila quando chega sua vez de sacar. Resultado: haverá mais bolas de tênis voando pela quadra entre William e Henry. Algumas das bolas chegarão até Henry, que as pegará e colocará em sua mochila.

De volta ao cérebro: quando uma pessoa toma um ISRS, o nível de serotonina na fenda sináptica aumenta e faz com que haja maior quantidade dela disponível para ligar-se aos receptores do neurônio pós-sináptico (ou Henry). Os medicamentos são "seletivos" porque afetam predominantemente a função da serotonina, e não de outros neurotransmissores, como dopamina ou noradrenalina. Não me entenda mal: a depressão não é causada pelo funcionamento inadequado de um único neurotransmissor. Ao contrário, tanto a dopamina quanto a noradrenalina desempenham uma função importante na depressão e algumas drogas realmente almejam sua função, mas são menos receitadas do que os ISRSs (no Capítulo 8, discutiremos detalhadamente a dopamina e seu envolvimento em expectativas e recompensa).

Muitas pessoas presumem que os antidepressivos afetam diretamente o humor da pessoa — tome um comprimido e você vai ficar feliz, em um passe de mágica. Não é assim que acontece. Aqui está o que você não encontrará na bula de Prozac: em vez de alterar o humor da pessoa, o que os antidepressivos fazem é mudar seu viés cognitivo.[12]

Pessoas propensas à depressão tendem a apresentar um viés favorável a estímulos negativos.[13] Quando chegam a uma festa cheia de gente, orientam-se para indivíduos com expressões de medo ou raiva. Mais tarde, lembram-se melhor de interações sociais negativas (derramar vinho tinto no vestido branco de uma pessoa) do que ter uma conversa interessante com a mulher que usava o vestido branco no qual o vinho foi derramado. Além disso, também classificam interações ambíguas como negativas (ela não estava interessada na conversa; era apenas educada). Tal viés negativo no processamento de informações resulta em uma interpretação negativa das experiências da vida e leva à tristeza e ao pessimismo.

Os antidepressivos mudam esse padrão; reinstalam o processamento positivo de informações.[14] Depois de tomar a medicação, os pacientes deprimidos começam a se orientar mais para rostos felizes e outros estímulos positivos; além disso, também têm mais facilidade de recordá-los. Inicialmente, isso não melhora seu humor, mas, depois de em algumas semanas processar mais coisas boas e menos coisas ruins e feias, o mundo lhes parece mais convidativo e seu humor melhora. Leva tempo para mudanças na percepção, atenção e memória se consolidarem e alterarem o estado emocional da pessoa. É parcialmente esse o motivo pelo qual os antidepressivos não têm efeito imediato sobre o humor de seus usuários; os sintomas depressivos só começam a aliviar visivelmente depois de algumas semanas.

Se considerarmos que a maior parte dos antidepressivos altera os níveis de serotonina no cérebro, talvez não seja surpresa que um artigo publicado no prestigioso periódico *Science* em 2007 tenha revelado que um gene que codifica a função da serotonina previu a probabilidade de uma pessoa sofrer de depressão.[15] O gene identificado codifica o transportador da serotonina, que a remove da fenda sináptica (ou as bolas de tênis da quadra). Existem duas versões dos alelos do gene transportador da serotonina: os longos e os curtos (um alelo é uma sequência de DNA em um determinado gene). Cada gene tem dois alelos; o fato de uma pessoa ter duas versões longas do alelo do gene transportador de serotonina, duas versões curtas ou uma de cada determinará a expressão e a função do transportador de serotonina e, assim, a função da serotonina em si. Nos indivíduos com a versão curta do alelo, o transportador de serotonina funciona de maneira menos eficiente. Tais indivíduos têm o dobro de chance de sofrer de depressão — mas apenas se tiverem passado por um evento estressante na vida, como desemprego, divórcio, falência ou problemas de saúde.[16] Em outras palavras, a baixa eficiência do transportador de serotonina não aumenta diretamente a susceptibilidade da pessoa à depressão. Ao contrário, torna a pessoa menos resistente a fatores estressores e faz com que ela tenha muito mais dificuldade de superar os revezes da vida (mais ou menos como ter um sistema imunológico fraco).

Os humanos não são a única espécie a apresentar sintomas depressivos em resposta a eventos adversos. Já vimos isso antes: os cães de Seligman pareciam depressivos depois de receber choques que não podiam controlar. A associação entre genes que codificam a função da serotonina e comportamento depressivo tampouco é peculiar ao ser humano. Embora Seligman nunca tenha coletado a saliva de seus cães para testar sua composição genética, estudos feitos com outros animais sugerem que a relação entre a função da serotonina e a depressão permeia toda a cadeia evolutiva — chega até mesmo aos camundongos.

Talvez você acredite que os camundongos são muito diferentes de nossa própria espécie. O que um camundongo poderia nos dizer sobre uma condição tão complexa quanto a depressão, condição que, para a maior parte de nós, reflete a essência da fragilidade humana? Existem muitas distinções entre camundongos e homens: os camundongos são menores, têm cauda longa e orelhas pontudas, e muitas vezes são comidos vivos por grandes pássaros — algo que raramente acontece com seres humanos. É difícil imaginar que um camundongo reflita sobre o significado da vida ou sofra com o fim de um relacionamento amoroso (como os humanos, porém, esses mamíferos são frequentemente encontrados na cozinha no meio da noite em busca de restos de comida). Quaisquer que sejam as nossas diferenças, os camundongos são os animais de laboratórios mais próximos dos seres humanos aos quais a engenharia genética pode ser aplicada com relativa facilidade. A engenharia genética "desativa" um dos genes desses camundongos. Ao desativar um gene específico em um grupo de camundongos, os cientistas podem examinar a diferença entre o comportamento desses animais e os camundongos que não foram submetidos à engenharia genética. Assim, é possível identificar os processos específicos que são mediados pelo gene que foi desativado.

Para examinar a função do gene transportador de serotonina, os cientistas desativaram o gene em um grupo de camundongos. Inicialmente, os animais submetidos à engenharia genética não pareciam ser diferentes dos camundongos do grupo de controle (que não haviam sido submetidos à desativação do gene). No entanto, depois que os camundongos foram colocados em um ambiente estressante, começaram a surgir diferenças. Os camundongos nos quais os genes haviam sido desativados apresentaram uma resposta mais intensa aos fatores de estresse. Isso foi observado tanto do ponto de vista do comportamento, quanto do fisiológico; passaram a expressar um comportamento de medo mais intenso, e seus níveis do hormônio do estresse foram mais altos.[17]

A razão para estudar camundongos geneticamente modificados não é aprender sobre essas pequenas criaturas; ao contrário, os cientistas ocupam-se da genética dos camundongos na esperança de aprender alguma coisa sobre os seres humanos. Será que os seres humanos com uma função da serotonina diminuída também apresentam maior resposta fisiológica a situações de estresse? A resposta é: sim. Resultados de um estudo que analisou imagens cerebrais revelaram que pessoas com a versão curta do alelo apresentavam maior ativação na amígdala em resposta a rostos que transmitiam raiva e medo, bem como em resposta a palavras negativas (por exemplo, *câncer*) e imagens perturbadoras (por exemplo, de corpos mutilados).[18] Por que a amígdala de pessoas com alelos curtos reage excessivamente em resposta a eventos estressantes?

A amígdala é uma estrutura localizada bem no interior do cérebro que processa estímulos emocionais. Participa também da geração de respostas fisiológicas a tais estímulos. A atividade da amígdala é regulada por partes do córtex frontal, em particular o córtex cingulado anterior. Em indivíduos que têm um alelo curto do gene transportador de serotonina, a conectividade entre o córtex cingulado anterior e a amígdala é reduzida,[19] o que significa que a comunicação entre as duas estruturas não é tão boa. Resultado: o córtex cingulado anterior é menos eficiente em reduzir as respostas de medo e estresse na amígdala. Isso é particularmente problemático quando as respostas de medo, que talvez tenham sido incitadas antes, não são mais apropriadas. Por exemplo, se eu o colocasse de volta na sala de choques, você provavelmente reagiria com medo e ansiedade porque esperaria choques elétricos a qualquer momento. Seu pulso se aceleraria, o suor começaria a pingar da sua testa e sua mente seria tomada por um único pensamento: quando o choque virá? Caso se passassem dez minutos e não houvesse choque algum, você começaria a se acalmar. Uma hora depois, você estaria completamente relaxado, cantarolando e pensando no que vai comer no jantar. Isso leva o nome de *extinção do medo* — processo de aprender que algo que antes era ameaçador já não é mais. A extinção do medo envolve a regulação da atividade da amígdala pelo córtex cingulado anterior. Como a conectividade entre essas estruturas está relativamente prejudicada nos portadores do alelo curto, essas pessoas são menos capazes de extinguir seu medo. Portanto, têm mais chance de manter altos níveis de ansiedade e estão mais propensas à depressão e a outros transtornos do humor.

Por não ser uma doença que envolve um defeito em um único neurotransmissor, a depressão também não é uma doença relacionada a déficits em apenas uma ou duas estruturas cerebrais. Reflete, como muitos outros transtornos mentais, um defeito sistêmico. Tal sistema inclui regiões do cérebro que discuto neste livro, inclusive o hipocampo (que desempenha um importante papel na memória) e o corpo estriado (envolvido na função motora, no processamento de recompensas e na geração de expectativas de prazer e dor), bem como outras regiões do cérebro nas quais meu foco é menos detalhado, como o tálamo e a habênula. A ativação anormal dessas regiões e o prejuízo da comunicação entre elas costumam ser observados em pacientes deprimidos. Descobriu-se, porém, que para curar a depressão às vezes basta almejar apenas uma região.[20] Mudanças em uma área do cérebro podem modificar a função de outras estruturas conectadas.

O primeiro dia da primavera

Como os médicos podem alterar a função de uma região específica do cérebro? A resposta está na estimulação cerebral profunda (menciono essa técnica brevemente no Capítulo 8). A técnica é invasiva; envolve implantar eletrodos no cérebro do paciente e, em seguida, estimular o tecido cerebral em alta frequência. Os eletrodos são conectados a uma pequena bateria, normalmente implantada próxima à clavícula do paciente. O sistema é controlado por um dispositivo externo que permite que seja ligado e desligado para proporcionar estimulação elétrica.

A estimulação cerebral profunda é um tratamento muito conhecido para doença de Parkinson. Para o tratamento da depressão, entretanto, foi tentada apenas em um número relativamente pequeno de pacientes. Quando trabalhava na Universidade de Toronto, Helen Mayberg, atualmente na Universidade Emory, foi pioneira no tratamento, ao lado de colegas. Na ocasião, tentava tratar pacientes profundamente deprimidos, desesperados pela cura. Esses pacientes já haviam explorado uma variedade de tratamentos (psicoterapia, antidepressivos, terapia eletroconvulsiva) sem sucesso. A ideia de Mayberg era alcançar a região do cérebro que mais consistentemente apresentava função irregular em pacientes deprimidos — o córtex cingulado subgenual, que faz parte do córtex cingulado anterior.

Como testemunhou a própria Mayberg, ela não sabia o que esperar.[21] Essa região do cérebro nunca tinha sido operada antes em pacientes portadores de depressão profunda. Felizmente, o que ela estava prestes a observar era melhor do que qualquer outra coisa que ela ousara esperar. Sua primeira paciente, uma mulher que havia anos sofria de depressão profunda, se encontrava na mesa de operação. Sua cabeça estava presa a uma estrutura de metal para impedir qualquer movimento, enquanto o neurocirurgião fazia dois orifícios estreitos através de seu cérebro — um de cada lado. A paciente se encontrava totalmente acordada, ciente do fato de que pequenos objetos estranhos estavam prestes a ser inseridos em seu cérebro, mas nada sentia. Durante a neurocirurgia, é importante que os pacientes permaneçam acordados, para que suas funções cognitiva e motora possam ser monitoradas. Os médicos tinham de verificar se a fala da paciente estava normal, se ela conseguia reconhecer seu rosto e mexer os dedos das mãos e dos pés. Queriam saber também o que o paciente pensava e como se sentia.

O cirurgião inseriu um eletrodo em cada orifício, com o objetivo de alcançar partes da matéria branca do córtex cingulado subgenual. Em seguida, administrou uma pequena corrente. Foi o momento crítico. Será que a estimulação de partes da matéria branca alteraria a cognição da paciente? Modificaria seu humor? A equipe presente na sala de cirurgia ficou em silêncio, em expectativa. Foi então que... nada. A paciente nada sentiu. Mas nem tudo estava perdido. Cada eletrodo tinha alguns contatos com o cérebro, e embora a estimulação do primeiro contato não tenha provocado mudanças observáveis, o segundo foi o pote de ouro. O cirurgião administrou uma quantidade moderada de corrente por meio do segundo contato. "O senhor acabou de fazer alguma coisa agora?", perguntou a paciente. "Tive uma intensa sensação de calma e alívio. É difícil descrever; é como se fosse o primeiro dia da primavera, quando as primeiras flores começam a brotar depois que a neve se derrete." Aquilo chamou a atenção de Mayberg. "Espere um pouco. Você está vendo flores?", perguntou. "Não, não, tento pensar em alguma coisa que evoque esse tipo de estado emocional, esse tipo de calma e satisfação", respondeu a paciente. "Era como se ela percebesse aquele primeiro dia em que você sai de casa na primavera e começa a ver as flores brotando, uma noção de renovação, o início da primavera. Foi uma declaração fantástica, muito poética", recordou Mayberg anos depois.[22] Nem todos os pacientes foram tão poéticos, mas Mayberg observou uma mudança no estado emocional da maioria. Testemunhou a transformação de suas expressões; quando o segundo contato era ativado, seu rosto relaxava na mesma hora. Um paciente descreveu a sensação como a capacidade de desviar a atenção do sofrimento interno para as pessoas e os eventos externos.

Mayberg enfatiza que o que a sua paciente viveu não foi uma sensação de felicidade. Ao contrário, foi a de recuperar o controle. Antes da operação, o sistema de controle emocional havia sido, nas palavras de Mayberg, "sequestrado". Depois da estimulação cerebral profunda, foi libertado e seguiu-se um estado de calma e alívio. "Há alguma coisa nessa pequena quantidade de corrente, nesse local específico, que permite ao sistema simplesmente recuperar o equilíbrio", afirma.[23] Nos pacientes de Mayberg, assim que a interação eficiente entre o córtex frontal monitorador e o sistema emocional subcortical foi restaurada, ocorreu a cura da depressão. Mayberg conseguiu ajudar dois terços de seus pacientes, e os benefícios foram duradouros.

É interessante que, ao examinar o otimismo, meus colegas e eu tenhamos descoberto que a atividade na área almejada por Mayberg previu o grau de otimismo nos sujeitos de nossas pesquisas.[24] Você deve estar lembrado de que no primeiro estudo de imagens cerebrais sobre o otimismo detectamos uma maior conectividade entre o córtex cingulado anterior e a amígdala, em indivíduos otimistas saudáveis quando eles imaginavam eventos futuros positivos (tal como um passeio de barco ensolarado), em comparação com eventos negativos (tal como a perda de uma carteira).[25] Assim, enquanto a depressão está associada com conectividade prejudicada entre córtex cingulado anterior e a amígdala (e desse modo reduzida capacidade para regular emoções), tanto como maior atenção aos estímulos perturbadores, o otimismo, por outro lado, está associado com uma melhor conectividade entre o córtex cingulado anterior e a amígdala (levando à regulação emocional eficiente) e à maior atenção aos estímulos positivos. Como você se lembrará, a depressão também está relacionada a alelos mais curtos do transportador de serotonina. Será que o otimismo está relacionado aos alelos longos do gene transportador de serotonina?

De fato, estudos mostram que os indivíduos com a versão longa do alelo tendem a ser mais otimistas. Têm pontuação mais alta na escala de características do otimismo,[26] relatam níveis mais altos de satisfação com a vida[27] e, segundo um estudo feito na Universidade Essex pela psicóloga Elaine Fox, aprendem a ver as coisas pelo lado positivo. Em seu estudo, Fox apresentou aos participantes fotografias de estímulos positivos (como uma pessoa que sorri ou um sorvete) ou estímulos negativos (como uma pessoa que franze a testa ou um inseto), junto com fotografias neutras. Descobriu que a atenção das pessoas com alelos longos era capturada mais frequentemente por estímulos positivos do que por neutros e, menos ainda, por negativos. Fox concluiu que esse viés efetivamente protege as pessoas de perceber com clareza os aspectos negativos da vida e aumenta sua tendência de notar o lado positivo. Esse viés positivo não foi detectado em participantes com um ou dois alelos curtos.[28]

Sim, nossa tendência ao sofrimento ou êxtase é parcialmente determinada pelos nossos genes, mas também está relacionada ao ambiente em que vivemos, à nossa saúde e às nossas experiências singulares (bem como a diversos outros fatores). É a combinação de tudo isso que provoca a depressão ou nos protege dela.

CAPÍTULO 7

POR QUE A SEXTA-FEIRA É MELHOR DO QUE O DOMINGO?
O valor da expectativa e o custo do pavor

Quase dois minutos. É o tempo que se leva para servir uma tulipa perfeita com meio litro da cerveja Guinness.[1] Coloca-se o copo em um ângulo de exatamente 45 graus sob a torneira. Em seguida, procede-se ao famoso duplo enchimento do copo: enche-se a tulipa até três quartos da borda e deixa descansar. Assim que as bolhas se assentam e criam um colarinho cremoso, enche-se o restante da tulipa, até a borda.[2] O ritual do duplo enchimento tem origem no passado, quando o líquido escuro irlandês era servido diretamente do barril. O barman enchia as tulipas com três quartos de uma cerveja escura e forte mais antiga e os deixava descansando. Quando um freguês entrava e pedia uma cerveja, o barman completava a tulipa com uma cerveja escura e forte mais nova, que produzia o colarinho espumoso.[3] Hoje, uma tulipa da cerveja Guinness não é mais uma mistura de cervejas velha e nova; no entanto, a tradição do duplo enchimento continua a existir. Na verdade, é obrigatória. A Guinness instituiu "o programa de treinamento da medida perfeita". Garante que, em qualquer parte do mundo em que a cerveja for servida, seja usada a técnica do duplo enchimento, que cria o perfeito colarinho cremoso de pouco mais de um centímetro de altura.[4] A técnica do duplo enchimento sobreviveu todos esses anos apenas porque cria um colarinho cremoso que não transborda? Nada disso. O cuidadoso enchimento, com duração de um minuto e 59,5 segundos, gera algo muito mais importante. Produz o que alguns consideram o aspecto mais vital da experiência com a Guinness — expectativa.

Em novembro de 1994, a fim de representar a emoção que sentimos enquanto esperamos ansiosos que o líquido assente, a Guinness lançou uma de suas propagandas mais bem-sucedidas. O anúncio, intitulado "Expectativa", apresentava um freguês que dança, todo animado, enquanto o barman lhe serve uma tulipa. O anúncio durava apenas 60 segundos. No entanto, aqueles 60 segundos e a campanha que se seguiu — a famosa "Boas coisas chegam para quem espera" — tiveram enorme impacto. As vendas da Guinness decolaram, e o reconhecimento da marca chegou às alturas.

O valor da expectativa

O que o pessoal do marketing da Guinness explorou foi um aspecto fundamental da natureza humana que costumamos ignorar — a alegria da expectativa. Às vezes, esperar por uma coisa boa é mais agradável do que experimentá-la. Pense nas horas que passamos a sonhar acordados com as nossas próximas férias — fazemos valer nosso dinheiro antes mesmo de entrar no avião. Ou pense na animação com que nos preparamos para aquele encontro tão esperado, quando passa pela nossa cabeça todo tipo de situações que poderiam acontecer; o entusiasmo infantil nas semanas que antecedem o *Halloween* ou aquela festa de aniversário; a alegria antes de nos reencontrarmos com um ente querido. E a lista continua.

Embora todos já tenhamos sentido a alegria da expectativa, é raro considerarmos explicitamente seu valor quando tomamos decisões. Quantos já disseram: "Se eu levar em conta as semanas de prazer que teria imaginando a viagem para Veneza, acredito que mil dólares não é um valor alto demais para gastar em um fim de semana no exterior." Embora possamos não acreditar que a expectativa seja uma fonte de satisfação em si, nossas atitudes revelam o contrário. Imagine o seguinte cenário: seu amado cônjuge decidiu comprar para você entradas para o show de sua banda favorita como presente de aniversário. A banda ficará na cidade durante algumas semanas. "Quando você gostaria de ir?", pergunta seu amado. "Há entradas para hoje à noite, para amanhã, para daqui a dois dias ou daqui a cinco dias ou na próxima semana." Qual data você escolheria?

Quando várias opções lhes são apresentadas, as pessoas preferem esperar um pouco por uma coisa boa a tê-la imediatamente. A maior parte das pessoas escolheria ir ao show mais à frente, naquela semana, e não no mesmo dia. Em uma pesquisa feita por George Loewenstein, economista da Universidade Carnegie Mellon, perguntou-se a alunos de pós-graduação quanto eles pagariam para receber um beijo de uma celebridade de sua escolha.[5] Imagine um beijo apaixonado de X (é aqui que você preenche a lacuna — Angelina Jolie? Brad Pitt? Patrick Dempsey? Uma Thurman?). Depois de tomar essa difícil decisão, os participantes do estudo deveriam escrever quanto estariam dispostos a pagar para receber um beijo daquela pessoa imediatamente, daí a uma hora, três horas, 24 horas, três dias, um ano ou dez anos.

Loewenstein descobriu que, em média, as pessoas estavam dispostas a pagar mais para receber um beijo de uma celebridade daí a um ano do que para recebê-lo imediatamente. Um beijo imediato não daria espaço para a expectativa. Abriríamos mão da emoção da espera, do prazer de imaginar o beijo, de pensar em como e onde ele ocorreria. No entanto, se o beijo fosse esperado para daí a uma semana, poderíamos refletir várias vezes sobre o acontecimento futuro. A cada reflexão, seria produzido um breve momento de alegria. Os participantes do estudo estavam até dispostos a pagar um pouco mais para receber o beijo daí a um ano e não a três horas. No entanto, não estavam propensos a esperar dez anos. Quem garante que o novo objeto de desejo estará igualmente desejável daqui a uma década? O tempo de espera preferido foi de três dias, o que reflete um equilíbrio entre o prazer da expectativa e a impulsividade (voltaremos ao papel da impulsividade mais adiante neste capítulo).

O fato de as pessoas decidirem aguardar um acontecimento recompensador em vez de vivê-lo imediatamente sugere que extraímos prazer ao considerar cuidadosamente algo que pode acontecer mais tarde. Mesmo que nossa atual condição seja negativa (por exemplo: se trabalharmos até tarde no escritório em uma sexta-feira à noite), o mero fato de imaginarmos o fim de semana que se aproxima já nos deixa felizes. De fato, quando você pede às pessoas para classificarem os dias da semana em ordem de preferência, a sexta-feira recebe uma nota mais alta do que o domingo, embora a sexta-feira seja um dia de trabalho e o domingo não.[6] Será que as pessoas prefeririam trabalhar a se divertirem? Na realidade, não. O sábado, que também é um dia de diversão, recebe uma nota mais alta do que a sexta e o domingo.

Por que será, então, que as pessoas preferem a sexta-feira ao domingo? O motivo é que a sexta-feira é sinônimo de promessa — a promessa do fim de semana próximo e de todas as atividades (ou descanso) que planejamos. O domingo, embora seja um dia de descanso, não traz consigo a alegria da expectativa. Ao contrário, embora possamos fazer um piquenique no parque ou passear pela cidade, essas atividades são manchadas pela expectativa do início da próxima semana de trabalho. Para o bem ou para o mal, nosso estado emocional é determinado tanto por sentimentos, que são estimulados pelo mundo no presente, quanto por aqueles gerados por nossas expectativas.

O custo do pavor

Imagine agora outro cenário: você está no consultório do dentista para fazer uma revisão anual. Ao examinar seus dentes, o dentista conclui que, infelizmente, você vai precisar fazer tratamento de canal. Não há paciente marcado depois de você, o que significa que o dentista pode fazer o procedimento imediatamente. Por outro lado, você pode marcar uma consulta para mais tarde naquele mesmo dia ou para a próxima semana. O que você faz? Quando se trata de acontecimentos adversos, a maioria das pessoas escolhe fazer o que é preciso o mais rapidamente possível. O motivo é simples: queremos evitar o tempo que acompanha a expectativa da dor. Preferimos não gastar nosso tempo com preocupações e temores, por isso optamos por enfrentar a dor imediatamente e acabar com ela.

Na verdade, quando se perguntava aos participantes na pesquisa de Loewenstein quanto pagariam para evitar um choque elétrico de 120 volts, que poderia ser aplicado imediatamente, daí a três horas, 24 horas, três dias, um ano ou dez anos, os estudantes indicaram que estavam dispostos a pagar o máximo para evitar o choque elétrico daí a dez anos. De fato, estavam propensos a pagar quase o dobro para evitar o choque elétrico daí a dez anos do que para evitar um choque imediato.[7] Em outro estudo, no qual os choques eram realmente aplicados, alguns participantes estavam tão ansiosos para evitar o pavor que até optaram por receber logo um choque elétrico maior, em vez de um menor, menos doloroso, mais tarde.[8]

A decisão pode parecer irracional. Os teóricos de economia tradicionais com certeza diriam isso. De acordo com os modelos tradicionais de tomada de decisão, os seres humanos são agentes racionais que tentam aprimorar a utilidade esperada.[9] *Utilidade* é um termo econômico que indica o grau relativo da qualidade de ser desejável de um objeto ou da satisfação que podemos extrair dele. Os choques elétricos não são desejáveis nem satisfatórios. Assim, em uma escala de 1 (nem um pouco doloroso) a 100 (tão doloroso que preferimos morrer), esperamos que um choque de 120 volts esteja em torno dos 40 e estamos propensos a pagar US$ 100 para evitá-lo, por isso deveríamos estar dispostos a pagar US$ 100 para nos livrarmos dele agora e US$ 100 para evitá-lo daí a dez anos. Isso porque, em ambos os casos, esperamos que o choque seja igualmente doloroso. Agora, digamos que estamos dispostos a pagar US$ 100 para evitar o choque hoje e US$ 200 daí a um ano (embora em ambos os casos a dor esperada esteja em 40 na escala da dor). Essa é uma violação do comportamento racional. Ou não?

O que as teorias clássicas sobre tomada de decisão deixam de considerar é o valor negativo do pavor (muitas teorias econômicas modernas ainda não o fazem).

Se levarmos a expectativa em conta, esse comportamento parece perfeitamente racional. Sim, a dor esperada de um choque de 120 volts está mais ou menos em 40 na escala da dor se o tomarmos agora ou daqui a uma década, e evitá-lo vale cerca de US$ 100 de um jeito ou de outro. No entanto, temos de levar em conta a angústia que seria provocada pela expectativa do choque durante dez anos. Evitar dez anos de pavor pode valer US$ 100 a mais. Por isso é perfeitamente racional que estejamos dispostos a pagar o dobro para evitar um acontecimento adverso. Tomar o choque agora significa não ter tempo para imaginar as possíveis consequências negativas, nenhuma sensação de frio na barriga que surgiria toda vez que a ideia do choque iminente viesse à mente.

Não só é sensato pagar mais para evitar um acontecimento negativo no futuro do que para se livrar dele no presente, como também é bobagem não fazê-lo. A influência negativa de prever um acontecimento indesejado em nossa saúde física e mental às vezes pode ser pior do que o efeito de viver o acontecimento. O fenômeno foi observado em meados da década de 1970 em empregados de duas fábricas nos Estados Unidos. Uma das fábricas ficava em uma grande região metropolitana, a outra em uma comunidade rural com uma população de três mil habitantes. A primeira era uma fábrica de tinta; a segunda construía estandes usados por empresas de venda por atacado e no varejo. Os empregados das duas fábricas eram operadores de máquina, assistentes de laboratório, funcionários dos departamentos de entrega, trabalhadores da linha de montagem e da área de usinagem. Em média, trabalharam em suas respectivas fábricas durante 20 anos. Infelizmente, as fábricas tinham data marcada para fechar as portas, e todos os trabalhadores iam perder o emprego.

Durante meses, quando iam para o trabalho, os homens sabiam que dali a apenas algumas semanas estariam desempregados. Prever a perda de seu local de trabalho, onde tinham passado a maioria de seus dias nas duas últimas décadas, era estressante. A incerteza do que viria depois intensificava ainda mais sua ansiedade. Como eles lidariam com o desemprego? Encontrariam outro emprego?

Os cientistas que acompanharam esses trabalhadores antes e depois de as fábricas serem fechadas descobriram que os empregados apresentaram mais dias de doença antes do fechamento das fábricas do que durante as semanas de desemprego que se seguiram.[10] A ansiedade provocada pela expectativa da perda de seus empregos prejudicou sua saúde e seu bem-estar. Ironicamente, uma vez desempregados, os trabalhadores ficaram mais saudáveis. A incerteza de como seria a vida sem emprego desapareceu. A ansiedade diminuiu e a atenção se voltou para a busca de um novo emprego, não mais para preocupação inespecífica com o futuro.

A expectativa da queda altera seu impacto

Há alguns anos, recebi de um amigo um presente-surpresa de aniversário — um salto de paraquedas. Devo esclarecer que eu jamais expressara qualquer interesse em saltar de um avião em pleno ar. Cair do céu a mais de quatro mil metros do chão, a uma velocidade de aproximadamente 200 quilômetros, jamais esteve em minha lista de desejos. Ainda assim, era exatamente o que eu estava a ponto de fazer.

No início, meu amigo pretendia que o salto de paraquedas fosse uma surpresa. Eu seria levada até um lugar no norte de Nova York onde ficava a escola de paraquedismo; ao chegar lá, meu presente de aniversário seria revelado. Depois de cuidadosa consideração, no entanto, meu amigo concluiu que seria melhor deixar que eu me acostumasse antes com a ideia de saltar de um avião para poder me preparar emocionalmente. Assim, a surpresa foi revelada três dias antes. Eu agora tinha 72 horas para pensar sobre o futuro salto. A depender de suas preferências pessoais, aquelas 72 horas poderiam ser vistas como uma época de prazerosa animação ou como dias de puro pavor — meu caso, especificamente. Passei a andar pela cidade como se houvesse uma sentença de morte sobre minha cabeça. Apelei para a internet em busca de ajuda.

Digitei as palavras *paraquedismo* e *perigo* no Google e descobri que cerca de 30 pessoas morrem anualmente nos Estados Unidos em saltos de paraquedas. A princípio, pode parecer um número alto; no entanto, se considerarmos os 2,5 milhões de saltos feitos nos Estados Unidos todos os anos, trata-se, na verdade, de um percentual pequeno. Uma pesquisa mais detalhada revelou que acidentes que resultam em morte ou ferimentos graves em saltos tandem (em que a pessoa é acompanhada por um instrutor, como seria o meu caso) são especialmente raros. Aquilo me animou. Embora tivesse vivido três dias de expectativa cercada de estresse, ter esse tempo me permitiu adquirir conhecimentos sobre o evento ameaçador. Meu medo foi reduzido pelas informações que eu havia reunido, o que me permitiu aproveitar mais a experiência (é, admito que gostei do choque de adrenalina).

Agora imagine se tudo isso tivesse acontecido na era pré-Google. Na verdade, imagine se me fosse impossível obter informações sobre paraquedismo, se eu não tivesse acesso a qualquer pessoa que houvesse saltado antes ou a alguém que soubesse alguma coisa sobre a experiência e não tivesse qualquer estatística disponível. Eu provavelmente teria passado três dias ansiosa e imaginado o pior. É claro que a expectativa de um acontecimento potencialmente adverso é desagradável, mas será que também afeta a maneira com que vivemos o evento em si? O pavor diante da expectativa de um tratamento de canal o torna pior? O medo de um choque o torna mais doloroso?

Um estudo de neuroimagem publicado na revista *Science* em 2006 sugere que isso de fato acontece. Os cientistas relataram que as pessoas que temiam um choque iminente consideravam o choque real pior quando tinham de esperar mais tempo por ele.[11] Em outras palavras, se você está terrivelmente ansioso em relação àquele tratamento de canal, é melhor fazê-lo o mais rapidamente possível. Com isso, você não só evitará a expectativa desagradável, como também toda a experiência pode parecer menos dolorosa agora do que se acontecesse daí a uma semana. O interessante é que o grau de pavor vivido antes do choque não alterou a atividade cerebral durante o choque em si. Foi antes do choque que o pavor aumentado foi relacionado à atividade na "matriz da dor" do cérebro. A matriz da dor é uma rede de áreas do cérebro que estão associadas ao processamento de diferentes aspectos da experiência da dor. Essa rede inclui o córtex somatossensorial, que responde ao aspecto físico da dor, bem como as áreas que se acredita serem responsáveis pelo processamento emocional, como a amígdala e o giro do cíngulo anterior.

Durante o período da expectativa, as pessoas que temiam muito o choque apresentavam maior atividade nas regiões do cérebro que costumam processar a intensidade física da dor (como o córtex somatossensorial). Isso significa que o cérebro respondeu igualmente à expectativa do choque e ao próprio choque. A expectativa parecia imitar a verdadeira experiência da dor. Os temerosos também tinham maior atividade em áreas consideradas responsáveis pela modulação da atenção à dor, o que sugere que o pavor aumenta a atenção aos aspectos físicos da dor esperada. Se prever um acontecimento adverso ativa áreas do cérebro que normalmente processam a experiência física da dor, não é de surpreender que antecipar um acontecimento doloroso tenha um efeito negativo sobre nosso bem-estar semelhante àquele de realmente sentir a dor.

De maneira análoga, a expectativa de um acontecimento agradável parece ativar sistemas neurais que também estão envolvidos na vivência real do acontecimento agradável. Por exemplo: um estudo que meus colegas e eu fizemos mostrou que, quando as pessoas imaginam férias, o corpo estriado — região do cérebro que também responde a recompensas verdadeiras, como comida, sexo e dinheiro — é ativado.[12] Isso, é claro, não significa que imaginar suas férias ou um sanduíche suculento é o mesmo que realmente estar lá, na praia, ou comer o sanduíche. Às vezes, no entanto, o prazer que temos ao pensar em um sanduíche chega perto do prazer que sentimos quando damos a primeira mordida.

Nem todos os sanduíches são iguais. Podemos gostar mais de um hambúrguer suculento com queijo e alface do que de um puro, só pão e carne. Provavelmente também gostamos mais de um hambúrguer quando estamos com fome do que quando estamos saciados. Mas será que essas diferenças importam quando apenas imaginamos comer o sanduíche? O que determina quão prazerosa será a expectativa para nós?

Há alguns fatores fundamentais.[13] Primeiro, quanto mais saboroso espera-se que o hambúrguer seja, maior o prazer da expectativa. Se vamos comer salada verde com ervilhas, provavelmente não ficaremos tão alegres ao prevermos nossa refeição (a não ser, é claro, que gostemos muito de salada verde com ervilhas). Segundo, quanto mais vividamente conseguirmos imaginar um acontecimento, maior o prazer de prevê-lo. Se formos incapazes de construir uma imagem detalhada do sanduíche, que inclua seu aroma e sua textura, a expectativa será menos agradável. Terceiro, o quão provável você acredite que seja o acontecimento influencia o quão agradável será antecipá-lo. Se acreditarmos que não teremos chance de sair para comer alguma coisa na hora do almoço, não teremos muita alegria ao imaginar o hambúrguer inalcançável. Finalmente, a hora importa. À medida que a hora do almoço se aproxima, intensifica-se a animação sobre a refeição iminente.

O mesmo princípio se aplica quando prevemos acontecimentos adversos. O pavor da expectativa de um tratamento de canal será determinado por quão doloroso acreditemos ser o procedimento, o quão vividamente poderemos imaginar o barulho e a vibração da broca do dentista, o quão provável é a necessidade de um tratamento de canal e quando esperamos que o tratamento aconteça.*

---

* Observe que, quanto mais perto no tempo acreditamos estar de quando o tratamento de canal acontecerá, maior o pavor. No entanto, as pessoas escolhem fazer o tratamento mais cedo, e não depois, porque, se somarem todos os momentos de pavor desde o presente até a hora do procedimento, a quantidade total de pavor vivido será maior no caso de um tratamento de canal mais tarde do que no caso de um tratamento que aconteça mais cedo.

Vamos voltar ao freguês dançante, animado, à espera da sua última tulipa de Guinness. Será que esse freguês específico enxerga sua tulipa de cerveja metade cheia ou metade vazia? Se for o tipo de pessoa que vê o "copo metade cheio", será que extrairá mais prazer da expectativa?

O viés do otimismo é, por definição, nossa tendência a superestimar a probabilidade de acontecimentos positivos e subestimar a probabilidade dos negativos. Isso não é tudo. Pessoas otimistas imaginam acontecimentos positivos com maior nitidez e maior riqueza de detalhes do que os negativos e que vão acontecer mais cedo. Assim, quanto mais otimista você for, maior a probabilidade de que imagine os acontecimentos positivos como mais próximos no tempo, com maior riqueza de detalhes e com maior probabilidade de ocorrerem do que os negativos.[14] O otimismo, portanto, modula os mesmos fatores que influenciam o valor da expectativa: prazer previsto, nitidez, o momento esperado do acontecimento e sua probabilidade de ocorrência.

No caso dos acontecimentos desejáveis, como uma tulipa de Guinness, o otimismo intensifica a alegria da expectativa ao (a) aumentar nossa expectativa de que receberemos nossa cerveja mais cedo, e não mais tarde, (b) aumentar nossa capacidade de imaginar a sensação gelada da tulipa e o fluxo da cerveja e (c) aumentar a semelhança percebida de receber a cerveja. Os pessimistas, por outro lado, podem ter dificuldade de imaginar vividamente a cerveja, preverão que o barman levará tempo demais para servir a cerveja e se preocuparão com a possibilidade de que o estoque da Guinness acabe. Embora nossos consumidores pessimistas possam apreciar a bebida quando finalmente é servida, eles serão privados do um minuto e 59,5 segundos de prazer que precedem o consumo e, com toda a certeza, não dançarão pelo bar enquanto esperam a bebida.

O mesmo raciocínio se aplica aos acontecimentos negativos, como o desemprego. O otimista considerará baixas as possibilidades de demissão, terá dificuldade de imaginar a situação em detalhes e preverá que, se o fato realmente acontecer, será muito adiante. Resultado? Pavor, ansiedade e estresse serão reduzidos. O pessimista, por outro lado, terá certeza de que será o próximo a ser demitido, possivelmente no dia seguinte, e imaginará a cena toda, nos mínimos detalhes. Prever o desemprego (algo que talvez nunca se concretize) não é apenas adverso; provocará um nível de estresse que afetará negativamente a saúde mental e física da pessoa.

Parece plausível, então, que o viés do otimismo tenha se desenvolvido parcialmente porque o otimismo maximiza o prazer que obtemos ao prever uma coisa boa e minimiza a adversidade de prever uma coisa ruim. Se um hambúrguer é igual a cem "unidades de alegria", o otimista obterá mais unidades e alegria apenas *com a expectativa* do sanduíche do que o pessimista e aumentará no fim o prazer derivado do hambúrguer e o bem-estar. Assim, se os otimistas consideram a expectativa mais prazerosa do que os pessimistas, será que têm mais probabilidade de adiar a gratificação a fim de aumentar a duração da expectativa?

O dilema do "sobrevivente"

A resposta é complexa. Isso porque o valor da expectativa não é o único fator que determina quando decidimos nos arriscar. Há pelo menos outro fator crucial: *a desvalorização temporal* (*temporal discounting*). É a tendência a valorizar mais o presente do que o futuro. Por exemplo, diante da opção de receber US$ 100 imediatamente (hoje) e US$ 100 daqui a um mês, o que você faz? A maioria das pessoas prefere receber US$ 100 hoje a receber US$ 105 daí a um mês. Algumas pessoas até optam por receber US$ 100 hoje em vez de US$ 150 daí a um mês.[15]

À primeira vista, na verdade até em uma segunda análise, parece que a desvalorização temporal leva nossa decisão a uma direção oposta à previsão; leva-nos a consumir bens o mais cedo possível e adia o sofrimento para algum tempo no futuro imprevisível. Isso não só porque tendemos a valorizar mais o aqui e agora do que o futuro, mas também porque percebemos (corretamente) o futuro como incerto.[16] Preferimos comer a torta de chocolate agora a guardá-la para mais tarde, porque amanhã podemos descobrir que o gato já a devorou. Podemos decidir adiar a faxina da casa até a semana seguinte, porque até lá talvez nosso cônjuge talvez já a tenha feito. No entanto, se soubermos com certeza que nosso cônjuge não tem a menor intenção de fazer uma faxina na casa, podemos decidir fazê-la, nós mesmos, o mais cedo possível e dar cabo da tarefa de uma vez. Assim, também, se tivéssemos uma bola de cristal que revelasse que a nossa deliciosa torta de chocolate continuaria fresquinha na geladeira e ninguém a devoraria, poderíamos adiar a gratificação um pouco mais para prolongar a expectativa. No entanto, mesmo se nós vivêssemos em um universo mágico, no qual o futuro fosse totalmente previsível, continuaríamos a desvalorizar o futuro até certo ponto. Se não desvalorizássemos nem um pouco o futuro, jamais comeríamos a torta e nunca abriríamos aquela preciosa garrafa de vinho que guardávamos havia tanto tempo. Continuaríamos a adiar a gratificação várias vezes a fim de aumentar o prazer da expectativa.

A expectativa e a desvalorização temporal nos puxam em direções opostas, até que se alcance um equilíbrio. Enquanto o prazer da expectativa nos transforma em criaturas pacientes, a desvalorização temporal nos torna impulsivos. Aquilo que, em última análise, decidiremos fazer reflete o equilíbrio entre esses dois fatores. Quando o valor obtido com a expectativa de uma futura recompensa é maior do que o valor de consumir a recompensa no presente, adiaremos nosso prazer. No entanto, quando a nossa vontade de comer o chocolate suíço *gourmet* for maior do que a alegria de saboreá-lo, rasgaremos logo a embalagem.

Muitos fatores desempenham um papel importante para determinar se, no fim, saborearemos ou não um produto. Coisas que estão disponíveis com pouca frequência (como uma garrafa de champanhe cara ou férias de um mês ao ano) podem valer a pena ser saboreadas. Algo que podemos ter várias vezes (como um beijo de nosso companheiro) é consumido sempre que sentimos a vontade. Outro fator que determina nossa decisão é se o objeto tem um valor maior agora do que esperamos que tenha.

Pense no *reality show Survivor*. Nele, cidadãos inocentes de países desenvolvidos são levados para uma ilha tropical deserta e deixados à própria sorte. Podem levar apenas a roupa do corpo; nada de Blackberrys, iPods ou abridores de lata. Nem mesmo papel higiênico. Os competidores podem usar qualquer coisa que encontrarem na ilha, como bambu e frutas comestíveis. Também recebem uma quantidade limitada de água e comida — geralmente um pouco de arroz. No fim do primeiro dia, os sobreviventes estão famintos. No entanto, sabem que, embora a fome apenas vá aumentar a cada dia que passa, a oferta de comida pode diminuir. Será que devem guardar a quantidade limitada de arroz para os outros dias da semana? Ou devem dividi-la em pequenas porções e comer um pouco a cada dia? Ou devem comer tudo imediatamente e esperar que o melhor aconteça?

A dificuldade de tomar tal decisão é que ela depende da capacidade de prevermos o que e quanto poderá ser necessário. Não é um problema de fácil solução. Os sobreviventes precisam ponderar se há de fato expectativa de encontrar comida na ilha e de sobreviver com alguns gramas de arroz por dia.

Elaine, uma sobrevivente otimista, calcula que o grupo com certeza encontrará muitas frutas silvestres e cocos assim que o dia amanhecer. Eles talvez consigam até pegar alguns peixes. Portanto, sugere comer o arroz naquela noite mesmo. Assim, diz Elaine, o grupo terá a energia necessária para sair em busca de comida no dia seguinte. Patrick é menos otimista. Ele não acredita que os membros do grupo conseguirão encontrar alimentos no futuro próximo. Argumenta que devem preservar comida enquanto for fisicamente possível.

Elaine, que defende a ideia de comer agora em vez de guardar a comida para mais tarde, pode parecer, superficialmente, ter uma alta "taxa de desconto" — que, no jargão econômico, significa que ela considera o presente mais importante do que o futuro. Os economistas presumem que as pessoas com altas taxas de desconto são impulsivas. Considera-se que essas pessoas não se preocupam tanto com o futuro quanto deveriam. Elas não têm poupança e às vezes adotam práticas pouco saudáveis, como beber e fumar, o que acarretará problemas. Elaine não é necessariamente impulsiva nem pouco preocupada com o futuro. Sua preferência por comer imediatamente, e não mais tarde, baseia-se em suas expectativas otimistas do que está por vir. Segundo essas suposições auspiciosas, talvez seja razoável consumir o arroz agora em vez de guardá-lo para amanhã.

Para testar formalmente se o otimismo altera as taxas de desconto, cientistas da Universidade de Amsterdã fizeram um estudo no qual os participantes eram solicitados a imaginar uma situação na qual eram contratados por uma grande empresa.[17] A empresa ia especialmente bem e os executivos decidiram recompensar todos os funcionários com um aumento. Os funcionários tinham uma opção: poderiam receber um aumento imediato, que valeria por 12 meses, período após o qual o salário voltaria aos níveis atuais, ou poderiam receber um aumento que duraria 36 meses, mas que só seria concedido daí a 12 meses. O que deveriam fazer?

Muitos participantes optaram pelo aumento em um curto prazo, que entraria em vigor imediatamente, em detrimento do aumento a longo prazo, que só seria concedido daí a um ano. Por que eles fariam isso? Por que escolheriam um aumento que duraria apenas 12 meses e não um que duraria 36 meses, quando o último obviamente valia mais? Os pesquisadores holandeses levantaram a hipótese de que as pessoas escolheram o aumento imediato porque tinham opiniões otimistas sobre o que se seguiria. Por exemplo: os participantes podem ter acreditado que a empresa continuaria a se sair bem e decidiria dar aos funcionários um bônus extra no fim dos 12 meses. Eles também podem imaginar que o aumento imediato poderia ser investido, o que lhes proporcionaria mais dinheiro no longo prazo.

Para testar essa hipótese, os pesquisadores fizeram o estudo novamente, dessa vez com um novo grupo de participantes. Entretanto, acrescentaram uma pequena mudança. Os participantes foram apresentados a um cenário que era muito mais limitado do que aquele exposto ao primeiro grupo. Disseram-lhes que a empresa concederia o aumento apenas uma vez e desencorajaram a ideia de que os ganhos seriam seguidos por bônus adicionais. Também foram informados de que o aumento seria ajustado de acordo com a taxa de juros e com a inflação. Os participantes, portanto, tinham menos espaço para gerar futuros cenários alternativos deles próprios. Sob essas circunstâncias, nas quais o futuro não estava aberto a interpretações auspiciosas, um grande número de participantes optou por esperar pelo bônus maior em vez de aceitar o aumento menor e imediato.

Outro grupo de participantes foi informado de que a empresa não ia bem e que todos os salários sofreriam uma redução de 10%. Os funcionários poderiam escolher se teriam o salário reduzido durante os próximos 12 meses ou se ele seria reduzido dali a um ano, durante 36 meses. Quando o futuro estava relativamente irrestrito, os participantes tendiam a escolher a perda adiada em vez da perda menor, imediata. Presumivelmente, os participantes imaginaram que a empresa poderia se sair melhor ao longo do tempo e seus dirigentes decidiriam que os cortes salariais, afinal, não seriam necessários. Os participantes também podiam ter imaginado que poderiam encontrar empregos com melhores salários em um ano e assim evitar totalmente a redução do salário. Quando o futuro foi apresentado como certo (ou seja, quando o cenário demonstrava claramente que todos os cortes eram totalmente garantidos e que os funcionários não poderiam mudar de emprego), um número maior de participantes optou pelo corte de cenário imediato, em vez do adiado. A conclusão tirada desses dados foi a de que a desvalorização temporal se deve parcialmente à crença, por parte das pessoas, de que os ganhos serão seguidos por mais e mais ganhos e de que as perdas seriam, de alguma maneira, evitáveis. Isso parece uma explicação razoável para o motivo pelo qual optaríamos por receber nossa recompensa imediatamente e adiar as perdas. Há, no entanto, alternativas atraentes.

Até o rei do pop vai envelhecer

Tal explicação está relacionada à maneira como percebemos nosso próprio futuro. Imagine-se daqui a um ano. Você se levanta de manhã (Onde você mora? Em imóvel alugado? Em casa própria?), se veste (Como está sua aparência? Seu cabelo mudou? O que vai vestir?), toma o café da manhã (Café? Sucrilhos? Torrada com geleia? Ovos mexidos? Pula o café da manhã?). Você dá um beijo de despedida em seus entes queridos (Filhos, marido, esposa) e vai para o trabalho (Vai de carro?

Pega o metrô? Ou trabalha em casa?). Você chega ao trabalho (O que faz? Trabalha em um escritório? Trabalha por conta própria? Já se aposentou?); então, por volta das 13h, faz um intervalo para o almoço (Tem uma alimentação saudável? Tem restrições alimentares devido a um problema de saúde?). Quando chega o fim do dia, você volta (Vai para casa jantar? Vai jantar fora? Vai ao cinema? Vai fazer compras?).

Depois de analisar cuidadosamente o cenário em sua mente, volte a fazê-lo mais uma vez; dessa vez, porém, imagine-se daí a dez anos. Não se apresse. Quando terminar de se imaginar durante um típico dia em sua vida daqui a uma década, repita o processo (vai ser a última vez, prometo), mas, dessa vez, imagine-se daqui a trinta anos. Tente imaginar seu dia com a maior riqueza de detalhes possível.

Qual o grau de semelhança entre seus eus futuros e seu eu atual? Seu possível eu de daqui a um ano é mais parecido com você no presente do que aquele de daqui a uma década? E em relação ao seu eu daqui a trinta anos? Você consegue se reconhecer na pessoa que se imagina ser daí a trinta anos? Não é surpresa que as pessoas se sintam mais conectadas a seus eus do futuro mais próximo do que com seus eus do futuro mais distante. Não costumamos nos imaginar muito diferentes em um período de um ano. Daqui a uma ou duas décadas, no entanto, certamente esperamos ter nos transformado bastante. Podemos imaginar que nossos eus de daqui a trinta ou cinquenta anos serão tão diferentes dos atuais que pensamos neles como pessoas totalmente distintas. Se percebermos nossos futuros eus como agentes absolutamente diferentes de nossos eus atuais — estranhos, até —, não é de admirar que optemos por ter prazer no presente e deixemos o sofrimento para o futuro distante. Sim, fumar e beber hoje significa aumentar o risco de ter uma série de problemas de saúde, mas a pessoa que terá de enfrentar essas doenças não parece ser você e, assim, está menos preocupada com essa pessoa futura do que com aquela que lê este livro. Preferimos ter um aumento imediato a tê-lo a daqui a alguns anos, porque hoje *nós* receberemos o dinheiro, enquanto daí a alguns anos uma versão indistinta de nós mesmos o aproveitará. Você pode estar tão disposto a dar a seu futuro eu o dinheiro quanto está a entregá-lo a um estranho na rua (bem, nem tanto, mas acho que deu para entender a lógica).

Um estudo com uma ressonância magnética funcional publicado em 2006 visou associar a maneira pela qual percebemos nossos futuros eus com a maneira pela qual fazemos a desvalorização temporal.[18] Enquanto seus cérebros eram submetidos a uma ressonância magnética funcional, os participantes foram solicitados a avaliar as características tanto de seus eus atuais quanto de seus eus potenciais daí a dez anos. Mais tarde, sem o uso do equipamento de ressonância magnética funcional, os participantes foram solicitados a tomar decisões que revelariam suas preferências temporais. Foram-lhes apresentadas opções como "Você preferiria ganhar US$ 10 hoje ou US$ 12 daqui a uma semana?" e "Você preferiria ganhar US$ 10 hoje ou US$ 15 daqui a dois meses?". Os achados mostraram que as pessoas que tendiam a escolher um pequeno ganho imediato, e não um ganho maior no futuro, apresentaram diferenças maiores na atividade cerebral quando pensavam em seus eus atuais *versus* seus eus futuros. Os participantes que não desvalorizaram muito o futuro apresentaram diferenças menores na ativação quando avaliaram seus eus atuais e futuros.

Na primavera de 2009, o pop star Michael Jackson, então com 50 anos, anunciou sua intenção de sair em turnê pela última vez. A turnê foi marcada para incluir cinquenta exibições na arena O_2 de Londres — um show para cada ano da vida de Jackson, abruptamente interrompida antes que ele tivesse chance de subir ao palco. Muitos devem ter pensado que Michael Jackson estava com a aposentadoria garantida. Sem sombra de dúvida um dos artistas mais bem-sucedidos de todos os tempos, cuja carreira começara aos cinco anos, poderia se aposentar confortavelmente sem grandes preocupações financeiras. Não era bem assim.

A turnê "This Is It!" (como foi chamada) deveria tirar Jackson do profundo fiasco financeiro em que estava antes de sua morte. O que levou o Rei do Pop a deixar para trás uma montanha de dívidas? Como muitos de nós, seu principal erro parecia ser gastar demais e não poupar. "Milhões de dólares eram gastos anualmente em voos *charter*, compras de antiguidades e pinturas", disse Alvin Malnik, um dos conselheiros de Jackson. "Não havia planejamento em relação a quanto e com o quê deveria gastar. Gastava o que queria, na hora em que queria."[19]

Michael Jackson não era o único. Em 2005, pela primeira vez desde a década de 1930, a taxa de poupança nos Estados Unidos foi negativa.[20] Isso significa que os americanos gastavam mais do que recebiam depois de descontados os impostos. Enquanto os gastos de Michael Jackson incluíam cerca de US$ 8 milhões anuais para luxos,[21] seus concidadãos faziam compras mais modestas — um carro novo, talvez.[22] No entanto, tais aquisições colocavam seus fundos de aposentadoria em risco.

O que levou Michael Jackson e os americanos em geral a uma taxa negativa de poupança? Pode ter sido uma dose excessiva de otimismo. De 2002 a 2006, o valor dos imóveis subiu demais. As pessoas acreditaram que essa tendência continuaria e que poderiam gastar mais.[23] Ledo engano. Em 2008, os preços dos imóveis caíram repentinamente. Embora os americanos começassem a poupar novamente logo depois, as taxas de poupança não foram suficientes para oferecer uma qualidade de vida depois da aposentadoria que equivalesse àquela à qual as pessoas estavam acostumadas durante os anos de trabalho.[24]

O segundo problema foi que Michael, como muitos outros, tinha dificuldade de se imaginar com 70 anos.[25] Mesmo se conseguirmos, com algum esforço, nos imaginar idosos, em geral consideramos a imagem repulsiva. Ora, pensar sobre fundos de aposentadoria envolve pensar sobre envelhecimento. Como preferimos evitar totalmente esse pensamento, normalmente nos abstemos de planejar nosso futuro financeiro.

CAPÍTULO 8

Por que nossas escolhas nos parecem melhores depois que as fazemos?

A jornada de ida e volta da mente: da expectativa à escolha

Meu amigo Tim trabalha para uma agência de viagens on-line. Quando chega o fim de ano, a empresa em que ele trabalha o presenteia com um bônus especial — férias com todas as despesas pagas. Ele pode ir para onde quiser — Austrália, Tailândia, Itália, Egito, Havaí, Las Vegas —, o mundo está à sua disposição. E assim, todo ano, perto do Natal, Tim sofre do mesmo problema: onde deve passar as férias? "Panamá", diz hoje, "o clima lá é maravilhoso nesta época do ano." No dia seguinte, diz, "Nova York, a cidade é linda no Natal", apenas para ser substituída por "Laos" alguns dias depois. Em sua mente, ele viaja pelo mundo inteiro pelo menos duas vezes até ser obrigado a tomar uma decisão imediatamente ou perderá seu lugar nos voos lotados dessa época do ano. No ano passado, decidiu-se pela Indonésia, embora este ano a escolha ainda não tenha sido feita. Escrevo estas palavras no início de dezembro; assim, ele ainda tem tempo para avaliar todos os 195 países.

Quando finalmente se decide, depois de criar listas de prós e contras e de ler vários guias de viagem, algo intrigante acontece. Assim que o voo é reservado e as passagens são emitidas, ele fica completamente confiante de que tomou a melhor decisão possível. Isso acontece dias antes de fazer as malas e chegar ao destino de escolha. A incerteza desaparece e a convicção total toma seu lugar. A Indonésia é uma ótima escolha, afirma; não só o clima é agradável como também a cultura do país é fascinante e a experiência uma novidade. Em Nova York, por outro lado, por mais adorável que seja a cidade, faz um frio de doer os ossos nessa época.

Tenho de admitir que quando se trata de minhas férias de fim de ano, não tenho dúvidas, volto para casa. Felizmente, o clima lá é ótimo durante o ano todo, e passar uma semana ou duas perto do Mediterrâneo deixa todas as alternativas no chinelo. No entanto, não estou imune à indecisão. Levei anos (é, anos) para decidir que emprego aceitar depois da pós-graduação. Fui e voltei entre as universidades americanas na Costa Leste e na Costa Oeste, mudei de ideia várias vezes pela "última vez", apenas para acabar em um continente totalmente diferente, em um país conhecido por sua rainha, comida insípida e seu clima chuvoso. Evidentemente, hoje acredito que esse foi realmente o melhor caminho que eu poderia ter seguido e que seria extremamente difícil você me convencer do contrário.

Cafeteiras, M&Ms e férias

Nossa tendência a reavaliar nossas opções assim que tomamos uma decisão é algo poderoso. Depois de fazer uma escolha difícil entre duas opções igualmente valiosas, como entre duas ofertas de empregos ou destinos de férias, as pessoas, em seguida, valorizam mais a alternativa selecionada com maior veemência do que fizeram no início e menos a opção descartada. Esse fenômeno foi descoberto pelo psicólogo Jack Brehm em 1956.[1] Em um impulso de momento, Brehm, recém-casado, decidiu colocar seus presentes de casamento em uso de uma maneira especial. Ele queria examinar como o simples ato de escolher muda nossas preferências. Seus eletrodomésticos de cozinha e outros itens de uso doméstico não tardariam a dar uma contribuição histórica para nosso entendimento da mente humana.

Para tornar a tarefa atraente, ele precisou recrutar participantes que estivessem interessados nos itens que tinha a oferecer, como torradeiras, rádios transistores e cafeteiras. Brehm decidiu recrutar donas de casa para seu estudo. Em uma bela manhã, convidou um grupo de donas de casa para comparecer ao seu laboratório. Apresentou-lhes os presentes de casamento que ganhara recentemente e pediu que indicassem o quanto desejariam de cada um dos itens. Quão felizes ficariam com um conjunto de taças de vinho? Um rádio? Um *mixer* portátil? Elas então podiam escolher entre dois itens que tinham avaliado de maneira semelhante e foram informadas de que poderiam levar para casa um dos itens. Qual deles escolheriam? As taças de vinho ou o rádio? A torradeira ou a cafeteira?

Eram decisões difíceis, mas que precisavam ser tomadas, e assim as mulheres tiveram de concordar. Zelda selecionou as taças de vinho em vez do rádio, e Beatrice preferiu a torradeira à cafeteira. Depois que escolheram os itens que desejavam, Brehm educadamente pediu às participantes para avaliar todos os itens mais uma vez. O quão felizes estariam com um conjunto de taças de vinho? Um rádio? Um *mixer* portátil? O fato de terem tomado uma decisão mudou suas preferências?

Sim. Todas as mulheres afirmaram em seguida que o utensílio selecionado era ainda melhor do que pensaram inicialmente e que a opção rejeitada não era tão boa, afinal. Beatrice, que tinha escolhido a torradeira em vez da cafeteira, agora acreditava que a torradeira era muito superior à cafeteira, enquanto antes de fazer a escolha pensava que as duas eram iguais. Zelda agora acreditava que o rádio não era mesmo tão bom quanto imaginara originalmente.

Quando o estudo terminou, as mulheres juntaram suas coisas para ir para casa e discutiram alegremente sobre o melhor lugar na cozinha para a novíssima torradeira e o vinho que seria servido nas novas taças. Infelizmente, chegara a hora da confissão para Brehm. Ele não as deixaria levar os presentes para casa. Sua mulher jamais lhe perdoaria se o fizesse, disse, e ele não estava preparado para o divórcio. As notícias não foram bem recebidas pelas participantes.

Brehm pode ter se tornado impopular junto à população feminina local; no entanto, daí em diante ganhou o reconhecimento de psicólogos do mundo inteiro. Seu experimento, conhecido como o *paradigma da livre escolha*, foi reproduzido centenas de vezes, e a ideia de que nossas ações alteram nossas preferências desde então tem sido corroborada por grandes conjuntos de dados. Alguns dos trabalhos de campo mais intrigantes foram feitos com participantes muito especiais — criaturas cabeludas com certa preferência por bananas e nozes, conhecidas também como macacos-prego. Laurie Santos, professora de psicologia comparativa e evolutiva, coordena um laboratório de macacos na Universidade de Yale. Seu objetivo é explorar se os aspectos do comportamento humano que muitos de nós consideramos exclusivamente humanos são, de fato, exclusivos dos seres humanos ou se têm suas raízes em nossos ancestrais peludos.

Para examinar se os macacos, assim como os seres humanos, mudam de opinião sobre a avaliação de itens depois de fazer suas escolhas, ela apresentou aos primatas um "mercado de comida" no qual podiam fazer trocas entre itens diferentes. Os pesquisadores observaram esse mercado de alimentos e aprenderam rapidamente o valor atribuído pelos macacos-prego a guloseimas diferentes. Um único Cheerios, por exemplo, valia cinco Rice Krispies. Uma bala de fruta com *marshmallow* foi considerada a melhor guloseima *gourmet* pelos primatas e só seria trocada se o testador oferecesse aos macacos uma tigela inteira dos Cheerios. Para um macaco-prego, uma guloseima de banana coberta com chocolate era o equivalente a uma refeição três estrelas no guia Michelin para um ser humano. Um amendoim poderia ser considerado um sorvete italiano em um dia de verão. Uma semente de girassol era valorizada pelos peludos como, digamos, uma fatia de pizza o é pelo *Homo sapiens*. Com esse sistema, os pesquisadores de Yale quantificaram as preferências dos macacos.

Pense em um pacote de M&Ms — aquelas pastilhas de chocolate de todas as cores do arco-íris com a letra "M" gravada. Muitos de nós temos preferências específicas quando se trata de M&Ms. Há quem goste mais dos marrons do que dos amarelos ou mais dos vermelhos do que dos verdes. Há quem não tenha preferência específica. Se você não liga se seu M&M é azul, amarelo ou verde, você tem alguma coisa em comum com os macacos-prego. Com o sistema do "mercado de comida", os pesquisadores observaram que os macacos-prego não se importavam se o chocolate era verde, amarelo, azul ou mesmo roxo — para eles, era tudo igual. Essa foi uma informação valiosa para os cientistas, que passariam então a examinar se escolher entre dois M&Ms de cores diferentes mudaria as preferências dos macacos pelas pequenas pastilhas de chocolate.

Eles fizeram os macacos escolherem entre um M&M amarelo e um azul. E, vejam só, depois de fazer a agoniante escolha (digamos que um macaco finalmente optou pelo M&M amarelo), o macaco valorizou menos o M&M rejeitado (o azul) do que tinha feito antes de a decisão ser tomada.[2] Assim como os humanos, os macacos ajustaram suas preferências de acordo com suas ações. Embora antes da escolha o macaco tivesse sido indiferente, ele agora parecia desejar mais o M&M amarelo do que o azul. Trocaria o M&M amarelo apenas se lhe oferecessem uma quantidade de Cheerios maior do que a que anteriormente fora suficiente. O fato de os macacos mostrarem alteração na preferência induzida pela escolha indica uma entre duas coisas: ou os macacos são capazes de racionalização complexa, ou, o que é mais provável, a reavaliação é mediada por processos de nível baixo relativamente automáticos — processos que não dependem de mecanismos cognitivos altamente evoluídos. Gostar mais de uma torradeira do que de uma cafeteira depois que a escolhemos — mesmo após ser indiferentes sobre qual dos dois objetos era melhor antes de fazermos uma escolha — é uma inclinação que herdamos de nossos parentes mais próximos.

Os macacos se lembraram da cor do M&M que tinham escolhido? Isso é importante para a mudança de preferência? Se, de uma hora para a outra, Tim sofresse de amnésia e esquecesse que tinha escolhido a Indonésia como seu destino de férias, ele ainda a valorizaria mais do que todas as opções que rejeitara?

Em 2001, um grupo de psicólogos de Harvard se reuniu para examinar se pessoas com amnésia apresentam mudanças nas preferências depois de tomar decisões, embora não possam se lembrar das opções que fizeram.[3] Os pacientes com amnésia tinham sofrido danos no hipocampo que não lhes permitiam formar novas memórias. Como você deve estar lembrado, o hipocampo é uma estrutura do cérebro no lóbulo temporal médio que é fundamental para a formação e consolidação das lembranças que podem ser recuperadas conscientemente. Os pacientes com danos no hipocampo conseguem reter algumas informações na mente por alguns minutos, mas, assim que se distraem, as informações se vão para nunca mais voltar.

Em vez de oferecer M&Ms ou utensílios domésticos, os psicólogos de Harvard presentearam os pacientes com amnésia com pôsteres de pinturas abstratas. A essa altura, você já está familiarizado com o paradigma. Os pacientes foram solicitados a avaliar as pinturas da mais desejada até a menos desejada; em seguida, foram solicitados a escolher entre duas pinturas que tinham avaliado de maneira semelhante. Os pacientes fizeram suas escolhas e depois os pesquisadores saíram da sala. Trinta minutos depois, voltaram. Naquele momento, os pacientes com amnésia não reconheceram os pesquisadores; nem sequer eles se lembravam de ter participado do estudo havia apenas meia hora. Nem é preciso dizer que não tinham ideia de qual pôster haviam escolhido e qual rejeitaram. No entanto, quando lhes deram os pôsteres para avaliar em ordem novamente, os pacientes atribuíram ao pôster que tinham escolhido uma nota maior do que lhes haviam concedido no início, sem sequer saber que o escolheram, e atribuíram uma nota menor ao rejeitado. Isso significa que não precisamos nos lembrar conscientemente de que fizemos uma escolha para que essa mude nossas preferências.

Essas demonstrações nos fornecem pistas sobre os mecanismos cerebrais envolvidos no fenômeno que Brehm descobriu originalmente. Em primeiro lugar, não precisamos do hipocampo para as nossas escolhas mudarem nossas preferências. Em segundo lugar, sabemos pelo experimento dos M&Ms com os macacos feito em Yale que o processo depende de estruturas cerebrais antigas do ponto de vista evolutivo. Em que lugar do cérebro ocorrem essas mudanças? O ato de escolher de fato modula a representação neural do valor de um estímulo? Nós realmente preferimos o M&M amarelo em vez do azul depois de o termos escolhido ou apenas nos enganamos? Dizemos que gostamos mais da torradeira do que da cafeteira só para demonstrar coerência e nos sentir bem com nossas escolhas? Por outro lado, será que a nossa resposta emocional à torradeira realmente muda depois que a escolhemos, talvez para sempre? Para tentar obter respostas a essas perguntas, meus colegas e eu recorremos à ressonância magnética funcional.

Bastante influenciada pela angústia da tomada de decisão sobre as férias anuais de Tim, eu queria descobrir o que acontece no cérebro quando nos deparamos com possíveis destinos de férias, tomamos uma decisão e depois reavaliamos as opções. Meus colegas — Ray Dolan, neurocientista mundialmente famoso, e o astro em ascendência Benadetto De Martino — e eu adaptamos o paradigma clássico da livre escolha de Brehm para a neuroimagem.[4] Nosso processo era simples. Pedimos aos participantes da pesquisa que imaginassem uma viagem de férias a oitenta destinos diferentes (como Tailândia, Grécia, Flórida e Roma) e classificassem o quão felizes acreditavam que ficariam se passassem as férias nesses lugares.

Imagine-se em Paris; calma, não se apresse. Quão feliz você estaria se passasse as férias em Paris em uma escala de 1 (não muito feliz) até 6 (extremamente feliz)? Em seguida, imagine-se no Brasil; crie uma imagem mental completa e detalhada. Quão feliz estaria se passasse férias no Brasil? Foi isso que nossos participantes fizeram por cerca de 45 minutos enquanto seus cérebros eram examinados.

Você já deve ter adivinhado o que fizemos em seguida. É, isso mesmo, apresentamos aos participantes os dois destinos que tinham avaliado igualmente e pedimos que escolhessem em qual deles preferiam passar as férias se tivessem de decidir entre os dois. Você escolheria Paris em vez do Brasil? Tailândia no lugar da Grécia? Finalmente, pedimos que imaginassem e classificassem todos os destinos novamente. Como era esperado, os participantes atribuíram aos destinos que haviam selecionado notas mais altas do que antes, e aos destinos que tinham descartado, notas mais baixas. A pergunta que não quer calar: de que maneira essas mudanças se refletiam no cérebro?

Nossos dados revelaram que a mudança era observada na mesma parte do cérebro que responde às recompensas como comida, amor ou dinheiro: o núcleo caudado, um feixe de células nervosas localizado bem no interior do cérebro que faz parte de uma estrutura maior, o corpo estriado. Sabe-se que o núcleo caudado processa as recompensas e sinaliza a expectativa por elas.[5] Quando acreditamos que vamos comer um filé suculento, com bastante molho, receber uma nota de US$ 100 ou iniciar uma relação sexual, nosso núcleo caudado indica essa expectativa. Pense no núcleo caudado como um anunciante que faz propaganda para as outras partes do cérebro sobre informações que acabou de receber de baixo: "Preparem-se, vem coisa boa por aí." Depois que comemos o jantar ou recebemos o salário mensal, as representações desses estímulos são rapidamente atualizadas de acordo com o valor da recompensa recebida. Se esperamos conseguir uma mesada de US$ 100, mas conseguimos US$ 110, o valor maior de nossa mesada se refletirá na atividade do corpo estriado. Se o filé estiver um pouco ressecado, o valor menor será monitorado para que na próxima vez que formos comer filé nossas expectativas não sejam tão altas quanto antes.

Os resultados das neuroimagens mostraram que, embora os participantes imaginassem férias, a atividade no núcleo caudado correlacionava-se com suas expectativas de quão bem se sentiriam se passassem as férias nos vários destinos. Quando se imaginavam indo para um destino altamente desejado, como a Grécia ou a Tailândia, o sinal no núcleo caudado era mais intenso do que quando imaginavam um destino menos desejado, como Sheffield ou Ohio (sem ofensas). Depois que uma decisão era tomada, o núcleo caudado atualizava rapidamente um sinal que representava o prazer esperado. Se, inicialmente, o núcleo caudado anunciava "pense em uma coisa ótima" enquanto a Grécia e a Tailândia eram imaginadas, depois que a Grécia era escolhida em vez da Tailândia era anunciado "imagine uma coisa inesquecível!" para a Grécia e apenas "pense em alguma coisa boa" para a Tailândia. Isso parece sugerir que nossa verdadeira resposta hedonista a um estímulo é modificada por um simples comprometimento com ele.

O poder da intervenção

O interessante é que, a fim de valorizar mais alguma coisa depois de nos comprometer com ela, precisamos ser os responsáveis pela decisão. Quando outra pessoa faz a escolha por nós, a mudança no valor não é observada. Por exemplo, voltemos ao estudo que envolveu os macacos. Se o pesquisador apresentava primeiro um M&M amarelo ao macaco e depois um azul e em seguida desse ao macaco o M&M amarelo, o macaco não valorizaria o amarelo mais do que antes ou o azul menos. Em outras palavras, os macacos não reavaliariam suas opções depois da escolha se a decisão não fosse tomada por eles. No entanto, se os pesquisadores enganassem os macacos e os fizessem acreditar que tinham feito a escolha quando isso na verdade não acontecera, os macacos mostrariam a mesma tendência de reavaliação.[6]

Como os inteligentes pesquisadores de Yale enganaram os macacos para que acreditassem que estavam fazendo escolhas quando na verdade não estavam? Eles mostraram aos macacos um M&M amarelo e um azul. Depois, fingiram colocar ambos em uma caixa opaca e fizeram com que os macacos enfiassem o braço na caixa e apanhassem um M&M sem olhar. Sem o conhecimento dos macacos, os pesquisadores não colocavam realmente M&Ms de cores diferentes na caixa. Punham apenas M&Ms de uma cor (digamos, azul). Assim, embora os macacos acreditassem que estavam escolhendo o M&M amarelo ou o azul, não tinham outra escolha, pois havia apenas pastilhas azuis na caixa. No entanto, tão logo apanhavam o M&M azul da caixa, os macacos o preferiam ao amarelo.

Você pode argumentar que macacos são, bem, macacos, mas com certeza seres humanos não podem ser levados a acreditar que preferem alguma coisa que pensam que escolheram quando, na verdade, não escolheram. Ou podem?

Minha aluna Cristina Velasquez e eu decidimos ver se podíamos fazer alunos inteligentes na University College London preferir um destino de férias no lugar de outro, apenas fazendo-os pensar que o tinham escolhido quando, de fato, nosso programa de computador o selecionara aleatoriamente para eles.[7] Primeiro, fizemos os voluntários classificarem o quão felizes seriam se passassem as férias em alguns lugares. Depois combinamos destinos de férias avaliados igualmente e dissemos aos voluntários que tinham de escolher entre si. No entanto — e aqui vem a parte do engano — dissemos aos nossos participantes que seriam apresentados às duas opções de maneira subliminar. Dissemos que as opções seriam apresentadas muito rapidamente, apenas durante milésimos de segundos, e que seriam mascaradas por uma fileira de símbolos aleatórios. Assim, em vez de ver algo como "Grécia/Tailândia" na tela, os voluntários veriam algo como "*%%^/***&^" e teriam de escolher entre a primeira opção e a segunda. Dissemos aos nossos voluntários que, embora a apresentação das opções fosse mascarada e mostrada depressa demais para ser processada conscientemente, eles deveriam ser capazes de escolher entre as alternativas de maneira subconsciente e, assim, tomar uma decisão baseada na preferência.

Era mentira. Não apresentamos realmente as opções, nem mesmo por alguns milissegundos; exibimos apenas os símbolos aleatórios. Depois que um dos pesquisados fez sua escolha (digamos que ele preferiu a primeira opção em resposta ao "*%%^/***&^"), revelamos as verdadeiras identidades das opções: "Grécia/Tailândia." Agora o voluntário acreditava que tinha selecionado a Grécia, e não a Tailândia, quando, de fato, a escolha tinha sido aleatória.

No entanto, depois de fazer essas seleções, os participantes classificaram a opção "escolhida" com uma nota mais alta do que antes do estágio da tomada de decisão. Os participantes agora indicavam acreditar que seriam mais felizes se passassem férias na Grécia do que na Tailândia, embora antes as duas opções tivessem tido a mesma avaliação. Mais uma vez, a mudança nas avaliações era observada apenas se os participantes acreditassem que eles mesmos fizeram as escolhas. Se lhes dizíamos que o computador as selecionara para eles, não reavaliavam as opções feitas depois da escolha.

O que esses experimentos nos dizem é que, quando você seleciona alguma coisa — mesmo que seja uma escolha hipotética, mesmo se é alguma coisa que você já tem, mesmo que não a tenha realmente escolhido, mas acredite tê-lo feito —, você a valorizará mais. Do setor de vendas a varejo ao lugar de trabalho, passando pela nossa vida pessoal, as implicações desse fenômeno são extraordinárias. Imagine o seguinte cenário: um empregado talentoso é abordado por uma empresa concorrente, que tenta recrutá-lo e afastá-lo do seu cargo atual. Ele recebe uma oferta muito boa, sobre a qual reflete durante algum tempo, mas no fim decide permanecer em seu emprego atual. Meu palpite é que, embora o empregado tenha decidido permanecer no mesmo emprego, com o mesmo salário, os mesmos benefícios e os mesmos colegas de trabalho e nada tenha mudado objetivamente, ele agora valorizará um pouco mais seu emprego do que antes, apenas porque o escolheu novamente.

Vejamos outro exemplo: o café perto de minha casa faz uma promoção especial. Se você tomar café antes das 11h, ganha uma fruta ou um *croissant* — você escolhe. Seja por culpa ou pelo fato de, por mais estranho que pareça, eu não ser lá muito fã de *croissant* (se você me desse um *brownie,* a coisa mudaria de figura!), escolho uma maçã. Fico muito feliz com minha maçã grátis toda manhã. Prefiro uma maçã verde do tipo Granny Smith. Eu estaria tão feliz se o café oferecesse apenas os *croissants*?

Provavelmente não. Não é surpresa, porém, pois acabei de lhe dizer que prefiro maçã. E se oferecesse apenas maçã — sem direito de escolha? Eu estaria tão feliz com minha maçã grátis se a recebesse simplesmente, sem que me fosse oferecida outra opção? Desconfio que não ficaria igualmente satisfeita se recebesse uma maçã e não tivesse escolha. Estou mais contente com minha maçã depois de escolhê-la em vez de optar pelo *croissant*, a banana ou a laranja. Em ambos os casos, acabo com a mesma maçã, mas o fato de ter ponderado as alternativas e selecionado a maçã a torna ligeiramente mais saborosa.

Conclusão? Se você quiser aumentar o comprometimento de seus empregados com sua empresa, a dedicação dos seus alunos aos estudos, o valor que seus clientes atribuem ao serviço que você oferece, lembre-lhes a decisão de trabalhar nessa empresa, de estudar na universidade escolhida e de usar os serviços oferecidos. Uma companhia aérea que costumo usar faz exatamente isso. No fim de cada voo, o piloto diz no alto-falante: "Sabemos que vocês têm muitas opções quando planejam suas viagens e agradecemos por terem nos escolhido. Esperamos vê-los novamente em breve, em outro de nossos voos." Na mesma hora, convenço-me de que, como escolhi essa companhia aérea, ela deve ser melhor do que as outras e que provavelmente, da próxima vez em que viajar, a melhor coisa que devo fazer é escolhê-la novamente.

A instituição do casamento permaneceu tão popular até hoje porque as pessoas valorizam mais o(a) cônjuge depois de se comprometer oficialmente com ele ou ela? A mesma pessoa que você conheceu e com quem possivelmente viveu durante muitos anos pode parecer um pouquinho mais digna de seu amor depois que você escolheu oficialmente passar o resto da vida com ele(a). Não tenho dados sobre esse assunto específico, mas, se você pedisse às pessoas para classificarem seus cônjuges antes do casamento e novamente logo depois, eu diria que as notas subiriam. É claro que essas notas podem diminuir com o tempo; de outro modo, os índices de divórcio não seriam tão altos quanto o são. Essa queda poderia, entretanto, ocorrer porque, com o passar do tempo, os dois cônjuges mudam. Por exemplo, a mulher às vezes sente que a pessoa a seu lado não é mais aquela que escolheu anos antes. Pode sentir também que já não é mais a mesma pessoa que fez a escolha original. À medida que o tempo passa, a sensação de propriedade da decisão pode evaporar e surgir a necessidade de tomar uma nova.

O Dr. H. Wallace Goddard, especialista em relacionamentos, parece concordar: "Fortalecer e manter o compromisso no casamento envolve uma escolha diária e contínua na qual escolhemos o mesmo parceiro de casamento várias e várias vezes."[8] O Dr. Goddard não oferece um motivo pelo qual acredita que escolher nosso parceiro novamente todas as manhãs nos deixará mais felizes no relacionamento. Mas você provavelmente já deve ter adivinhado. Sempre que tomamos essa decisão, mesmo se for de alguma maneira hipotética, o valor de nosso parceiro aumenta ligeiramente.

Por que as decisões alteram a preferência

Por que valorizamos mais as coisas depois que as escolhemos? O que realmente estimula a tendência de reavaliar as alternativas depois que tomamos uma decisão? Como é que antes de comprar um carro novo ou um sapato novo conseguimos passar horas na concessionária ou na loja reavaliando as opções, indo e vindo entre as duas que gostamos mais? Entretanto, assim que saímos da loja com a nova compra, sentimo-nos genuinamente felizes. Realmente acreditamos que nosso novo par de sapatos vermelhos é muito mais adequado às nossas necessidades do que os sapatos pretos, ou que o Mini Cooper nos fará mais felizes do que uma caminhonete.

Para explicar isso, o psicólogo Leon Festinger apresentou o que se tornou uma das teorias mais proeminentes na psicologia — a *teoria da dissonância cognitiva*.[9] Segundo essa teoria, ter de fazer uma escolha entre duas alternativas similarmente desejáveis provoca desconforto psicológico. Isso porque a decisão conflita com os aspectos desejáveis da alternativa rejeitada e com os aspectos indesejáveis da alternativa selecionada. Se você decide comprar um Mini Cooper em vez da caminhonete, essa decisão se choca com o fato de que a caminhonete tem lugar para seus filhos, enquanto o Mini Cooper não tem. De acordo com a teoria da dissonância cognitiva, ao reavaliar as opções depois da escolha, de uma maneira que seja coerente com a sua decisão, a tensão psicológica se reduz. Assim, depois de fechar o negócio para comprar o Mini Cooper, você pode dizer a si mesmo que o carro o fará sentir-se jovem, que será mais fácil encontrar uma vaga para estacionar na cidade e que é melhor para o meio ambiente em comparação com uma caminhonete grande.

Há hipóteses que competem com a teoria da dissonância cognitiva. A principal é conhecida como *teoria da autopercepção*.[10] De acordo com essa teoria, as pessoas observam suas escolhas para deduzir suas preferências. Em outras palavras, posso concluir que, se comprei um par de sapatos vermelhos, isso deve significar que os prefiro aos pretos. Talvez nem me lembre das razões que me levaram a escolhê-los. No entanto, o fato de ter acabado de investir um bom dinheiro neles significa que gosto muito deles. Como o outro par ainda está na prateleira, concluo que não o queria tanto. Resultado? Minha avaliação dos sapatos vermelhos escolhidos é incrementada e a dos sapatos pretos rejeitados é diminuída.

Uma diferença importante entre a teoria da autopercepção e a da dissonância cognitiva é que, de acordo com a última, um sentimento de entusiasmo negativo é o segredo para orientar as mudanças de preferência. Por outro lado, a teoria da autopercepção afirma que o sentimento negativo não é necessário. Essa diferença crucial significa que os psicólogos podem manipular o sentimento de entusiasmo negativo e testar diretamente as duas teorias. Acontece que, quando o entusiasmo fisiológico não é produzido durante a tomada de decisão, não se observam mudanças de preferência. Isso não é tudo. Quando o entusiasmo negativo é produzido, mas as pessoas o atribuem equivocadamente a alguma outra coisa, e não ao processo de tomada de decisão, a reavaliação das opções não ocorre. Por exemplo, quando os participantes de um estudo recebiam uma pílula um pouco antes de tomar uma decisão difícil e lhes diziam que ela poderia deixá-los doentes facilmente (na verdade, era apenas vitamina C), eles não mudaram suas preferências pós-escolha. Embora os participantes do estudo sentissem um entusiasmo psicológico negativo quando tomavam uma decisão difícil, eles presumiram equivocadamente que o entusiasmo devia-se à pílula. Assim, não tinham necessidade de mudar suas preferências e reduzir o entusiasmo negativo.[11]

Há outro motivo em potencial para o fenômeno. Se me oferecessem férias no Brasil e na Sicília, eu ficaria bastante entusiasmada e classificaria as duas opções com notas altas na escala da qualidade de ser desejável, sem refletir muito sobre o caso. No entanto, se eu tivesse de escolher entre um desses dois destinos, seria forçada a refletir sobre as alternativas mais minuciosamente. Antes, férias no Brasil me fariam pensar apenas em relaxamento, praia e sol. No entanto, depois que me pediram para decidir entre Brasil e Sicília, meus pensamentos a respeito de férias no Brasil seriam "praia e sol, mas difícil de chegar até lá", enquanto que a Sicília seria "sol a apenas algumas horas de voo de Londres!". Tomar uma decisão difícil faz com que as pessoas pensem um pouco mais sobre as vantagens e desvantagens das alternativas. Destaca os aspectos únicos das opções (como o tempo de viagem no caso do Brasil e Sicília), o que pode não ter sido levado totalmente em conta antes.

Previsão e manipulação das escolhas

Mas, para começo de conversa, será que as duas opções alguma vez são realmente iguais? Ou diferenças pre-existentes na preferência levam uma decisão para um lado ou outro? Você talvez saiba o que quero dizer se já tiver passado noites em claro a ponderar uma decisão importante (mudar-se para outra cidade, trocar de emprego, casar-se, divorciar-se) e, no fim, tomar a decisão que, de algum modo, sempre soube que tomaria. Muitas vezes temos uma intuição sobre o caminho que seguiremos — é como se, por dentro, soubéssemos. No entanto, quando os riscos são altos, muitas vezes acreditamos que devemos ponderar cuidadosamente nossas opções antes de agir. Ao fazer isso, tentamos aumentar nossa confiança em nossas escolhas. Em alguns casos, os valores das opções são tão semelhantes que essas diferenças na preferência nem mesmo são acessíveis conscientemente. Será que a atividade cerebral pode distingui-las?

Embora meus colegas e eu não tivéssemos a intenção de responder a essa pergunta, foi exatamente isso que descobrimos quando examinamos os dados das imagens cerebrais que obtivemos. Descobrimos que, quando nossos voluntários imaginavam destinos de férias diferentes, sua atividade cerebral previa que destino eles escolheriam mais adiante. Isso antes mesmo de eles saberem que lhes pediriam para fazer escolhas. Por exemplo, embora Mary, uma das voluntárias, indicasse que sentia que a Grécia e a Tailândia eram destinos de férias igualmente desejáveis, seu núcleo caudado contava uma história diferente. A atividade em seu núcleo caudado intensificava-se ligeiramente mais quando ela se imaginava de férias na Tailândia do que quando pensava ir para a Grécia, o que sugeria sua preferência pela Tailândia e não pela Grécia. De fato, quando chegou a hora de tomar uma decisão, Mary escolheu a Tailândia. Depois de tomar essa decisão, sua ligeira preferência pela Tailândia se intensificou.

O que tudo isso significa? As descobertas sugerem que, quando somos forçados a escolher entre alternativas que dizemos valorizar igualmente, a decisão não é, de fato, nem um pouco arbitrária. Nossas escolhas são determinadas por uma diferença no valor que nem sempre pode ser expressa em palavras, mas que pode ser detectada quando se examina a atividade cerebral.

Antes que você se anime demais e corra para a clínica de ressonância magnética funcional mais próxima para perguntar a seu núcleo caudado se deve comprar a *scooter* azul ou a amarela, aceitar aquela oferta de emprego na Flórida ou preparar almôndegas ou massa para o jantar (talvez ambas), terei de refrear seu entusiasmo — a tecnologia da ressonância magnética funcional não é capaz de ler sua mente. O que nossas descobertas mostram é que, em média, a atividade gravada por um aparelho de ressonância magnética pode indicar com uma precisão que é maior do que o acaso quais escolhas os participantes provavelmente farão. No entanto, isso só é possível quando se calcula a média entre muitas decisões e sobre a atividade obtida de muitos participantes. A razão sinal-ruído do ímã não permite previsões exatas com base em testes. No momento, e provavelmente ainda durante muitos anos, você terá de procurar as respostas dentro de si.

Mesmo assim, se podemos prever *em média* as escolhas que as pessoas farão ao gravar a atividade no núcleo caudado enquanto elas consideram as opções, poderíamos (em média) mudar suas decisões e alterar esse sinal? Poderíamos modificar o prazer que esperam das alternativas? A lógica simples sugere que devemos ser capazes de fazê-lo. Meus colegas, Tamara Shiner e Ray Dolan, e eu decidimos tentar manipular as expectativas de nossos voluntários e modular a atividade cerebral enquanto consideravam seus planos de férias.[12] Existem algumas maneiras de alterar os processos neurais. Poderíamos usar a estimulação cerebral profunda. Isso envolve a implantação de um "marca-passo cerebral", que envia impulsos elétricos a estruturas cerebrais especiais e modifica sua atividade de uma maneira controlada. Esse método tem sido usado para ajudar pacientes com doença de Parkinson além de pessoas com dores crônicas, e recentemente se mostrou eficaz no tratamento da depressão (vide Capítulo 6). Outro método é a estimulação magnética transcraniana (EMT), na qual fracas correntes elétricas são induzidas no tecido cerebral e modificam rapidamente os campos magnéticos de maneira não invasiva. Nós, no entanto, optamos por um método antiquado. Não implantaríamos um marca-passo cerebral nem induziríamos correntes elétricas; usaríamos a manipulação farmacológica mais tradicional.

Com base em nosso estudo de imagens cerebrais, sabíamos que a atividade no núcleo caudado durante o processo de imaginar alternativas específicas rastreava as expectativas de prazer e previa as escolhas que os participantes fariam em seguida. Acreditávamos que essa atividade refletia a função da dopamina, pois os *inputs* dopaminérgicos no núcleo caudado são densos. A dopamina é um neurotransmissor necessário para o aprendizado e o processamento de diversos tipos de recompensa, como comida, sexo e dinheiro.

A fim de manipular a atividade no núcleo caudado, alteraríamos a função da dopamina no cérebro de nossos participantes enquanto eles pensavam sobre as alternativas de férias. Fizemos isso ao administrar aos participantes L-dopa, um aminoácido de ocorrência natural encontrado nos alimentos que, no cérebro, é transformado em dopamina. O L-dopa costuma ser usado em pacientes de Parkinson, que têm níveis baixos de dopamina em decorrência da doença. Quando se usam doses baixas (como as que administramos), não há efeitos colaterais significativos. Nos Estados Unidos, os suplementos de fitoterápicos com L-dopa são vendidos sem receita médica.

Quando nossos voluntários chegavam ao laboratório, a primeira coisa que fazíamos era pedir que classificassem o quão felizes ficariam se fossem passar as férias em oitenta destinos diferentes. Em seguida, pedíamos que imaginassem as férias em metade dos destinos depois da administração de um placebo (vitamina C). Os participantes não sabiam o que era o quê. Então eles eram enviados de volta para casa e solicitados a retornar no dia seguinte. Quando voltavam, 24 horas depois, pedíamos que escolhessem entre pares de destinos aos quais haviam atribuído originalmente a mesma nota e depois eram solicitados a classificar todos os destinos novamente.

Será que o L-dopa mudaria o prazer esperado dos voluntários com as férias imaginadas? Mudou. Os participantes classificaram os destinos que tinham imaginado sob o efeito do L-dopa com notas mais altas depois da manipulação, em comparação com que fizeram antes. Por exemplo: se classificaram Roma com um 5 ("eu ficaria muito feliz") quando foram pela primeira vez ao laboratório, e depois, sob a influência do L-dopa, imaginavam ir a Roma, o mais provável era classificarem Roma com um 6 ("eu ficaria extremamente feliz") no dia seguinte. Não é surpresa que as notas dos destinos de férias que imaginaram sob o efeito da vitamina C não tenham mudado do primeiro para o segundo dia.

Será que os participantes da pesquisa também estariam mais propensos a escolher os destinos que imaginaram sob a influência do L-dopa e não os que imaginaram sob a influência da vitamina C? Embora esse efeito não fosse muito grande, a resposta é sim. A maioria dos participantes (67%) selecionou mais destinos imaginados sob a influência do L-dopa do que sob a influência do placebo. Como o L-dopa tinha aumentado o prazer esperado das férias, os participantes ficavam mais inclinados a escolhê-los em detrimento dos outros.

A sociedade moderna nos impõe cada vez mais escolhas. Ao contrário de nossos ancestrais, muitos de nós podem escolher, entre um número infinito de possibilidades, onde viver, com quem casar, que profissão seguir, o que comer e como passar o tempo livre. Os neurônios no núcleo caudado que são sensíveis à dopamina sinalizam o valor previsto das diferentes opções. Com o uso desses sinais, podemos aprender sobre as escolhas que as pessoas provavelmente farão mais adiante.

Depois de fazer a escolha, a decisão muda nosso prazer estimado, aumenta a satisfação esperada da opção selecionada e reduz o prazer esperado da opção rejeitada. Se não estávamos inclinados a modificar rapidamente o valor de nossas opções para que coincidissem com nossas escolhas, provavelmente iríamos tentar adivinhar nossas próprias escolhas até o ponto de insanidade. Perguntaríamos a nós mesmos várias e várias vezes se deveríamos ter escolhido a Grécia e não a Tailândia; a torradeira em vez da cafeteira; e Jenny em vez de Michele. Tentar adivinhar consistentemente nossas atitudes interferiria com nosso funcionamento diário e causaria um efeito negativo. Ficaríamos ansiosos e confusos, arrependidos e tristes. Será que fizemos a coisa certa? Deveríamos mudar de ideia? Esses pensamentos provocariam uma paralisia permanente. Ficaríamos presos, sobrecarregados pela indecisão e incapazes de seguir em frente. Por outro lado, reavaliar nossas alternativas depois de tomar uma decisão aumenta o nosso comprometimento com o caminho escolhido e nos faz seguir adiante.

Depois de muito ponderar, Tim finalmente decidiu passar as férias de fim de ano na Costa Rica. Ele já se imagina relaxando nas magníficas praias arenosas, encontrando macacos amantes de M&Ms na selva e surfando no oceano Pacífico. Essas imagens estimulam uma explosão de ativação de neurônios dopaminérgicos em seu núcleo caudado. Sim, ele espera se divertir adoidado.

CAPÍTULO 9

AS LEMBRANÇAS DOS ATENTADOS DE 11 DE SETEMBRO SÃO TÃO PRECISAS QUANTO PARECEM?

Como a emoção muda nosso passado

Na sexta-feira, 14 de abril de 1865, *Our American Cousin*, uma comédia em três atos de Tom Taylor, estava em cartaz no Ford's Theatre, em Washington, D.C. A peça contava a história de um jovem americano que cruza o oceano para reclamar sua herança de ricos parentes ingleses. Na plateia naquela noite estavam o major Henry Rathbone, um oficial e diplomata, e sua noiva, Clara Harris. Ao lado deles estavam Mary Todd Lincoln e seu marido, o presidente Abraham Lincoln.

Todos usavam trajes adequados à ocasião, as damas com seus belos vestidos, os cavalheiros com seus ternos elegantes. Ninguém poderia prever as tragédias que se sucederiam. No caso do major, a insanidade estava à espreita; no caso de Clara, uma morte violenta provocada por seu futuro marido. Enquanto no caso de Clara e Henry a loucura e o assassinato só viriam a ocorrer dali a alguns anos, no caso de Mary e Abraham aquela seria a última noite que passariam juntos. Às 22:15, John Wilkes Booth pisou no camarote presidencial e atirou no marido de Mary. O riso dos espectadores foi interrompido pelos gritos dela. O presidente Abraham Lincoln foi gravemente ferido. Morreu na manhã seguinte.[1]

Se o assassinato tivesse ocorrido no século XXI, todos se apressariam a sacar o celular para documentar o incidente. Dentro de poucas horas, imagens do caos dentro do teatro seriam levadas ao ar nos principais telejornais. O mundo teria tido uma imagem clara do evento naquele mesmo dia. Entretanto, naquele tempo, sem internet, TV, mensagens, fax ou mesmo notícias de rádio, as notícias viajavam lentamente.

> Meu pai e eu estávamos a caminho de Augusta, no estado do Maine, para comprar as coisas necessárias para minha formatura. Quando passamos por uma colina íngreme perto da cidade, sentimos que havia algo errado. Todos pareciam tristes e havia uma sensação tão ruim no ar que meu pai parou o cavalo, inclinou-se na charrete e perguntou: 'O que houve, meus amigos? O que aconteceu?' 'Vocês ainda não sabem?', foi a resposta. 'Lincoln foi assassinado.' As rédeas caíram das mãos trêmulas de meu pai e, com lágrimas a escorrerem dos olhos, ele ficou ali, imóvel. Estávamos longe de casa e havia muito a fazer; por isso se apressou e terminamos nosso trabalho da melhor maneira que nossos corações crivados de dor permitiram.

Essa citação foi extraída da primeira pesquisa do que hoje chamamos de *memórias de lampejo (flashbulb memories)*. Foi publicada em 1899 no *American Psychologist* por um cientista chamado F. W. Colgrove.[2]

Em seu trabalho, intitulado "Individual Memories", Colgrove descreveu as lembranças das pessoas ao tomarem conhecimento do assassinato do presidente Lincoln. Colgrove descobriu que a maioria das pessoas lembrava-se de detalhes impressionantes a respeito do que faziam e onde estavam quando souberam do assassinato do presidente Lincoln, mesmo anos depois do ocorrido. Os exemplos por ele apresentados contavam história de ocasiões e lugares diferentes, mas a experiência humana é extremamente familiar.

Um salto no tempo: sexta-feira, 22 de novembro de 1963, Dallas, Texas. Na limusine presidencial a caminho de Dealey Plaza estavam John Bowden Connally Jr., governador do Texas, e sua esposa, Nellie. Atrás deles estavam Jacqueline Kennedy e o marido, o presidente John F. Kennedy. Seria sua última viagem juntos. Às 12:30, de um prédio próximo, Lee Harvey Oswald atirou no marido de Jacqueline. Os vivas da multidão, animados pela visão de seu presidente e da primeira-dama, foram interrompidos pelos gritos dela. Trinta minutos depois, o presidente John F. Kennedy foi declarado morto.

As imagens do assassinato de Kennedy foram gravadas e documentadas. Fotógrafos e operadores de câmeras que acompanhavam o presidente em sua viagem pelo Texas capturaram os últimos momentos de Kennedy. Resultado: a investigação do incidente não se baseou apenas nas declarações das testemunhas oculares. No entanto, a fatal viagem de carro não foi transmitida ao vivo. Passaram-se alguns dias até que a filmagem do incidente fosse transmitida pela primeira vez, e, mesmo então, a veiculação das imagens foi local. A gravação visual mais completa do assassinato, feita por Abraham Zapruder, só foi exibida na televisão anos mais tarde.

No que se tornou um trabalho seminal na área, dois psicólogos de Harvard, Roger Brown e James Kulik, analisaram as lembranças que as pessoas tinham do momento em que souberam do assassinato de John F. Kennedy.[3] Como Colgrove, eles descobriram que as lembranças das pessoas ao saberem do incidente são extremamente detalhadas e vívidas. Perceberam que as lembranças das pessoas sobre esses acontecimentos chocantes costumavam incluir respostas às seguintes perguntas (veja se você consegue responder facilmente a essas mesmas perguntas sobre sua experiência em relação aos atentados de 11 de setembro de 2001): "Onde você estava?" "O que fazia?" "Quem lhe contou; como você descobriu?" "Como se sentiram as pessoas ao seu redor?" "Como você se sentiu?" "O que aconteceu depois?"

Na base de suas pesquisas, os dois psicólogos sugeriram que a natureza surpreendente e impactante desses acontecimentos públicos estimulou um mecanismo único que preservou o que havia acontecido naquele instante e produziu uma representação, parecida com uma fotografia, que eles denominaram *memória de lampejo*. Brown e Kulik presumiram que essas lembranças vívidas eram ricamente detalhadas. No entanto, não tinham como avaliar a validade real dessas lembranças e, mais tarde, revelou-se que estavam totalmente erradas.

Seu estudo fundamentava-se em uma análise das lembranças relatadas vários anos depois da morte de JFK. Eles não dispunham dos dados necessários para validar essas lembranças. Somente quando Ulric Neisser, professor da Universidade Cornell e membro da Academia Nacional de Ciências, comparou as memórias de lampejo com os autorrelatos coletados logo depois dos acontecimentos chocantes, é que a verdade veio à tona.

Em 28 de janeiro de 1986, a nave espacial *Challenger* explodiu no ar apenas 73 segundos depois da decolagem. O lançamento foi transmitido ao vivo pela CNN, e entre a tripulação estava a professora Christa McAuliffe, de New Hampshire. Ela era a primeira a ser enviada ao espaço como parte do projeto Professores no Espaço. A Nasa conseguira que alunos de escolas públicas assistissem ao lançamento da *Challenger* ao vivo pela televisão, e com isso milhares de crianças em idade escolar viram a explosão ao vivo. As imagens perturbadoras do desastre foram repetidas ao longo do dia pelas redes de televisão. Como houve vasta cobertura do incidente pelos meios de comunicação, 85% dos americanos souberam da explosão uma hora depois do acidente.

Menos de 24 horas depois, Neisser iniciou sua pesquisa sobre as memórias de lampejo relativas à explosão. Entrevistou estudantes universitários e perguntou-lhes onde estavam e o que faziam quando souberam do incidente. Trinta meses depois, voltou a fazer o mesmo. O que ele agora tinha era algo que Brown e Kulik jamais tiveram. Tinha os dados necessários para examinar a exatidão e a consistência das memórias de lampejo. Ao comparar os relatos iniciais das pessoas com suas lembranças dois anos e meio depois, ele poderia testar empiricamente se essas lembranças eram excepcionalmente resistentes ao esquecimento ou se apenas pareciam ser.

Suas descobertas foram impressionantes. Dos entrevistados, 25% erraram a respeito de cada detalhe de como souberam do desastre. Não havia absolutamente correspondência entre suas últimas lembranças de como tinham sabido da explosão e a maneira como o fato realmente se dera. Veja o relato inicial de um entrevistado sobre o de que se lembrava quando soube da explosão da *Challenger*:

> Eu estava na aula de religião e algumas pessoas entraram e começaram a falar sobre [o assunto]. Eu não sabia de nenhum detalhe, a não ser que a nave tinha explodido e que todos os alunos da professora estavam assistindo, o que achei muito triste. Então depois da aula fui para meu quarto e assisti ao programa de televisão que falava sobre o fato e soube ali de todos os detalhes.

Trinta meses depois, é assim que o mesmo indivíduo se recorda de como soube da explosão:

Quando soube da explosão pela primeira vez, eu estava no dormitório da universidade com meu colega de quarto e assistíamos à TV. Apareceu uma notícia de última hora e ficamos, ambos, totalmente chocados. Eu fiquei arrasado, subi para falar com um amigo e depois liguei para meus pais.[4]

Nem todos se saíram tão mal. Metade dos alunos errou em cerca de dois terços do que se lembravam. Apenas 7% dos entrevistados receberam notas perfeitas — suas lembranças da explosão da *Challenger* trinta meses depois e seus relatos iniciais foram idênticos. Ainda mais surpreendente foi o fato de quase todos os participantes estarem certos de que se lembravam dos acontecimentos com exatidão. Em uma escala de 1 (não estar nem um pouco confiante sobre a exatidão da lembrança) a 5 (estar 100% confiante de que a lembrança era uma representação exata do que havia ocorrido), a menor classificação de confiança média dos entrevistados foi de impressionantes 4,17. Em outras palavras, os alunos estavam completamente convencidos de que suas recordações eram precisas. Além disso, não havia absolutamente correlação entre a exatidão da lembrança e a confiança com a qual ela era mantida. Isso significa que, em muitos casos, as pessoas estavam certas sobre suas lembranças quando, na realidade, essas memórias eram inteiramente falsas.

O inovador estudo de Neisser mostrou que as memórias de lampejo assemelham-se menos a fotos em

Polaroid e mais a fotografias retocadas no Photoshop várias e várias vezes. A foto retocada poderia remeter à imagem original, mas deixou de ser uma representação exata do que fora capturado inicialmente. Embora os resultados de Neisser mostrem claramente que as memórias de lampejo não devem ser consideradas réplicas exatas do acontecimento retratado, uma pergunta permanece em aberto: elas são melhores na representação das ocorrências originais do que as lembranças dos acontecimentos mundanos do dia a dia? Embora não sejam lembranças completamente exatas, nós nos recordamos mais dos acontecimentos dos atentados de 11 de setembro do que do jantar de ontem?

Estar lá é importante

Naquela manhã de terça-feira, em setembro, acordei sonolenta e fiz café. Faltava mais ou menos uma hora para a minha primeira aula. Da única janela em meu minúsculo apartamento na Rua 16 pude ver que o dia estava lindo. Alguns minutos mais tarde, um amigo me ligou. Ele já estava no trabalho, no centro da cidade. Aparentemente, um avião havia batido no World Trade Center. Liguei a TV para ver o que acontecia. No programa *Today*, imagens da torre esfumaçada eram transmitidas. Não estava claro o que acabara de acontecer. Especulava-se que um pequeno avião havia se chocado acidentalmente contra a Torre Norte. No outro lado da linha, meu amigo, piloto licenciado, dizia que aquilo era impossível.

"É impossível um avião se chocar por engano contra um prédio de quase 3.600m² com mais de 415 metros de altura", disse, "certamente não em um dia com tanta visibilidade quanto a de hoje."

O que aconteceu nas horas seguintes é bastante confuso. Só posso presumir que continuei a acompanhar as notícias pela TV enquanto o segundo avião se dirigia à Torre Sul. A próxima coisa de que me lembro foi de ver, horrorizada, ao vivo, pela televisão, a Torre Sul desabar. Depois de uns 20 minutos, sem saber o que fazer, me arrisquei a ir até a rua.

Evidentemente, eu não estava preparada para o que me aguardava lá embaixo. Havia uma multidão que caminhava para o norte ao longo da Sexta Avenida e se afastava das torres. Muitos estavam cobertos de poeira, ainda com roupas que havia poucas horas estavam limpas — homens carregavam pastas, mulheres com elegantes sapatos de salto alto. Longas filas se formavam perto das cabines de telefone, pois os celulares já não mais funcionavam (as linhas convencionais logo também deixariam de funcionar). E então todos nós vimos quando a Torre Norte desabou.

O desabamento da segunda torre me surpreendeu. Eu assistira à primeira torre desaparecer uns 30 minutos antes na TV; sabia também que as duas torres tinham sido atingidas por aviões comerciais de maneira semelhante. Não é preciso ser cientista para somar dois mais dois; a segunda torre provavelmente iria cair. No entanto, fui incapaz de adivinhar o que viria em seguida. (Seria apenas mais um exemplo da tendência humana de não acreditar na pior situação possível? Ou talvez a confusão tenha se instalado.) Na verdade, a nuvem de escombros se espalhou de tal modo que eu não tinha certeza do que testemunhava. A segunda torre caiu? Ou foi um edifício vizinho? Parecia que a estrutura em queda estava a apenas alguns metros de distância, embora eu estivesse a mais ou menos três quilômetros.

Muitos eventos importantes aconteceram durante o tempo em que vivi em Nova York, mas aquele breve momento às 10:28 de 11 de setembro de 2001 destaca-se de maneira em especial na minha mente: o desabamento da torre, a gritaria das pessoas ao redor, chocadas, o homem à minha direita, a mulher do outro lado da rua de vestido roxo, as nuvens de poeira e o sol quente. Nas palavras do "padrinho" da psicologia experimental, William James, "uma impressão pode ser tão impactante emocionalmente que quase deixa uma *cicatriz* nos tecidos cerebrais".[5] Parecia ser esse o caso. Ou não?

Embora você possa facilmente me convencer de que os detalhes das minhas lembranças sobre a última quarta-feira estejam errados, terá de se esforçar muito para me persuadir de que minhas recordações dos atentados de 11 de setembro, agora bem mais antigas, são inexatas. No entanto, estou a ponto de sugerir que podem ser.

Em 12 de setembro de 2001, os psicólogos Jennifer Talarico e David Rubin recrutaram 54 alunos da Universidade Duke e pediram-lhes que descrevessem suas experiências de quando souberam dos ataques terroristas. Não foi tudo; pediram também que descrevessem tudo que fizeram no dia anterior aos ataques, 10 de setembro de 2001. Isso lhes oferecia o que os psicólogos chamam de "condição de controle" — uma linha de base contra a qual podiam comparar a taxa de esquecimento das memórias de lampejo. Em 10 de setembro de 2001, dia anterior aos ataques, a maioria dos universitários teve um dia normal sem acontecimentos. Eles fizeram o que os estudantes universitários costumam fazer na segunda-feira — foram à aula, estudaram na biblioteca, lavaram roupa e beberam com amigos.

Alguns participantes do estudo foram convidados a voltar ao laboratório uma semana depois de fazerem os relatos iniciais para que suas lembranças pudessem ser testadas. Outros foram convidados a voltar 42 dias depois ou sete meses e meio mais tarde. Foram solicitados a descrever tudo de que se lembravam do 11 de setembro de 2001 e do dia anterior, 10 de setembro. Será que suas lembranças dos acontecimentos do dia a dia seriam diferentes das dos atentados de 11 de setembro? Eles as esqueceriam mais rapidamente? A resposta foi sim... e não.

Talarico e Rubin descobriram que as lembranças do momento em que souberam dos ataques terroristas em 11 de setembro foram esquecidas na mesma velocidade dos acontecimentos normais cotidianos.[6] Embora alguns detalhes fossem recordados com precisão meses depois de os fatos acontecerem, alguns eram esquecidos e outros lembrados sem exatidão. De um modo geral, os estudantes não se saíram melhor ao se lembrar do 11 de setembro de 2001 do que foram ao se recordar do 10 de setembro de 2001. No entanto, houve uma diferença importante entre as lembranças dos ataques terroristas e as das atividades cotidianas, como lavar roupa ou ir à aula. Não se tratava da exatidão objetiva da lembrança, e sim das qualidades *subjetivas* da memória.

Os estudantes estavam muito mais propensos a acreditar que os acontecimentos dos atentados de 11 de setembro ocorreram exatamente da maneira como os recordavam e não estavam dispostos a ser persuadidos a acreditar no contrário. Sua confiança em suas lembranças sobre os atentados de 11 de setembro não era apenas maior do que a confiança nas lembranças de 10 de setembro; eles também tinham recordações mais vívidas sobre os ataques terroristas do que sobre os outros eventos. Afirmaram estar mais propensos a reviver a experiência mais uma vez e sentiam como se voltassem no tempo até o 11 de setembro de 2001. Não tiveram a mesma experiência quando se lembravam de ir às aulas ou à academia no dia anterior.

Talarico e Rubin chegaram a conclusões muito parecidas àquelas obtidas por Neisser mais de uma década antes: as memórias de lampejo não são mais exatas do que as memórias "comuns", mas certamente parecem ser. Por que isso acontece? Para as recordações dos acontecimentos neutros, a exatidão da lembrança e nossa confiança nela costumam andar de mãos dadas. Por que, quando se trata das lembranças de acontecimentos cercados de grande emoção, como os atentados de 11 de setembro, a explosão de uma nave espacial ou o assassinato de um presidente, nossa confiança em nossas lembranças deixa de ser uma indicação adequada de sua validade? Para responder a essa pergunta, seria preciso examinar o funcionamento do cérebro humano.

Por sorte, meus colegas e eu estávamos no lugar certo para responder à pergunta. Em 2001, eu fazia uma pesquisa na Universidade de Nova York voltada para os efeitos da emoção sobre a memória. A NYU fica perto do Washington Square Park, no centro de Greenwich Village. Localizado no coração de uma das cidades mais estimulantes do mundo, o Village tem uma aura de cidade pequena. Além disso, fica a mais ou menos três quilômetros do Marco Zero.

Em 11 de setembro de 2001, o departamento ainda não tinha um aparelho de ressonância magnética funcional disponível para uso. O aparelho chegou mais ou menos um ano mais tarde, e aproximadamente três anos depois daquela manhã de terça-feira em setembro de 2001 iniciamos nossa pesquisa sobre os mecanismos neurais que mediam as memórias de lampejo. Queríamos descobrir se havia mecanismos neurais especiais envolvidos quando as pessoas recordavam acontecimentos pessoais do 11 de setembro em comparação com as lembranças que tinham de acontecimentos mais comuns. Para nosso estudo de imagens cerebrais, recrutamos pessoas que estavam em Manhattan no dia dos ataques e pedimos que se recordassem de sua experiência no dia do atentado enquanto escaneávamos seu cérebro. Com o uso de imagens cerebrais, fomos capazes de ver quais as partes do cérebro estavam envolvidas quando os participantes se recordaram daqueles terríveis acontecimentos.

Como acontecera com Talarico e Rubin, nós também precisávamos de uma condição de linha de base contra a qual pudéssemos comparar as lembranças sobre o atentado de 11 de setembro. Escolhemos contrastar as recordações sobre o atentado de 11 de setembro com as lembranças sobre o verão anterior. Assim, além de recordar os acontecimentos do 11 de setembro enquanto estavam no aparelho de ressonância magnética, as pessoas estudadas também foram solicitadas a lembrar os acontecimentos do verão de 2001. As lembranças dos participantes sobre os meses de verão muitas vezes eram de um estágio de verão, da participação em um curso de verão ou de uma viagem a um país estrangeiro. Eram acontecimentos especiais e memoráveis que nossos voluntários puderam recuperar três anos depois de terem ocorrido, mas não eram incidentes tão traumáticos ou altamente surpreendentes quanto os atentados.

Os participantes do estudo ficaram no aparelho de ressonância magnética funcional durante cerca de uma hora enquanto se recordavam de todos esses acontecimentos. Com o auxílio de um espelho colocado no aparelho, podiam ver uma tela de computador. Apresentamos dicas de palavras na tela para ajudá-los a suscitar lembranças específicas. Além disso, as palavras *setembro* ou *verão* surgiam na tela para indicar se deviam recuperar uma lembrança do 11 de setembro ou do verão anterior. Por exemplo, se apresentávamos a palavra *amigo* junto com a palavra *setembro*, o participante tinha de recuperar uma lembrança autobiográfica dos atentados de 11 de setembro relacionada a um amigo. Recuperaram cerca de sessenta lembranças. Quando terminavam, saíam do aparelho e se sentavam diante de um computador. Pedimos para se recordarem de todas as lembranças novamente; dessa vez, porém, tinham de digitá-las. Também perguntamos quão vívida estavam suas lembranças e quão confiantes se encontravam de que se recordariam dos acontecimentos exatamente como tinham ocorrido. Sentiam que viviam novamente os acontecimentos enquanto se recordavam deles? Como emocionalmente são despertadas as lembranças?

Esperávamos que as lembranças que as pessoas tinham sobre os atentados de 11 de setembro fossem mais vívidas, mas carregadas de emoção e mantidas com maior confiança do que as lembranças que tinham do verão anterior. No entanto, nossos dados contaram uma história diferente.[7] Apenas metade dos participantes do nosso estudo indicou que suas lembranças sobre os atentados de 11 de setembro eram mais vívidas, mais carregadas de emoção e mantidas com maior confiança do que as do verão anterior. Para os outros participantes, as lembranças sobre os atentados de 11 de setembro não eram diferentes das do verão anterior. O que distinguia esses dois grupos? Por que as lembranças do atentado de 11 de setembro da metade dos participantes tinham as qualidades das memórias de lampejo, enquanto as da outra metade não as tinham?

De acordo com o Pew Research Center for the People & the Press, 51% dos nova-iorquinos e 38% dos americanos em geral citaram os ataques terroristas dos atentados de 11 de setembro como o maior acontecimento de suas vidas pessoais em 2001.[8] É claro que você não precisava estar em Manhattan, nem mesmo nos Estados Unidos, no 11 de setembro para se lembrar daquele dia. Pessoas do mundo inteiro têm histórias pessoais sobre suas experiências com o fato — cada um tem uma versão própria do dia, e a maioria de nós já a narrou várias vezes. No entanto, o que estávamos a ponto de descobrir era que, quando se tratava da *qualidade subjetiva* das lembranças, importava se você estava a três quilômetros do Marco Zero ou a trinta mil quilômetros de distância quando o voo 11 da American Airlines se chocou com a Torre Norte do World Trade Center. Na verdade, fazia diferença até se você estava a três quilômetros ou a oito quilômetros de distância quando o fato ocorreu.

Como parte do estudo, solicitamos aos participantes que respondessem a um questionário sobre suas experiências pessoais no 11 de setembro. Entre outras perguntas, eles tinham de indicar o lugar exato em que estavam naquele dia, se conheciam alguém nas torres e como os ataques tinham afetado suas vidas pessoais. Conclusão: o que determinava a qualidade subjetiva das lembranças sobre o atentado de 11 de setembro era a distância exata que as pessoas estavam do World Trade Center na hora dos ataques.

Para as pessoas que estiveram, em média, a mais ou menos três quilômetros de distância do World Trade Center (no centro de Manhattan), as lembranças de suas experiências no 11 de setembro permaneciam excepcionalmente vívidas, e essas pessoas estavam muito confiantes sobre sua exatidão, muito mais do que a das lembranças sobre o verão anterior. No entanto, para as pessoas que estiveram, em média, a cerca de sete quilômetros de distância do World Trade Center no 11 de setembro (perto do Empire State Building), as recordações sobre aquele dia não pareciam muito diferentes das lembranças do grupo de controle. Embora todos os nossos voluntários estivessem em Manhattan no dia dos atentados, as recordações daqueles que se encontravam no centro de Manhattan, perto do World Trade Center, foram qualitativamente diferentes das recordações daqueles que estavam mais distantes do local do atentado.

O que diferia nas experiências desses dois grupos naquele dia que deixou "uma cicatriz nos tecidos cerebrais" de um grupo, mas não no outro? Apenas aqueles que estavam no centro puderam ver o desabamento das torres, ouvir as explosões, sentir o cheiro da fumaça. "Vi com meus próprios olhos: as torres se consumiam em chamas vermelhas, os barulhos e os gritos das pessoas", disse um voluntário. Aqueles que estavam perto do Marco Zero realmente participaram dos acontecimentos. Um dos relatos mais impressionantes obtidos em nossos estudos foi o de um homem chamado Matt que trabalhava em Wall Street no dia dos atentados.

> Eu me lembro de sair da estação do metrô de Wall Street e ver ao meu redor pedaços de papel que caíam do céu. Olhei para cima e vi a fumaça que se elevava sobre meu prédio. Cheguei ao meu escritório e ouvi um colega de trabalho relatar ter acabado de ver um avião se chocar com o World Trade Center. Decidimos sair para ver o que acontecia e ficamos na esquina da Broadway com a Liberty, diante do Liberty Park, olhando para o buraco enorme e as chamas

horríveis que engoliam o topo do edifício. Enquanto isso, o segundo avião voou em direção à Torre Sul. A explosão fez com que todos que estavam por ali se abaixassem automaticamente em busca de proteção, depois se virassem e corressem. Enquanto a massa fugia das torres em chamas e dos escombros que caíam, lembro-me de que uma senhora idosa foi derrubada perto de mim e de que pessoas tropeçavam nela. Enquanto eu corria como um robô pela Broadway, um carro de repente freou para não atingir um homem que atravessava a rua diante de mim e rompeu meu transe. Isso despertou minha atenção para o vasto mundo lá fora e, em vez de fugir cegamente da explosão, descobri alguns andaimes sob os quais eu poderia me abrigar para evitar os escombros que caíam e me proteger das pessoas que fugiam em busca de refúgio. Esperei ali, olhando as torres, até que a situação se acalmou um pouco e resolvi voltar ao meu escritório para dizer às pessoas que ainda estivessem lá para sair. Também me lembro de subir a Broadway com meu colega e cruzar TriBeCa em direção ao meu apartamento, no sentido oposto às torres. Lembro-me do barulho gigantesco ao lado da torre e das chamas contra o céu azul-claro. Lembro-me de que as pessoas na rua choravam, gritavam e ouviam o rádio dos carros. Recordo-me de, enquanto olhava fixamente para as torres, ouvir de um desses carros a notícia sobre os aviões que atingiram o Pentágono; foi quando começamos a ver as pessoas pularem do alto dos prédios. Vi quando cinco ou seis pessoas pularam e comecei a imaginar o que acontecia lá em cima para eles desejarem pular do 110º andar. Precisei desviar o olhar ao ouvir o grito de uma pessoa. Quando me virei, o edifício desabava em uma coluna de fumaça e escombros. Nunca vou me esquecer disso.

Podemos imaginar o impacto emocional de viver pessoalmente tais acontecimentos. Ficou muito claro que quanto mais distantes estivessem as pessoas, mais diferentes seriam as lembranças: menos carregadas de emoção e menos evidentes. As pessoas mais distantes do centro de Manhattan estavam longe demais para ver o avião se chocar com a torre ou a torre desabar. Souberam dos acontecimentos pelos amigos ou pelos meios de comunicação. "Eu estava no trabalho quando soube do ataque. Fui consultar a internet", declarou um dos entrevistados. Outro se recordou: "Lembro-me de assistir à cobertura das notícias na TV no Caffé Taci [mais acima, perto da Universidade de Columbia] e presumivelmente ouvir sons de explosões na TV."

Assim, enquanto os participantes do estudo que estavam no centro no dia dos atentados tiveram uma experiência pessoal direta com os ataques terroristas e relataram ter se sentido ameaçados, outros viveram os acontecimentos em segunda mão. As pessoas que estavam mais próximas das torres não só sentiam que suas lembranças eram mais vívidas, como também usaram mais palavras quando as descreviam e as apresentaram com maior riqueza de detalhes. Uma das participantes indicou essa divergência na experiência e seu impacto em sua vida pessoal:

> Foi frustrante tentar conversar sobre isso com meu namorado na Califórnia; simplesmente não havia maneira de ele entender nossas diferentes experiências sobre o

acontecimento e, portanto, nossas diferentes perspectivas. (...) Terminamos o namoro pouco tempo depois.

Não sei se essas lembranças são precisas. Não disponho de relatos pessoais obtidos no 11 de setembro com relação aos quais possa comparar essas recordações. Ao contrário de Talarico e Rubin, não tenho como dizer se ou como essas lembranças são diferentes das recordações dos acontecimentos do dia a dia, por exemplo, lavar a roupa. Posso, no entanto, relatar para as pessoas que estavam lá — e olhavam fixamente para as torres desabando e para as vítimas que saltavam rumo à morte — que as lembranças foram qualitativamente diferentes daquelas de outros acontecimentos memoráveis do passado. Ao contrário, para as pessoas que souberam do desabamento das torres pela internet ou pela televisão, suas recordações, embora vívidas, não eram tão diferentes das lembranças de um estágio que fizeram no verão ou da mudança para outra cidade.

Mudanças observadas no cérebro

Consultamos os dados de ressonâncias magnéticas funcionais que havíamos coletado para ver como essas diferenças eram transmitidas no cérebro. Será que a distância de um participante em relação às torres no dia dos atentados de 11 de setembro se expressou em uma diferença na ativação do cérebro três anos depois, quando esses acontecimentos foram recordados?

Durante a recordação identificamos dois padrões específicos de atividade cerebral que podiam nos fornecer uma pista para sabermos se alguém tinha estado muito próximo das torres em chamas ou a mais de alguns quilômetros de distância. Primeiro observamos mudanças claras na atividade da amígdala. Mencionei essa estrutura algumas vezes em capítulos anteriores. Quando os sistemas neurais envolvidos na mediação dos aspectos da emoção foram levados a sério pela primeira vez, em 1927, não se reconheceu a verdadeira importância da amígdala. Sua relevância para o medo e a ansiedade só foi sugerida no fim da década de 1930, quando dois pesquisadores, Heinrich Klüver e Paul Bucy, relataram que macacos com lesões no lóbulo temporal medial (onde se localiza a amígdala) não pareciam ter medo de nada.[9] Mas foi somente em 1956 que a amígdala foi identificada como o local da lesão específica que provocava esse déficit emocional.[10] Desde então, o papel da amígdala no processamento da emoção e na mediação da influência desta na memória tem sido amplamente estudado e documentado.[11]

Estudos feitos com animais mostram que a amígdala é especialmente importante para se expressar medo, assim como para aprender a respeito de estímulos perigosos. Por exemplo: diante de situações adversas, como tomar choques, os ratos ficam paralisados. Eles foram capazes de aprender rapidamente onde encontrariam os choques e, se tivessem a oportunidade, evitavam um cômodo no qual haviam tomado um choque anteriormente. No entanto, quando sofrem uma lesão na amígdala, eles não conseguem mais aprender a evitar esses lugares perigosos. Além disso, também não expressam medo (isso é, não ficam mais paralisados) quando são colocados em um cômodo no qual anteriormente levaram um choque.[12] Parece que as pobres criaturas não conseguem se lembrar dos acontecimentos traumáticos sem uma amígdala intacta e, assim, não são capazes de evitar o perigo.

Naquilo que diz respeito aos circuitos neurais das lembranças emocionais, somos um tanto semelhantes aos ratos. Quando enfrentamos uma situação carregada de emoção, como um acidente de carro ou um ataque físico, a amígdala humana reage ferozmente. Não só a amígdala influencia nossa reação emocional imediata à situação, como é fundamental para afetar de que modo as lembranças desses acontecimentos estimulantes são armazenadas a longo prazo. A amígdala modifica o armazenamento das lembranças tanto diretamente, ao projetar para outras estruturas cerebrais envolvidas na consolidação destas, como o hipocampo próximo, quanto indiretamente, por meio dos hormônios do estresse que amplificam a consolidação da memória.

Podemos pressupor que a amígdala das pessoas que estavam mais próximas das torres gêmeas do World Trade Center quando desabaram reagiram mais fortemente do que aquelas que assistiam aos acontecimentos pela televisão sentadas na sala de sua casa. Embora o mero fato de ouvirmos falar em acontecimentos públicos chocantes possa gerar emoção, a força dessa reação costuma variar de acordo com a experiência do indivíduo com os acontecimentos.

Os nova-iorquinos que se encontravam no centro da cidade no dia estavam no que chamamos de uma situação de "luta ou fuga". Quando você está diante do perigo, como um intruso em sua casa ou um urso na floresta, seus batimentos cardíacos se elevam; a respiração fica mais rápida — e você opta entre fugir da fonte do perigo ou enfrentá-la. Quanto mais perto as pessoas estavam das torres nos atentados de 11 de setembro, maior era o risco imediato para suas próprias vidas e, portanto, maior a necessidade de reagir rapidamente. No caso das pessoas que estavam extremamente perto das torres, como Matt, que participou de nosso estudo com ressonância magnética, a única reação possível era a fuga. Todos nós já vimos fotos que mostram multidões de pessoas em fuga das torres que desabavam na tentativa de escapar dos escombros e das enormes nuvens de poeira. Desconfio que os níveis do hormônio do estresse dessas pessoas estavam extremamente elevados, talvez mais do que jamais tinham estado, e esses níveis provavelmente se mantiveram elevados por bastante tempo.

Como as torres eram especialmente altas e a nuvem de poeira provocada pelos escombros era grande, as pessoas que se encontravam a alguns quilômetros de distância do Marco Zero se sentiram mais próximas das torres do que realmente estavam. Essa foi minha experiência ao assistir à Torre Norte desabar a cerca de 3 quilômetros de distância. Como já observara, a visibilidade era boa naquele dia, e as nuvens de poeira se espalharam para longe; portanto, minha percepção foi de que um edifício perto de onde eu estava desabava. Desconfio que minha amígdala sinalizava o perigo de maneira bastante intensa, ainda que certamente não tanto quanto a de Matt.

Mais ao norte, meu amigo que estava em seu escritório no meio da cidade podia ver a fumaça a distância e ouvir as ambulâncias e os carros de bombeiros em direção ao centro da cidade. Ele próprio pode ter se sentido em perigo, mas seu cérebro não indicava uma chamada urgente de fuga ou a necessidade de qualquer espécie de atitude imediata. Embora seus níveis do hormônio do estresse possam ter estado mais elevados do que o normal, provavelmente estavam muito longe dos níveis de estresse das pessoas em Wall Street ou mesmo daqueles da mulher de pé diante de mim na Rua 14.

No entanto, tudo isso é um palpite. Não tirei amostras de sangue das pessoas na cidade no 11 de setembro nem registrei a atividade de suas amígdalas naquele dia. No entanto, registrei a atividade da amígdala de Matt e as de mais 22 nova-iorquinos três anos depois. Com certeza, quando pedi para que relatassem suas próprias experiências nos ataques terroristas, as pessoas que estiveram no centro de Manhattan naquele dia, como Matt, mostraram maior atividade na amígdala do que as que estavam mais distantes. Quanto mais perto os participantes se encontravam das torres gêmeas, mais forte era a reação da amígdala quando recordavam os acontecimentos daquele dia. O sinal na amígdala estava diretamente ligado a quão fortes e vívidas os participantes sentiam ser suas lembranças dos atentados de 11 de setembro; quanto mais perto estiveram do Marco Zero, mais carregadas de emoção e vívidas eram suas lembranças e mais forte a reação da amígdala durante a recordação.

Nossos dados de imagens cerebrais revelaram outra pista importante de como a distância das pessoas das Torres Gêmeas naquele 11 de setembro afetava suas recordações. Quando o grupo que estava mais próximo do centro pensava sobre os atentados do 11 de setembro, seus participantes mostravam uma atividade mais baixa do que o normal no córtex para-hipocampal. Acredita-se que essa parte do cérebro esteja envolvida no processamento e no reconhecimento dos detalhes de uma cena visual. Os psicólogos tinham descoberto que, quando presenciamos um acontecimento carregado de emoção, nossa atenção está focada nos aspectos centrais (como as torres que desabavam) em detrimento dos detalhes periféricos (como as pessoas que estavam perto de nós). Resultado: a decodificação inadequada dos detalhes periféricos, o que causa um envolvimento menor do córtex para-hipocampal posterior durante a codificação e a recuperação das lembranças. Se os neurônios do córtex para-hipocampal são menos ativos durante a recordação de acontecimentos carregados de emoção e os neurônios da amígdala estão mais ativos, isso talvez explique por que, ao nos recordar de eventos chocantes, nos lembramos dos detalhes emocionais fundamentais e de nossos sentimentos na ocasião, mas nem sempre conseguimos fornecer detalhes exatos sobre o que aconteceu ao nosso redor.

Quando me lembro de estar na Sexta Avenida e de observar a grande nuvem de poeira que se aproximava de mim rapidamente, a sensação de confusão que vivi na ocasião retorna e sou rapidamente transportada de volta no tempo. Minha reação emocional durante a recordação cria um sentido de uma memória clara e vívida. A sensação de que a lembrança que tenho é autêntica pode ser parcialmente verdadeira. Eu poderia me lembrar com precisão da torre que desabava e de minha reação emocional ao fato, detalhes para os quais a recordação pode ser mediada pela amígdala, mas alguns outros detalhes que dependem mais da função do córtex para-hipocampal, tal como o vestido roxo da mulher do outro lado da rua, talvez sejam menos confiáveis.

É fundamental entender exatamente quais detalhes dos acontecimentos emocionais são mais bem lembrados do que os dos acontecimentos comuns e quais não são tão bem lembrados. Os cientistas esforçam-se para tentar resolver esse problema. Embora ainda não tenhamos respostas claras, sabemos que, quando se trata dos acontecimentos mais carregados de emoção de nossas vidas, nossa confiança em nossas lembranças não é uma indicação segura de sua precisão. Isso tem implicações importantes para o sistema legal, especialmente no que diz respeito à validade do testemunho ocular, que muitas vezes pode ser impreciso sem qualquer má intenção das testemunhas.

Vejamos, por exemplo, o caso da morte de Jean Charles de Menezes.[13] Em 22 de julho de 2005, Jean Charles foi morto a tiros por policiais da Polícia Metropolitana na estação do metrô de Stockwell, em Londres. No início, as testemunhas afirmaram que ele tinha pulado a roleta para fugir da polícia. Logo depois, ficou claro que não foi isso que acontecera. Jean Charles não tinha fugido da polícia nem pulado a roleta. Os relatos das testemunhas oculares foram inexatos em muitos aspectos. As recordações de como Jean Charles estava vestido, de exatamente como os oficiais reagiram e do número de tiros disparados contra ele foram inconsistentes. Mais tarde, soube-se que Jean Charles tinha sido confundido pela polícia com um suspeito nos bombardeios malsucedidos do dia anterior, quando na realidade ele era inocente. A história é complicada, pois a polícia não elaborou um relato preciso do evento, baseou-se em depoimentos absolutamente imprecisos das testemunhas. No fim, a verdade vazou para a imprensa e a polícia foi acusada de falsificar informações em defesa própria.

A função da memória é ser capaz de usar experiências passadas para nortear futuros pensamentos e ações. Se um acontecimento se destaca em nossas mentes e acreditamos que seja verdadeiro, vamos usá-lo como base de nossas ações sem nos importarmos com sua validade absoluta. Por exemplo: se você for violentamente atacado ao caminhar sozinho à noite pelo parque, provavelmente não entrará novamente em um parque desacompanhado depois que escurecer. Não importa se você se recorda exatamente de que parte do parque era, como era seu agressor ou a hora exata do ataque. O cérebro não tem capacidade de armazenar *todas* as informações. No entanto, é fundamental que você tenha uma lembrança confiante desse episódio para que sirva como um lembrete constante de que não se deve andar sozinho em locais ermos à noite.

No que diz respeito às nossas recordações, é importante que tenhamos lembranças vívidas do bom, do mau e do feio — mesmo que elas não sejam réplicas perfeitas dos eventos recordados. A criança precisa se lembrar da terrível sensação de queimadura que sente ao colocar a mão na porta do forno quente para não tentar pegar um bolinho (ou um pãozinho?) novamente. A lembrança vívida de ser reprovado nos leva a estudar mais para tirar uma boa nota na próxima prova, e a recordação de uma desilusão amorosa pode nos orientar em nossos próximos relacionamentos. Acreditar que podemos usar uma experiência negativa para aprender e melhorar no futuro pode, de fato, estimular o otimismo. As pessoas otimistas não são necessariamente aquelas que veem o *passado* com um viés positivo; tampouco são aquelas que têm um viés positivo em relação ao *presente*. São aquelas que veem o *futuro* com lentes cor-de-rosa *apesar* de todas as experiências decepcionantes que tiveram.

CAPÍTULO 10

POR QUE SOBREVIVER A UM CÂNCER É MELHOR DO QUE VENCER O TOUR DE FRANCE?

Como o cérebro transforma chumbo em ouro

O que você preferiria ser — o vencedor do Tour de France ou um sobrevivente do câncer? Acredito que você não precise de muito tempo para ponderar as duas opções. Deve imaginar que sou louca por ter feito uma pergunta ridícula como essa. É claro que, por mais difícil fisicamente que possa ser, você preferiria ser o campeão reconhecido da famosa corrida de bicicleta anual na França, na qual ciclistas percorrem cerca de 3.500 quilômetros em mais ou menos 23 dias. Não há dúvida de que ninguém escolheria submeter-se às terríveis sessões de quimioterapia — uma realidade para a maioria dos pacientes de câncer. No entanto, a verdade é que não estamos totalmente qualificados para responder a essa pergunta. Isso porque nenhum de nós já se viu diante dessas duas opções. O melhor que podemos fazer é tentar imaginar como seria sobreviver a um câncer e como seria vencer o Tour de France. A primeira opção evoca imagens de quartos de hospital, médicos, queda de cabelo, emagrecimento, fadiga, náuseas, dor, medo e tristeza. A segunda evoca sentimentos de alegria, animação, realização, fama e felicidade. Quão exatas são essas previsões? Há apenas um homem nesse planeta capaz de responder a essa pergunta. Seu nome é Lance Armstrong, sete vezes vencedor do Tour de France, que também sobreviveu a um câncer. Eis o que tem a dizer:

> A verdade é que, se você me pedisse para escolher entre vencer o Tour de France e sobreviver ao câncer, eu escolheria a última opção. Por mais estranho que pareça, prefiro ter o título de sobrevivente do câncer ao de vencedor do Tour de France pelo que o câncer fez por mim como ser humano, homem, marido, filho e pai.[1]

Lance Armstrong nasceu no Texas em 1971. Aos 12 anos, começou a participar de triatlos. Logo ficou claro que seu maior talento era o ciclismo. Embora tivesse sucesso como corredor no início da década de 1990, foi considerado pouco notável em comparação aos principais ciclistas de seu tempo. Foi então que, durante o Tour de France de 1996, Armstrong adoeceu de uma hora para a outra e parou de competir. Alguns meses depois, foi diagnosticado com câncer nos testículos. O câncer já havia se espalhado para o cérebro e os pulmões. Submeteu-se a uma cirurgia para retirar os tumores do cérebro e o testículo doente. Menos de dois anos depois do diagnóstico, Armstrong voltou ao ciclismo profissional, mais forte do que nunca. Em 1999, venceu seu primeiro Tour de France e continuou a fazê-lo durante seis anos consecutivos.

Mas será que Armstrong teria conseguido tudo isso se sua vida tivesse sido mais tranquila, sem os desafios impostos pelo câncer? Talvez. Ou ele poderia ter continuado a ser um atleta talentoso, mas não excepcional. Nunca saberemos. O que importa é o que Armstrong *acredita* que seria. Se você leu sua autobiografia, *Muito mais do que um ciclista campeão: minha jornada de volta à vida*, tenho a impressão de que você concordaria que Armstrong acredita que sua luta contra o câncer lhe deu forças inesperadas e, possivelmente, lhe proporcionou uma nova perspectiva de vida que o capacitou a perseguir e atingir seus objetivos pessoais e profissionais. Assim, enquanto as pessoas que jamais tiveram de enfrentar o câncer percebem a perspectiva apenas sob uma luz negativa, Armstrong, com outros sobreviventes do câncer, vê ganho onde os outros veem infelicidade.

A "pedra filosofal"

Nossa mente parece ter a "pedra filosofal", que nos permite transformar adversidade em oportunidade. Na antiga prática da alquimia, a pedra filosofal era considerada o elemento-chave com o qual seria possível transformar metais comuns em ouro e prata e criar uma "panaceia", um remédio capaz de curar todos os males. Durante cerca de 2.500 anos, até o século XX, filósofos e cientistas do antigo Egito até Roma e China dedicaram a vida à busca da pedra filosofal. Apesar de uma recente tentativa admirável de Harry Potter e companhia, a pedra que proporciona ao seu dono vida eterna nunca foi encontrada.

Por mais que tentassem, os alquimistas jamais conseguiram transformar metal em qualquer outra coisa. O cérebro humano, por outro lado, é extremamente eficiente em transformar chumbo em ouro. Faz isso rapidamente, aparentemente com o mínimo de esforço. A mente busca adotar a visão mais recompensadora de qualquer que seja a situação que nos acometa. Embora temamos situações que nos causem sofrimentos, como divórcio, desemprego ou doença, e acreditemos que jamais as superaremos, em geral estamos errados. As pessoas tendem a voltar aos níveis normais de bem-estar de modo surpreendentemente rápido depois de quase qualquer infortúnio. Apenas um ano depois de ficar paraplégicas, vítimas de acidentes relatam níveis de alegria com acontecimentos do dia a dia semelhantes aos de pessoas saudáveis.[2] Elas também não se diferenciam no grau de felicidade que preveem para si. Alguns anos depois do divórcio, as pessoas relatam o mesmo nível de satisfação com a vida que tinham um ano antes do divórcio. As que enviuvaram levam um pouco mais de tempo para retornar aos níveis normais de bem-estar, mas elas, também, voltam alguns anos depois da morte do cônjuge aos níveis iniciais.[3]

A ironia, porém, é que as pessoas são extremamente ineficientes ao prever como se sentiriam se tivessem de enfrentar tais infortúnios. Se você pedir às pessoas para calcular como ficariam depois da morte de um ente querido ou após ficarem paraplégicas, elas tendem a superestimar a duração e a intensidade de sua reação emocional. A resposta usual é: "Minha vida estaria acabada; eu não teria como seguir em frente." Nunca ouvimos alguém dizer: "Bem, se meu marido pedisse o divórcio, eu voltaria a ser eu mesma, mais feliz do que nunca, o mais rapidamente possível" ou "Se eu perder a capacidade de usar as pernas, provavelmente serei tão otimista em relação à vida como qualquer pessoa". No entanto, na maioria dos casos, é exatamente o que acontece. No que diz respeito a uma grande variedade de doenças, os pacientes relatam qualidade de vida e prazer significativamente maiores do que as pessoas saudáveis previram ter se sofressem desses males.[4]

Vejamos o caso de Matt Hampson, por exemplo. Matt tem 23 anos. Certo dia, durante o que parecia ser apenas outro treino de rugby, a vida de Matt mudou para sempre. Em uma infeliz reviravolta, ele sofreu uma lesão na coluna e ficou paralisado do pescoço para baixo, provavelmente para o resto da vida. Em questão de segundos, Matt deixou de ser um jovem forte e independente para se transformar em um que precisa de cuidados 24 horas por dia. Hoje, ainda está preso a uma cadeira de rodas, que movimenta com o queixo, e necessita de ventilação mecânica para respirar. A maior parte das pessoas sente automaticamente pena de Matt. Detestaríamos nos ver em seu lugar. Matt, por outro lado, diz: "A vida é diferente agora. Não acabou, é diferente. E não é pior. Em alguns casos é melhor."[5] Em alguns casos é melhor porque como Matt perdeu algumas capacidades, como a habilidade de jogar rugby, ele as compensou ao adquirir novas aptidões e explorar novos recursos. Em sua nova vida, Matt escreve um tratado sobre rugby e uma autobiografia. Tem uma página na internet sobre rugby e coordena uma instituição de caridade para crianças com problemas de saúde semelhantes. Constrói uma casa e treina o time de rugby local. Ouso afirmar que a maioria de nós nem chega perto do que ele é capaz de fazer.

O truque que o cérebro usa quando depara com o insuportável é encontrar rapidamente o otimismo. Antes de ficarmos gravemente doentes, vemos a doença e a incapacidade como algo a ser evitado a todo e qualquer custo. É uma maneira adaptativa de ver as adversidades, pois nos leva a evitar sofrimentos, manter distância do perigo e cuidar de nós mesmos. No entanto, logo que essas adversidades se transformam em nossa realidade, vê-las como tais perde a utilidade. A fim de continuar funcionando, precisamos reavaliar rapidamente nossa situação e reverter a análise da condição que nos acometeu para que possamos seguir em frente com nossas vidas.

A diferença entre acreditar que não valeria a pena viver se estivéssemos em uma cadeira de rodas e a experiência real de pessoas com deficiência que vivem uma vida plena e satisfatória é um exemplo de um erro persistente conhecido como *viés do impacto*, que é nossa tendência a supervalorizar o efeito de um resultado adverso sobre nosso bem-estar. Os psicólogos sugerem alguns motivos pelos quais tendemos a superestimar nossa reação emocional futura. Primeiro, quando prevemos nossa reação a um acontecimento, concentramo-nos em aspectos muito limitados do que seria a vida depois dele. Por exemplo: tente imaginar o que aconteceria se você ficasse preso a uma cadeira de rodas. A maior parte das pessoas pensa naquilo que mudaria e ignora o que permaneceria igual. É, não seríamos mais capazes de sair para dar uma corrida, só poderíamos entrar em lugares que oferecessem acesso para cadeira de rodas e seríamos menos independentes. No entanto, muitos aspectos da vida que nos dão prazer diariamente permaneceriam inalterados. Continuaríamos capazes de ler, assistir a filmes, sair para jantar e conviver com amigos e parentes. No início, as mudanças em nossa vida cotidiana pareceriam mais evidentes. Depois de algum tempo, entretanto, nós nos acostumaríamos com as mudanças, e as coisas que nos faziam felizes antes do acidente voltariam a ocupar um lugar central na determinação de nosso bem-estar. Ignorar os elementos que permaneceriam imutáveis e se focar apenas naqueles que mudariam resulta em um desajuste entre nossas previsões de como nos sentiríamos e como realmente acabaríamos nos sentindo.

Não só não levaríamos em consideração o que permanece inalterado como também não apreciaríamos a nossa notável capacidade de adaptação às novas circunstâncias. O cérebro humano é uma máquina extremamente flexível e adaptável. Pense na última vez em que você foi à estreia de um filme. Quase não havia lugares vagos, você acabou na primeira fila e teve de esticar o pescoço na tentativa de ver a tela inteira. No início, parecia que seria impossível apreciar o filme ou mesmo assistir de maneira adequada. No entanto, passados alguns minutos, seu cérebro se acostuma com a nova forma de informação; você se deixa envolver pelo filme e se esquece do azar de ter conseguido apenas um dos últimos lugares na primeira fila.

A mente vai além de apenas ajustar-se a situações novas. A fim de se adaptar completamente, ela cria habilidades para compensar aquelas que foram perdidas. Por exemplo: pessoas que perdem a visão muitas vezes desenvolvem melhor audição e um tato mais sensível. Matt perdeu a força física, mas desenvolveu o talento para escrever. Quando se veem sozinhas depois da dissolução de um longo relacionamento, as pessoas logo desenvolvem novas habilidades que antes pareciam desnecessárias. Em qualquer casal, um dos dois sempre cozinha melhor, enquanto o outro é bom na organização dos eventos sociais e no pagamento de contas. Assim, embora não haja necessidade de desenvolver a habilidade na qual seu parceiro se destaca, tão logo essa pessoa se vai, você precisa descobrir rapidamente como preparar uma omelete e/ou organizar sua vida social. À medida que reconhece suas recém-adquiridas habilidades, você aprecia as consequências positivas do acontecimento adverso.

O mais notável é que a reavaliação dos acontecimentos adversos pode acontecer mesmo antes de o evento ocorrer. Se soubermos que vamos ser demitidos ou abandonados por um parceiro, tendemos a recriar o incidente em nossa mente de uma maneira positiva antecipadamente. Por exemplo: depois da crise econômica de 2008, principalmente após a queda do Lehman Brothers em setembro daquele ano, ficou claro que um número impensável de pessoas estava a ponto de perder o emprego. O efeito dominó não ocorreu de uma só vez. A maioria das pessoas teve tempo para pensar nos acontecimentos vindouros. Muitas pessoas que acreditavam estar a ponto de ficar redundantes começaram a perceber a situação como uma oportunidade de mudança e crescimento profissional, e não como um desastre. Aproveitaram a oportunidade para voltar a estudar ou para procurar um emprego melhor. Tal reavaliação modifica uma reação emocional negativa ao desemprego antes de ficarmos frente a frente com ele.[6] Isso aumenta a resistência e reduz a ansiedade. No fim, se você for despedido, estará mais bem preparado.

Como o cérebro faz isso? Como transformamos situações indesejadas em algo diferente em nossas mentes? Tentar responder a essa pergunta com métodos experimentais é um tanto ou quanto capcioso. O que meus colegas e eu desejávamos fazer era examinar como os padrões neurais diferem quando as pessoas pensam sobre consequências adversas antes e depois de se incorporarem a suas vidas. Seria antiético induzir o câncer em voluntários ou informar-lhes que foram demitidos. O que fazer então? Nossa resposta? Usar uma das maiores capacidades humanas — a imaginação. Seria possível estimular mudanças reais na avaliação e fazer com que as pessoas imaginassem acontecimentos indesejados que ocorressem com elas?

A imaginação é uma ferramenta poderosíssima. É fisicamente impossível viver todas as possibilidades da vida em primeira mão a fim de aprender o que é bom e o que deve ser evitado. Podemos aprender algumas lições de vida com a experiência alheia, mas isso não basta para prever o resultado de todas as situações possíveis. Para resolver esse problema, o cérebro desenvolveu um truque elegante — a imaginação. Ela desempenha uma função importante, permite-nos estimular e prever o resultado de um número infinito de possíveis cenários. Fazemos isso o tempo todo automaticamente, mesmo sem notar. Antes de aceitar uma oferta de emprego, imaginamos como seria trabalhar no novo ambiente, interagir dia após dia com nossos novos colegas de trabalho e gerentes. Tendemos a simular mentalmente qualquer ação antes de colocá-la em prática na vida real. De ir às compras a praticar *bungee jumping*, primeiro avaliamos o evento com os olhos da mente. Tal flexibilidade ultrapassa o que pode ser aprendido apenas com o comportamento e permite que nos preparemos para o que está por vir.

Nós, seres humanos, nos tornamos tão hábeis no uso da imaginação que somos capazes de criar imagens incrivelmente autênticas em nossa mente. Essas imagens parecem tão reais que estimular acontecimentos futuros nos permite sentir os prazeres e as dores que esses acontecimentos provavelmente engendrarão. Por exemplo: imagine um número enorme de formigas subindo pela sua coxa. Muitos sentem repulsa só em pensar. Imagine perder a visão. Na mesma hora, medo e tristeza tomam conta de nós. Embora a maioria das pessoas não tenha vivido uma perda permanente da visão, e talvez não conheça alguém que o tenha, é fácil imaginar a situação.

Foi exatamente isso — visualizar tais acontecimentos adversos — que pedimos que nossos voluntários fizessem enquanto gravávamos sua atividade cerebral em um aparelho de ressonância magnética funcional.[7] Apresentamos aos participantes do estudo diversos problemas de saúde, como câncer de pele ou uma perna quebrada, e pedimos que se imaginassem com tais doenças no ano seguinte e nos relatassem quais eram as suas expectativas. Para determinar qual seria seu grau de sofrimento se estivessem com a perna engessada ou se enfrentassem sessões de quimioterapia, nossos participantes se concentraram nos aspectos negativos dos acontecimentos indesejáveis. Depois de terem visualizado cerca de 80 diferentes acontecimentos tristes, introduzimos uma mudança inesperada. Apresentamos aos voluntários pares de doenças aos quais eles haviam atribuído avaliações semelhantes e pedimos que escolhessem qual delas prefeririam ter. "Se você tivesse de sofrer de uma destas duas doenças no próximo ano — hipoteticamente, é claro —, qual delas preferiria ter: enxaqueca ou asma? Perna quebrada ou braço quebrado?" Havia 40 desses pares. Em seguida, voltamos a submeter seus cérebros à ressonância magnética novamente enquanto eles se imaginavam, mais uma vez, com esses problemas de saúde.

Será que os participantes do nosso estudo perceberiam a gravidade das doenças de maneira diferente depois de escolher uma delas? Eles perceberam. Embora as escolhas fossem apenas hipotéticas, poucos minutos depois de optarem pelo menor dos dois males, a percepção dos participantes sobre os problemas de saúde foi alterada. Depois de selecionar um acontecimento adverso em detrimento de outro (digamos que Stewart tenha escolhido ser mordido por pulgas em vez de ter herpes), o participante do estudo classificava o problema selecionado (pulgas) como menos grave do que fizera antes e a opção rejeitada (herpes) como pior. Embora ambas as opções possam ter parecido graves no primeiro momento, ao reavaliar o problema que escolheu e vê-lo sob uma luz positiva ("Ser mordido por pulgas não é tão ruim assim; basta aplicar uma pomada para coceira e mandar fazer uma dedetização"), o bem-estar de Stewart aumentou consideravelmente.

A mudança da perspectiva de Stewart e outros em relação às mordidas de pulgas, a herpes e a outros infortúnios também ficou aparente quando examinamos sua atividade cerebral. Antes de apresentar a Stewart a tarefa de escolher entre ser mordido por pulgas e ter herpes, não havia diferença detectável em seu padrão de atividade cerebral enquanto ele se imaginava com mordida de pulgas ou com herpes. Depois de optar por um desconforto em detrimento do outro, porém, as mudanças se tornaram notáveis. As alterações que observamos foram semelhantes àquelas mencionadas no capítulo em que os participantes do estudo tinham de escolher um destino de férias ou outro. Naquele estudo, observamos um aumento da atividade do núcleo caudado quando as pessoas fantasiavam sobre o destino de férias selecionado em oposição à opção rejeitada. Só para refrescar sua memória, o núcleo caudado fica no interior do cérebro e está envolvido na sinalização das expectativas de resultados emocionais. No estudo atual, depois que os participantes escolhiam, digamos, dor nas costas em vez de enxaqueca, detectou-se uma maior atividade do núcleo caudado quando os participantes se imaginavam com dor nas costas em comparação com a enxaqueca. O núcleo caudado provavelmente atualizava o novo valor associado à dor nas costas — de "terrível" para "não é bom, mas não é tão ruim assim".

Os dados da ressonância magnética revelaram outra mudança. Ela ocorreu na mesma região que antes havíamos identificado como fundamental na mediação do otimismo

— o córtex cingulado anterior rostral (rACC, do inglês *rostral anterior cingulate cortex*).

No estudo "Escolha uma doença", depois que Annabelle, por exemplo, decidiu que ter cálculo biliar era melhor do que ter cálculo renal, detectou-se elevação na atividade em seu rACC quando ela se imaginava com cálculo biliar. Acredita-se que o rACC monitore a saliência dos estímulos e os sinais de áreas cerebrais que processam as informações emocionais e motivacionais e module tais respostas.

Imagine-se em uma cadeira de rodas. No início, surgem reações emocionais negativas (como pânico e medo) e os pensamentos negativos ("Nunca mais vou poder correr na praia"). No entanto, para que você consiga lidar com o problema, esses pensamentos são inibidos e a atenção é desviada para os positivos ("Pelo menos tenho uma família amorosa e clareza mental"). O rACC é o essencial nesse processo.

Extinção do medo

Os mecanismos neurais que acabei de descrever são semelhantes aos mecanismos responsáveis pela extinção do medo. A fim de estudarem como surge o medo, os cientistas costumam usar um paradigma experimental simples conhecido como *condicionamento do medo*. Nesse paradigma, administra-se a uma pessoa (ou, em alguns casos, a um rato) um leve choque elétrico (ou algum outro tipo de tratamento aversivo) após a apresentação de um estímulo neutro, como um som. Um pesquisador pode introduzir um som alto e, em seguida, administrar ao participante um leve choque elétrico. O participante aprende rapidamente que a presença de um som alto significa que um choque elétrico está para chegar. Em última análise, o som alto, isoladamente, é suficiente para gerar reações de medo, como aceleração do ritmo cardíaco e transpiração.

Na vida real, sons e choques não costumam andar de mãos dadas, mas podemos imaginar muitos exemplos em que dois estímulos são associados. Por exemplo: quando criança, eu ia a pé para a escola todos os dias. Para chegar lá, tinha de passar por uma rua relativamente deserta. Nos primeiros meses em que comecei a frequentar minha nova escola, nada aconteceu durante esse trajeto. Até que, um dia, encontrei um cachorro de aspecto terrível que latia com raiva, mostrava os dentes afiados e babava. Como eu era criança, o cachorro me pareceu enorme. Fiquei apavorada. Durante vários dias seguidos, houve exatamente a mesma cadeia de acontecimentos. No fim, bastava eu entrar na rua para começar a transpirar e sentir meu coração disparar, mesmo que não houvesse cachorro à vista.

Algumas semanas depois, o cachorro desapareceu. Talvez seus donos tivessem decidido mantê-lo preso em casa ou talvez ele tenha sido atacado por um animal ainda maior e mais assustador. Não sei. Passadas algumas semanas sem qualquer sinal do cachorro, parei de pensar duas vezes antes de passar por aquela rua. Minha respiração não ficava pesada e meu pulso não se acelerava no momento em que eu colocava os pés naquela rua, antes tão intimidadora. É o que os psicólogos chamam de extinção do medo — aprender que um estímulo que antes previa um resultado adverso não o faz mais. Em uma série de experimentos, Elizabeth Phelps e Joe LeDoux, da Universidade de Nova York, mostraram que o rACC, assim como outras partes do córtex pré-frontal ventromedial (CPFVM), era responsável por inibir a reação de medo que foi gerada pela amígdala,[8] que é importante para produzir as reações de medo a um estímulo condicionado (como o som ou, no meu caso, a rua) devido a associações aprendidas (som é igual a choque ou rua é igual a cachorro bravo). Quando o estímulo não é mais um sinal válido de perigo, a reação de medo é desativada e o rACC é fundamental nesse processo. Se não tivéssemos um mecanismo que acabasse com o medo quando ele se tornasse irrelevante, provavelmente andaríamos por aí apavorados o dia inteiro.

Não é o que acontece. Em geral, caminhamos alegremente pela rua e quando deparamos com acontecimentos que provocam ansiedade, muitas vezes fazemos um esforço consciente para nos acalmar. Imagine-se em um avião que de repente começa a balançar. Sua amígdala entra em ação e você começa a suar, mas logo depois diz para si mesmo: "É só uma turbulência. Já passei por isso muitas vezes antes e sobrevivi. Simplesmente vou relaxar e aproveitar a viagem." O que você está fazendo é regular suas emoções. O córtex pré-frontal ventromedial está inibindo a reação da amígdala e seus batimentos cardíacos se estabilizam. Há muitas maneiras de controlar nossas emoções: podemos reprimir alguns pensamentos e gerar outros (como pensar em um incidente feliz para evitar chorar em público depois de um encontro decepcionante), focar certos aspectos de uma situação ou estímulo ou ver a nova realidade sob um ângulo positivo, como fez Matt quando se viu preso a uma cadeira de rodas.

Percepção viesada

Regular nossas emoções, ver os acontecimentos sob uma nova ótica e inibir o medo mudam a nossa maneira de ver o mundo. Mas será que também muda nossa maneira de perceber visualmente o mundo? A expressão "ver o mundo com lentes cor-de-rosa" deve ser interpretada literalmente?

Considere a ilusão da miragem — isso é, a falsa sensação de ver água no deserto. Um artigo publicado em 2001 relatou que não é preciso estar no deserto para a sede alterar nossa percepção.[9] Pessoas que estão com sede são mais propensas do que as que estão hidratadas a perceber a transparência, uma característica associada à água, em um estímulo visual ambíguo. Presumivelmente, o desejo irresistível de beber água influenciou a maneira pela qual os participantes do estudo viam o ambiente e percebiam a existência de líquidos quando na verdade não havia. Veja outro exemplo: nossa tendência a detectar equivocadamente um ente querido na multidão — especialmente em ocasiões nas quais desejamos que tal encontro aconteça. Nossos desejos influenciam nossa percepção visual de uma maneira que combine com nossos objetivos e levam-nos a ver água quando estamos com sede ou a pessoa amada quando estamos sozinhos.

Em um experimento criativo e, de certa forma, revoltante, Emily Balcetis e David Dunning mostraram que o desejo pode alterar a percepção.[10] Eles pediram que estudantes se vestissem como Carmem Miranda, cantora e atriz das décadas de 1940 e 1950, famosa por usar trajes de inspiração brasileira e chapéu adornado com frutas tropicais. Ela usava esse chapéu em filmes e shows na Broadway, principalmente musicais. Os estudantes tinham de caminhar por um quadrilátero no campus (110 metros de cada lado) com uma saia de palha, um sutiã de coco e um chapéu de frutas de plástico. Parecia coisa de pesadelo. Você já deve ter tido um desses: você está nu diante de seus colegas, enquanto eles estão completamente vestidos e olham incrédulos para você. Certo, os participantes não estavam nus; usavam sutiã de coco, saia de palha e chapéu ornado com frutas. Sério, não sei o que é pior. Surpreendentemente, os pesquisadores foram capazes de encontrar 32 voluntários (sim, voluntários) para participar desse esquema maluco em troca de... não de alguns milhares de dólares, mas apenas de créditos nos cursos.

Antes de enviar os estudantes ao constrangimento público, os pesquisadores disseram para metade dos estudantes que podiam escolher fazer outra tarefa, se assim o desejassem. Assinaram então um documento de isenção de responsabilidade chamado "liberdade de escolha". Esses participantes foram chamados de "grupo de alta escolha"; eles próprios escolheram a tarefa. Os outros participantes foram informados de que os pesquisadores tinham escolhido a tarefa para eles entre várias opções. Assinaram um documento de isenção de responsabilidade denominado "a escolha do experimentador"; eram o "grupo de baixa escolha".

Vestidos com seus novos trajes, os dois grupos tiveram então de desfilar para lá e para cá pelo quadrilátero. Em seguida, os pesquisadores lhes fizeram uma pergunta simples: "Qual foi a distância que você percorreu?" Como mencionei, o quadrilátero tinha 110 metros. Depois de caminhar essa distância vestidos como Carmem Miranda, com sutiã de coco e chapéu com frutas de plástico, todos os participantes perceberam o que seu coração desejava: subestimaram significativamente o tamanho do quadrilátero. Os estudantes no grupo da alta escolha subestimaram mais o tamanho do quadrilátero e sugeriram, em média, uma distância de apenas 34 metros. Os participantes no grupo de baixa escolha calcularam a distância em 55 metros.

Entretanto, os pesquisadores não se deram por satisfeitos. O experimento Carmem Miranda deu tão certo que eles decidiram criar mais uma tarefa divertida para os estudantes. Dessa vez, os estudantes não tiveram de trocar de roupa. Foram solicitados a subir uma colina ajoelhados em um skate empurrado com as mãos. Mais uma vez, eles foram divididos entre um grupo de alta escolha e um de baixa escolha. Em seguida, os pesquisadores lhes pediram para calcular a inclinação da ladeira da colina que iriam subir. Mais uma vez, os participantes que tinham escolhido, eles mesmos, a tarefa perceberam-na como menos aversiva e calcularam a inclinação da ladeira em 24 graus, enquanto os participantes para quem a tarefa fora designada pelos experimentadores calcularam a inclinação da ladeira em 31 graus.

A conclusão de ambos os estudos, o "Caminhe por aí com sutiã de coco e chapéu de frutas" e o "Empurre-se com as próprias mãos colina acima", foi a de que nossas aspirações de alcançar resultados positivos e evitar os negativos é tão forte que altera a maneira pela qual percebemos visualmente nossos arredores. Isso não é tudo. As pessoas são mais propensas a perceber o ambiente de maneira inexata e considerá-lo menos intimidador (como calcular a distância a ser percorrida como menor e uma colina a ser escalada como menos íngreme), se elas mesmas tiverem selecionado a tarefa desagradável.

O papel da dissonância cognitiva

Por que selecionar uma tarefa desagradável a torna mais agradável? Escolher concluir uma tarefa constrangedora ou fisicamente demandante conflita com uma crença anterior ("Deve-se evitar caminhar pelo campus seminu com um chapéu de frutas na cabeça"). Tal conflito, conhecido também como *dissonância cognitiva*, produz um estímulo negativo. Essa emoção desconfortável pode ser reduzida pelo viés de nossa percepção do ambiente ("Bem, a distância a ser percorrida é bem curta, posso fazer isso rapidamente e ninguém vai perceber").

Na década de 1950, havia um culto nos Estados Unidos que acreditava que a Terra seria destruída por extraterrestres em 21 de dezembro de 1954. No livro *When Prophecy Fails*, Leon Festinger, o pai da teoria da dissonância cognitiva, narra a história desse culto.[11] De acordo com a crença, os extraterrestres tinham enviado a informação sobre o Juízo Final à líder do culto — uma tal Sra. Keech — com uma promessa de que os seus membros, e apenas eles, seriam poupados. Ora, quando o 21 de dezembro chegou e passou sem extraterrestre à vista, ficou claro que o fim do mundo não estava tão perto, afinal de contas. No entanto, em vez de abandonar o culto, o comprometimento de seus membros só fez aumentar. A noção entre eles era a de que sua fé inabalável havia salvado o mundo da destruição e estava tudo bem novamente.

A forte crença dos membros em sua líder e em sua previsão conflitou com a realidade (o mundo não tinha acabado). Tal conflito estimulou a dissonância, que foi resolvida com a adoção de uma nova crença: "A líder estava certa e por causa de nossa crença nela o mundo foi poupado."

Para a dissonância cognitiva ter sido estimulada, em primeiro lugar era fundamental que os membros houvessem escolhido livremente fazer parte do culto e não tivessem um motivo oculto para ingressar nele. Se eles fossem obrigados a entrar no culto pelos outros membros ou se tivessem lhes prometido dinheiro em troca de sua adesão, a necessidade de redução da dissonância jamais teria surgido. Isso porque sua participação no culto poderia então ser explicada por outros motivos (dinheiro, força) que não a fé em si e com isso não teria conflitado com a realidade de que o mundo não havia acabado.

Festinger seguiu em frente na tentativa de demonstrar sua teoria em laboratório. Em vez de convencer as pessoas que o fim do mundo estava próximo, ele apenas solicitou aos participantes de seu estudo que fizessem uma tarefa entediante durante uma hora. Eles tinham de virar as páginas de um livro — definitivamente, não é uma tarefa nada agradável. Os participantes então tinham de persuadir o próximo voluntário de que a tarefa era, de fato, agradável. Eles recebiam ou US$ 1 para persuadir a outra pessoa da atratividade da tarefa, ou US$ 20 para fazê-la eles mesmos. Em seguida, pedia-se que classificassem o verdadeiro grau de atratividade da tarefa.

Os participantes que receberam apenas US$ 1 classificaram a tarefa de "virar a página" como mais interessante do que os participantes que tinham recebido US$ 20. O que aconteceu? Por que os voluntários com *menos* dinheiro no bolso acreditaram que a última hora tinha, de fato, sido agradável? Parece que os participantes privados do dinheiro, aqueles que receberam apenas US$ 1, tinham uma dissonância a resolver. Eis a fonte do conflito: por um lado, eles tinham de persuadir um colega estudante de que a tarefa era agradável — e aparentemente sem um bom motivo! Isso deve significar que a tarefa não era tão ruim quanto haviam imaginado. Os que tinham recebido a quantia maior de dinheiro, no entanto, resolveram facilmente o conflito e explicaram suas ações enganadoras como uma necessidade. Para receberem a recompensa maior (US$ 20), eles tinham de persuadir os outros estudantes de que virar páginas era uma tarefa fascinante. Os que receberam apenas US$ 1 precisaram encontrar outra justificativa para suas ações e, assim, simplesmente alteraram a avaliação da tarefa de "entediante" para "não tão ruim". Convenientemente, a incoerência foi reduzida.

Assim, mais uma vez está claro que a mente humana encontra uma maneira rápida e fácil de restaurar o equilíbrio. Se mudarmos de atitude, recuperamos o bem-estar. Na física, o princípio da relatividade exige que todas as equações que descrevem as leis da física tenham a mesma forma, independentemente de referências e contextos. As fórmulas pareceriam idênticas aos olhos de quaisquer dos observadores e também do mesmo observador em um tempo e espaço diferentes. Atitudes e valores, no entanto, são subjetivos, para início de conversa, e, portanto, são facilmente modificados de modo a se ajustarem aos nossos objetivos e circunstâncias em constante mudança. Assim, a mesma tarefa pode ser considerada entediante em um momento e interessante no outro. Divórcio, desemprego e câncer podem parecer devastadores para uma pessoa, mas também ser vistos como uma oportunidade de crescimento por outra, dependendo de a pessoa ser ou não casada, estar empregada e ser saudável. Não são apenas as crenças, as atitudes e os valores que são subjetivos. Nosso cérebro muda confortavelmente nossas percepções do mundo físico de acordo com as nossas necessidades. Jamais veremos o mesmo acontecimento e estímulos exatamente da mesma maneira em diferentes ocasiões. Duas mentes podem perceber a mesma colina, mas uma a verá como muito íngreme e a outra como menos íngreme, de acordo com o que a pessoa espera encontrar lá no alto. Um quadrilátero pode parecer grande demais para uma pessoa e pequeno para outra, dependendo do fato de a pessoa escolher ou não atravessá-lo com um sutiã de coco, uma saia de palha e um chapéu com frutas de plástico.

CAPÍTULO 11

UM LADO ESCURO PARA O OTIMISMO?

Da Segunda Guerra Mundial ao aperto de crédito: subestimar o risco é como beber vinho tinto

Leopold Trepper era um espião soviético. Era o início da Segunda Guerra Mundial, Trepper estava em Bruxelas e fingia ser um industrial canadense. Seu disfarce era um negócio de exportação chamado Foreign Excellent Raincoat Company, que tinha filiais por toda a Europa. Trepper, no entanto, fornecia mais do que capas de chuva a seus clientes. Ele apresentava aos russos dados confidenciais secretos que poderiam mudar o curso da história — informações que poderiam alterar uma das batalhas mais letais conhecidas pelo homem. Infelizmente, as informações que Trepper tinha a oferecer eram perturbadoras. Na verdade, eram tão terríveis que foram ignoradas e deixadas de lado — um descuido que pode ter custado à União Soviética inúmeras baixas militares e civis.[1]

O codinome de Trepper era "Leiba Domb", mas nem mesmo seu nome de batismo revelava sua origem. Ele tinha um sobrenome realmente alemão e um nome próprio igual ao do Sacro Imperador Romano — Leopoldo I —, o rei da Hungria em 1655. Trepper, no entanto, estava longe de ser um imperador cristão. Era um judeu nascido em uma pobre cidade austro-húngara chamada Nowy Targ. Quando ele era criança, a família mudou-se para Viena, onde logo ficou claro que Trepper não era de ficar quieto, sentado, enquanto o mundo ao seu redor era sacolejado. Tinha alma política. Primeiro, uniu-se aos bolchevistas, membros do Partido Comunista, e aos 19 anos foi mandado para a prisão na Polônia por organizar uma greve. Ao ser libertado, foi para a Palestina, onde se uniu ao Hashomer Hatzair, movimento sionista socialista que combatia o Mandato Britânico da Palestina. Depois de ser expulso da Palestina, ele se mudou para a França, apenas para escapar mais uma vez quando sua organização política foi descoberta pela inteligência francesa.

Foi então que Trepper se viu em Moscou, onde rapidamente se tornou um agente do Estado-Maior das forças armadas russas. Sua tarefa era gerir e dirigir um grupo de inteligência soviético na Europa ocupada pelo nazismo; esse grupo era conhecido como Orquestra Vermelha.

Enquanto Trepper estava disfarçado como um homem de negócios na Europa, os alemães preparavam a maior ofensiva militar da história — a invasão da União Soviética. Hitler tinha declarado sua intenção de invadir a União Soviética já em 1925 no livro *Mein Kampf (Minha luta)*; 15 anos depois ele estava pronto para transformar suas ideias de ataque e conquista em realidade. Em dezembro de 1940, recebeu e aprovou a Diretiva Número 21, os planos para o que agora conhecemos como Operação Barbarossa.[2]

Trepper logo advertiu os russos dos objetivos de Hitler:

> Em fevereiro, enviei um despacho detalhado, em que mostrei o número exato de divisões retiradas da França e

da Bélgica e enviadas para o leste. Em maio, por meio do adido militar soviético em Vichy, o general Susloparov, enviei o plano proposto de ataque e indiquei a data original, 15 de maio, depois a data revista e a data final.[3]

A data final era 22 de junho de 1941. A União Soviética foi invadida por 4,5 milhões de soldados, o que não deixou dúvidas sobre a intenção do líder nazista. No entanto, antes, em fevereiro, Stalin acreditava que os alemães não atacariam.[4] Os dois países tinham relações diplomáticas e econômicas relativamente fortes, além de um acordo assinado. O Pacto Molotov-Ribbentrop, um tratado de não agressão, tinha sido assinado pela União Soviética e a Alemanha em 1939 e delimitava secretamente a divisão dos Estados da fronteira entre si. Embora Stalin talvez não considerasse os alemães como os aliados mais confiáveis, também não podia imaginar que o esfaqueariam pelas costas. Na verdade, ficou tão enraivecido com as sugestões de Trepper que instruiu que o espião fosse castigado por causa das mentiras.

Se Trepper fosse o único portador das notícias indesejáveis, poderíamos entender a relutância de Stalin em ouvir. Que peso tinha um espião em relação a um tratado assinado entre duas nações? Mas Trepper não estava sozinho. Pouco depois do primeiro aviso de Trepper a Moscou sobre o ataque planejado, outro espião soviético, Richard Sorge, também conhecido como "Ramsay", informou ao governo de Stalin que 150 divisões alemãs estavam reunidas ao longo da fronteira. Sorge forneceu a Stalin a data exata da invasão nazista, mas também foi ignorado. Assim, foi o presidente Roosevelt que deu ao embaixador russo dados coletados pelos espiões americanos sobre a operação.[5] Stalin fechou os olhos para a cruel realidade. "Aquele que fecha os olhos não vê nada, mesmo em plena luz do dia. Foi o que aconteceu com Stalin e sua equipe", escreveu Trepper.[6]

Embora em muitos aspectos Stalin e seu Estado-Maior fossem pontos fora da curva e exibissem comportamentos e crenças terríveis — e que esperamos sejam raros —, pelo menos em um aspecto suas mentes agiram de uma maneira muito previsível, muito comum.

Enterrar a cabeça na areia

Veja a breve lista de acontecimentos a seguir. Tente calcular a probabilidade de você passar por uma dessas situações ao longo da vida (se já viveu algumas delas, avalie a probabilidade de voltar a vivê-las novamente). Qual a probabilidade de você:

1. Ter um câncer?
2. Divorciar-se?
3. Perder o emprego?

Vamos examinar a primeira pergunta. Que probabilidade você lhe atribuiu? Nos Estados Unidos, o câncer, em suas diferentes formas, é responsável por aproximadamente um quarto de todas as mortes.[7] A probabilidade de você ter câncer ao longo da vida é, claro, mais alta — cerca de 33%. Sua estimativa foi mais alta ou mais baixa? Assim como os russos subestimaram a probabilidade de uma invasão alemã, a maioria de nós tende a subestimar a probabilidade de acontecimentos negativos em nossa vida.[8] Para a primeira pergunta (a probabilidade de ter câncer), a maioria das pessoas indicaria uma probabilidade menor do que 33%, e para a segunda pergunta (a probabilidade de um divórcio), a maioria das pessoas marcaria uma probabilidade menor do que 50% (na cultura ocidental, cerca de 50% de todos os casamentos acabam em divórcio).

Em uma série de estudos, Neil Weinstein (que cunhou a expressão *viés do otimismo*) demonstrou que as pessoas acreditam ter uma probabilidade menor do que a média de sofrer os reveses da vida (como serem demitidas do emprego, receberem o diagnóstico de câncer no pulmão, terem um problema com álcool). Um cálculo simples mostra que, se a *maioria* das pessoas declara que suas chances de vivenciar um acontecimento negativo na vida são *menores* do que a média, então elas estão claramente erradas. Nem *todos* podem se sair melhor do que a média.

Talvez não, mas, bem, acreditamos que isso é possível. Realmente pensamos que nossos filhos serão saudáveis e bem-sucedidos. E, quando estamos diante do altar ou do juiz de paz, esperamos ser felizes no casamento para o resto da vida. Entretanto, metade das pessoas está equivocada. O pedido de divórcio é tão comum que, nas palavras de Oscar Wilde, "o mundo suspeita cada vez mais de qualquer coisa que se assemelhe à felicidade na vida conjugal".

Há quem não considere esse fato, em especial, chocante. A experiência pessoal nos ensinou que a paixão deixa pouco espaço para cálculos estatísticos; na verdade, para qualquer tipo de pensamento racional. Nem a experiência de um rompimento obscurece necessariamente nossa perspectiva de maneira drástica demais — pelo menos não o bastante para nos impedir de tentar novamente. Os elevados índices de novos casamentos na população sugerem que, mesmo depois que nos damos mal uma, duas, três vezes, ainda acreditamos que a próxima vez será melhor. O novo casamento, como Samuel Johnson o descreveu, é "o triunfo da esperança sobre a experiência".

Será que apenas ignoramos os elevados índices de divórcio existentes? Ou será que simplesmente esperamos que *nosso* relacionamento seja, bem... *diferente*? Em 1993, os psicólogos Lynn Baker (Universidade do Texas) e Robert Emery (Universidade de Virgínia) decidiram pesquisar mais detalhadamente essa questão.[9] Eles procuraram pessoas que planejavam se casar e pediram-lhes que estimassem os índices de divórcio nos Estados Unidos. Como se esperava, a maioria das pessoas estimou bem a probabilidade geral total de divórcios. Os acadêmicos então perguntaram aos entrevistados quais eram as suas expectativas em relação ao *próprio* casamento. As respostas foram quase unânimes: eles foram idealistas sobre a longevidade da própria união. Não só subestimaram a probabilidade de seus casamentos terminarem em divórcio como menosprezaram a extensão de consequências negativas que encontrariam caso seus casamentos acabassem. E se aumentássemos significativamente a percepção das pessoas sobre a incidência do divórcio? Será que sua perspectiva cor-de-rosa seria prejudicada? A resposta, de acordo com Baker e Emery, é não. Eles descobriram que fazer um curso de direito de família em nada diminuía o otimismo irrealista dos estudantes de direito que estavam de casamento marcado.

Assim como Stalin ignorou os avisos de Trepper, os estudantes de direito não viam como as consequências negativas comuns do divórcio poderiam ter qualquer coisa a ver com o próprio futuro. Em outras palavras, mesmo quando são apresentadas informações detalhadas e confiáveis, como a probabilidade média de divórcio e a data exata de uma invasão alemã, as pessoas muitas vezes fazem vista grossa e se apegam a uma perspectiva mais gloriosa.[10]

Stalin não foi o único que fez vista grossa à realidade durante a Segunda Guerra Mundial. No outro lado da fronteira, o comandante alemão também ficou excessivamente confiante e ignorou as advertências de seus conselheiros. Hitler esperava um triunfo rápido na batalha contra a União Soviética.[11] Não previa a batalha longa e letal que estava por vir e, assim, não se preparou para uma guerra que se prolongaria pelos frios meses de inverno. A falta de planejamento adequado de sua parte significou que, quando o verão e o outono acabaram e a batalha foi travada sob temperaturas abaixo de zero, suas tropas estavam mal preparadas. Não tinham as roupas e os equipamentos necessários para suportar o clima inóspito. Hitler calculou mal não apenas a duração da operação, mas também suas consequências financeiras. Embora tenha sido advertido antecipadamente sobre o enorme custo econômico que a Operação Barbarossa poderia implicar,[12] ele continuou a afirmar que dali em diante não daria mais ouvidos àquele tipo de conversa e que daquele momento em diante taparia os ouvidos para conseguir paz de espírito.[13] Essa paz de espírito seria breve.

Ao contrário dos comandantes soviético e alemão, a maioria das pessoas não decide o destino de uma nação. Não precisamos fazer previsões que determinarão se um país deve ir à guerra ou preparar-se ou não para uma invasão. No entanto, como mostraram Weinstein e outros, no que diz respeito aos nossos relacionamentos, nossa saúde e nossas carreiras, nós também subestimamos as possíveis armadilhas. Essas expectativas determinarão nossas escolhas e alterarão o curso de nossas vidas. Por exemplo, se esperamos um casamento longo e feliz, podemos não assinar um acordo prénupcial e, com isso, nos ver, de uma hora para outra, no meio de uma confusa batalha de divórcio. Por outro lado, se não tivéssemos expectativas positivas a respeito da longevidade de nossos relacionamentos, talvez jamais fôssemos nos arriscar.

Como manter o otimismo diante da realidade?

Por mais comum que seja o viés do otimismo (de acordo com os dados reunidos pelo psicólogo David Armor, de Yale, cerca de 80% da população têm expectativas otimistas em relação à vida), o fenômeno é desconcertante. O que intriga é que vivemos no nosso dia a dia tanto acontecimentos negativos quanto positivos — lemos os jornais; sabemos que a economia global e o meio ambiente estão em apuros; estamos cientes dos muitos riscos que existem no mundo, como câncer e Aids — e ainda assim subestimamos nossa probabilidade de ficar presos no engarrafamento, passar por uma desilusão amorosa ou ser atacados por um comandante belicoso.

De acordo com teorias de aprendizado proeminentes, o ser humano — ou qualquer animal, na verdade — deveria aprender com os resultados negativos (e positivos) e corrigir suas expectativas. Por que, então, não aprendemos?

Voltemos ao estudo que fiz no Instituto Weizmann em Israel (descrito no Prólogo). Os participantes do estudo superestimaram em cerca de 20% a probabilidade de acontecimentos diários positivos lhes ocorrerem no mês seguinte (tal como ter um encontro sexual positivo ou divertir-se em uma festa). Embora tivessem acumulado anos e anos de experiências de vida no dia a dia e realmente devessem ser capazes de prever com maior exatidão a probabilidade de ocorrências cotidianas no mês seguinte, eles continuaram irrealisticamente otimistas.

Para fazer previsões relativamente exatas, tudo que precisamos fazer é olhar para trás e dizer: "Mês passado eu me atrasei para a maior parte dos meus compromissos, gostei de apenas metade dos filmes a que assisti e não ganhei presentes do meu parceiro. Portanto, este mês provavelmente não chegarei na hora à maioria de meus compromissos, provavelmente gostarei apenas de 50% dos filmes que verei e não devo esperar ganhar presente." Em geral, o processamento exato de informações é fundamental para o comportamento otimista. Isso levanta uma questão: como as visões irrealistas do futuro persistem quando as informações contrárias a tais crenças são abundantes e disponíveis. Meu aluno Christoph Korn e eu buscamos uma resposta.

Nosso raciocínio foi o seguinte: se os seres humanos têm uma visão irrealista do futuro, mesmo quando existem dados exatos disponíveis, o cérebro deve processar as informações relativas ao futuro de maneira seletiva. Um viés de aprendizado, por assim dizer. Um viés que nos permite incorporar as informações desejáveis em nossa perspectiva, mas não as indesejáveis — o que resulta em otimismo. É assim que o cérebro funciona? E, se assim for, por quê?

Anteriormente, neste capítulo, pedi para você calcular a probabilidade de viver uma série de acontecimentos negativos (câncer, divórcio, desemprego). Fiz um exercício semelhante com um grupo de voluntários. Pedi que calculassem a probabilidade de viver 80 diferentes acontecimentos de vida adversos (por exemplo: quebrar uma perna, perder um voo, sofrer um acidente de automóvel) enquanto eu gravava sua atividade cerebral com um aparelho de ressonância magnética.

Depois de os voluntários estimarem a probabilidade de experimentar os acontecimentos adversos e enquanto ainda eram analisados em um equipamento de ressonância magnética funcional, forneci-lhes informações relativas à probabilidade média de aquele acontecimento ocorrer com uma pessoa no mundo desenvolvido, assim como fiz com você antes neste capítulo. Os participantes aprenderiam com a informação fornecida? Será que ajustariam suas expectativas? Essas eram perguntas fundamentais. Queríamos saber o que as pessoas fariam com as informações que lhes eram apresentadas. O cérebro processa as informações desejáveis e indesejáveis de modo diferente? Isso poderia (pelo menos em parte) explicar o viés do otimismo?

Depois de ter acesso às estatísticas relativas às probabilidades de diversos acontecimentos negativos, os participantes do estudo foram novamente solicitados a avaliar a própria probabilidade de viver tais acontecimentos. Em geral, os participantes aprenderam com o *feedback* fornecido. No entanto — e esta é a descoberta crucial — observou-se um aprendizado diferente quando os participantes recebiam informações desejáveis e indesejáveis sobre o futuro. Se Jane tivesse estimado em 25% sua probabilidade de ter uma úlcera e depois soubesse que a probabilidade média era de apenas 13%, ela provavelmente ajustaria sua estimativa na segunda vez para perto desse percentual menor (talvez calculasse sua possibilidade de ter uma úlcera em 15%). No entanto, se inicialmente tivesse estimado em apenas 5% sua probabilidade de ter uma úlcera e depois soubesse que a probabilidade média era muito mais alta — 13% —, ela ajustaria sua estimativa ligeiramente ou nada.

Será que a memória diferente de informações desejáveis e indesejáveis poderia explicar esse ajuste seletivo das expectativas? Em outras palavras, Jane se lembrou das estatísticas positivas, mas não reteve as informações que contrariavam sua perspectiva positiva? Não era bem assim. Os participantes se lembravam igualmente das probabilidades a eles apresentadas, fossem as informações desejáveis ou não. Como no estudo feito por Baker e Emery, os participantes não tiveram dificuldade de estimar probabilidades médias exatas dos acontecimentos indesejáveis. A tendenciosidade não estava relacionada ao processamento das informações em si, mas ao uso delas. Quando os dados eram melhores do que o esperado, as pessoas percebiam e os incorporavam a suas perspectivas ("Ah, a possibilidade de morrer antes dos sessenta anos é de apenas 10%... posso viver mais do que esperava"); quando é pior, era descartada ("Hummm... 23% de chance de sofrer um derrame. Isso não pode ser relevante para mim — tenho uma saúde ótima"). Exatamente as mesmas informações eram vistas como significativas ou irrelevantes, dependendo do fato de serem melhores ou piores do que o esperado.

A atividade cerebral dos participantes nos deu pistas sobre o que acontecia. Normalmente, quando temos determinada expectativa, o cérebro monitora a diferença entre essa expectativa e o resultado.[14] Digamos que você vai jantar em um restaurante novo e o garçom descreve o especial do dia — ravióli de lagosta. O preço do prato não está no cardápio. Assim, enquanto o garçom fala, você calcula o custo dessa delícia — US$ 27, você imagina. O garçom termina de descrever o molho cremoso e fala o preço — US$ 35. Você fica um pouco surpreso, e a incompatibilidade entre sua previsão e o resultado é representada por um aumento da atividade cerebral. Quanto maior a discrepância, maior o sinal cerebral. Esse "sinal de incompatibilidade" é fundamental. É usado pelo cérebro para aprender — para ajustar as expectativas. Da próxima vez em que você for ao restaurante, não só saberá o custo exato do prato de lagosta como também terá agora um parâmetro de comparação. Quando um novo prato lhe for oferecido — fettuccine de lagosta —, você provavelmente calculará melhor seu preço.

De maneira análoga, quando apresentamos aos nossos voluntários estatísticas relacionadas à prevalência dos eventos negativos, observamos uma atividade em seus lóbulos frontais que monitorava a diferença entre suas estimativas e as estatísticas apresentadas. Assim, quando Howard, um dos participantes, calculou sua possibilidade de ter verrugas genitais em 20% e soube que a probabilidade média é menor — cerca de 12% —, observou-se um sinal BOLD (sigla em inglês para *blood-oxygen-level-dependent*, que registra mudanças dependentes do nível de oxigênio no sangue) elevado em partes de seu lóbulo frontal. Se a discrepância fosse maior (digamos que originalmente sua estimativa fosse de 30%), o sinal seria ainda mais elevado.

Já sabíamos que o cérebro monitora os erros de previsão, portanto isso não surpreende. O inesperado foi o fato de o cérebro sair-se muito bem em monitorar discrepâncias *apenas* quando as novas informações eram positivas (como no exemplo acima). Quando as notícias eram indesejáveis — quando uma pessoa calculava em 1% de chance de sofrer de verrugas genitais e descobria que a probabilidade média é de cerca de 12% —, o cérebro não monitorava o erro tão de perto. Já que o lóbulo frontal registrou seletivamente os erros desejáveis, mas não registrou os indesejáveis, as pessoas aprendiam mais com as boas notícias do que com as ruins.

Resultado: os participantes saíram do nosso laboratório ainda mais otimistas do que quando haviam chegado!

A vantagem

Isso é bom? Se subestimarmos os riscos à saúde, nossa probabilidade de buscar os cuidados preventivos e fazer *check-ups* regulares diminui e a probabilidade de nos envolver em comportamentos arriscados aumenta.[15] Quantas vezes você não se deu ao trabalho de passar protetor solar em um dia de sol e disse a si mesmo que provavelmente não ia ter um câncer de pele por ter se exposto ao sol uma única vez? E quanto a deixar de fazer um *check-up* médico marcado, por achar que estava tudo bem? Ou, ainda, praticou sexo sem proteção? Subestimar os riscos pode levar a um número infinito de problemas de saúde que, de outro modo, poderiam ser evitados, o que custa ao sistema de saúde milhões de dólares por ano.

Por que o cérebro humano seria programado de uma maneira que influencia o processo por meio do qual aprendemos sobre o mundo ao nosso redor? Por que desenvolveríamos um sistema que nos faz prever o futuro de maneira inexata? Será que ser irrealisticamente otimista teria um valor para a sobrevivência?

Como descrevi no Capítulo 3, o otimismo pode ser uma profecia autorrealizável. Veja, por exemplo, um estudo que monitorou 238 pacientes de câncer. Surpreendentemente, o estudo revelou que os pacientes pessimistas com menos de sessenta anos eram mais propensos a morrer sete meses antes do que os pacientes otimistas cuja saúde, condição e idade inicialmente eram os mesmos.[16] Os otimistas também tinham uma recuperação mais rápida depois da cirurgia de ponte de safena do que os pessimistas e eram menos propensos do que estes à reinternação hospitalar.[17] Pode haver apenas uma razão para o cérebro não registrar informações indesejáveis relacionadas ao futuro. Subestimar a probabilidade de acontecimentos adversos reduz nosso nível de estresse e ansiedade, o que é benéfico para nossa saúde.

Há outras vantagens em sermos otimistas que a maioria das pessoas não teria esperado. Dê uma olhada na lista a seguir e tente adivinhar quais fatores podem ser previstos pelo nível de otimismo de uma pessoa.

1. Número de horas trabalhadas por dia
2. Ter uma conta de poupança
3. Gostar de sorvete
4. Estado civil
5. Idade esperada para aposentadoria
6. Hábitos tabagistas
7. Forte ligação com o laptop

Para cada um dos fatores que você acredita estar relacionado ao otimismo, tente prever a direção da correlação. Os otimistas são mais ou menos propensos a fumar? Esperam aposentar-se mais tarde ou mais cedo? Gostam de sorvete ou não?

Manju Puri e David Robinson, economistas da Universidade Duke, estavam interessados em estudar a relação entre otimismo e as escolhas que fazemos na vida.[18] Para a pesquisa, eles usaram dados do U.S. Federal Reserve Board's Survey of Consumer Finances. Essa pesquisa incluiu perguntas relacionadas aos hábitos de trabalho, aos gastos e à poupança, aos comportamentos ligados à saúde e às expectativas. Para medir os níveis de otimismo, Puri e Robinson concentraram-se nas respostas à pergunta: "Quanto tempo você acredita que vai viver?" Em geral, as pessoas superestimavam sua longevidade em alguns anos. Ao examinar a diferença entre a expectativa de vida autodeclarada das pessoas e sua real expectativa de vida, conforme as tabelas atuariais, os acadêmicos tiveram um bom indicador do otimismo das pessoas. Descobriram que a avaliação incorreta da expectativa de vida era uma boa medida do otimismo porque se comprovou estar correlacionada com os testes psicológicos padronizados sobre otimismo.

Os pesquisadores dividiram os participantes em otimistas extremos, otimistas moderados e pessimistas. As pessoas que superestimaram as suas expectativas de vida em cerca de 20 anos (cerca de 5% dos entrevistados) foram denominadas "otimistas extremos". Já os "moderados" compunham a grande maioria. Foram os que superestimaram as suas expectativas de vida em apenas alguns anos. As pessoas que subestimaram sua longevidade foram rotuladas como "pessimistas" — e eram minoria.

Vamos examinar novamente a lista dos fatores que podem ser previstos pelo otimismo. Descobriu-se que o otimismo está relacionado aos números 1, 2, 5 e 6: número de horas trabalhadas por dia, ter uma conta de poupança, idade esperada para aposentadoria e hábitos tabagistas. Os otimistas moderados trabalhavam mais horas, tinham a expectativa de se aposentarem mais tarde na vida, poupavam mais (com horizontes de planejamento mais longos) e fumavam menos do que todas as outras pessoas. Os otimistas extremos trabalhavam menos horas, poupavam menos e fumavam mais.

O otimismo revelou-se um fator fundamental das escolhas de investimentos na produtividade. O otimismo moderado foi correlacionado com decisões sensatas, enquanto o otimismo extremo relaciona-se com decisões aparentemente irracionais. Como em quase tudo na vida, o segredo parece estar na moderação.

Uma certa subestimação dos obstáculos que se apresentam diante de nós nos permite seguir em frente com força. No entanto, se presumirmos que riscos e perigos em geral são irrelevantes para nós e os ignoramos, estaremos mal preparados quando os obstáculos se materializarem. Conclusão: nas competentes palavras de Puri e Robinson, "o otimismo é como o vinho tinto: uma taça por dia faz bem, mas uma garrafa por dia pode ser um perigo". O otimismo extremo, como a bebida em excesso, pode ser perigoso não apenas para a saúde, mas também para o bolso.

A armadilha

Pense no Opera House de Sydney.[19] Em 13 de setembro de 1955, Joseph Cahill, premiê de Nova Gales do Sul, na Austrália, anunciou uma concorrência para a elaboração do projeto de uma nova casa de ópera que seria construída no Bennelong Point. Mais de 230 arquitetos do mundo inteiro apresentaram propostas. Os escolhidos foram Jørn Utzon, um arquiteto dinamarquês, e sua equipe. Ganharam a oportunidade de construir o que mais tarde seria considerado uma obra-prima moderna, uma construção icônica de nosso tempo. Utzon e seus colegas começaram a trabalhar imediatamente. O custo estimado do projeto era de US$ 7 milhões e a data de conclusão da obra planejada foi 26 de janeiro de 1963.[20] Isso daria à equipe aproximadamente seis anos para concluir o projeto. Na época, seis anos pareciam ser um período razoável para a construção do teatro. No entanto, obstáculos inesperados não tardaram a se materializar.

Primeiro, a equipe enfrentou tempestades imprevistas e teve dificuldade de desviar a água da tempestade para longe do local da construção. Além disso, eles foram obrigados a iniciar a construção antes de concluídos os desenhos finais do projeto. Isso gerou problemas, como a criação de colunas de pódio com pouca sustentação, que não suportaram o peso do telhado e tiveram de ser reconstruídas.[21] Em 1966, o projeto já estava US$ 16 milhões acima do orçamento e a equipe se encontrava mais de três anos atrasada. A tensão entre os arquitetos e os representantes do governo aumentava diariamente. Uma parte culpava a outra pela situação. Finalmente, Jørn Utzon abandonou a obra, e o término da construção foi adiado mais uma vez.

Em 1973, uma década depois da data de entrega original, a Opera House de Sydney ficou pronta. O custo foi de US$ 102 milhões — mais de 14 vezes o orçamento original! Não há dúvida de que o produto final é impressionante, mas será que não poderia ter havido um plano melhor? Não poderiam ter sido propostos um orçamento e um prazo mais razoáveis?

A Opera House de Sydney não é um caso isolado. Seja em uma obra, um filme, um projeto de um teatro, um jantar festivo, uma reforma do apartamento, uma guerra ou um plano de paz, os custos sempre estouram o valor orçado inicialmente, e os atrasos na implantação são a norma. O governo britânico, por exemplo, decidiu enfrentar o problema. Foram publicadas orientações específicas no Livro Verde do governo britânico, que fornece uma metodologia abrangente para avaliação econômica, sobre como corrigir o viés do otimismo nas avaliações. Um guia suplementar especial sobre o assunto declara: "Há uma clara e sistemática tendência dos avaliadores dos projetos a serem extremamente otimistas. Para compensar essa tendência, os avaliadores devem fazer ajustes empíricos nos custos, nos benefícios e na duração estimados de um projeto".[22] Desde então, ajustes no viés do otimismo são incluídos no orçamento de muitos dos projetos do governo, como, recentemente, as Olimpíadas de Londres em 2012.

Os fornecedores de linhas de crédito parecem estar cientes do viés do otimismo (embora não necessariamente quando se aplica a eles). Devemos ousar dizer que buscam usar e elevar o dito viés no mercado de produtos de crédito? Atribuir probabilidades irrealisticamente baixas a acontecimentos negativos da vida (como doença e desemprego) e probabilidades irrealisticamente elevadas a eventos positivos da vida (como conseguir um aumento de salário) estimula os devedores a pedir emprestado mais do que teriam pedido em outras circunstâncias. E ainda assim, como ficou francamente aparente em setembro de 2008, o valor das ações persistiu teimosamente em oscilar para cima e para baixo. Os economistas sugeriram que o viés do otimismo foi uma causa do colapso de 2008.[23] O viés do otimismo não só embaçava a visão do setor privado (pessoas que acreditaram que o valor de seus imóveis e salários aumentaria, mas que as taxas de juros continuariam constantes) como também a das autoridades governamentais, das agências de *rating* e dos analistas financeiros, que esperavam continuamente improváveis lucros altos.

Você pode pensar que, em razão do aperto de crédito e da perspectiva geralmente pessimista retratados nos meios de comunicação na época, as pessoas teriam expectativas desanimadoras com relação ao futuro financeiro de seus negócios. Não foi o que aconteceu. De acordo com uma pesquisa feita em julho de 2008, 76% dos 776 profissionais de negócios entrevistados na Inglaterra mantinham o otimismo com relação aos próximos um a cinco anos. Embora os participantes da pesquisa estivessem totalmente cientes do desanimador clima econômico da época, quando vislumbravam o futuro não viam pobreza e falência para si. Por quê?

Quando as pessoas imaginam situações adversas, elas se veem escapando da confusão. Embora os homens de negócio pesquisados possam ter vivido perdas, quando fechavam os olhos vislumbravam maneiras nas quais podiam reconstruir seus negócios e ter lucro. Veja a resposta de uma voluntária a um estudo que conduzi. Quando lhe pedi para descrever o que teria sentido após perder as chaves do apartamento, ela disse: "Ficar presa do lado de fora é sempre chato, mas sempre tenho uma chave sobressalente em algum lugar e/ou [uma chave] guardada com alguém [uma colega de quarto]. Embora eu jamais tenha sido proprietária de um apartamento, presumo que o zelador tenha uma chave, por isso me imagino descendo e pedindo-lhe a chave sobressalente."

Já fiquei trancada do lado de fora de meu apartamento inúmeras vezes. Conseguir entrar em casa nunca foi tão simples quanto essa participante da pesquisa imaginou ser. Certa vez, minha querida irmã precisou dirigir uma hora e meia para me levar a chave sobressalente. Outra vez, fiquei presa do lado de fora do meu apartamento no centro de Londres quando colocava o lixo para fora. Tive de bater na porta do vizinho (alguém que eu jamais tinha encontrado, já que havia acabado de me mudar algumas semanas antes) e pedir para usar o telefone. Felizmente, a vizinha era uma senhora adorável. Uma hora depois, o chaveiro chegou. Voltei para meu apartamento — com bem menos dinheiro no bolso, diga-se de passagem.

Na verdade, imaginar como as coisas podem dar errado (ficar preso do lado de fora do apartamento) pode nos ajudar a identificar medidas (dar uma chave sobressalente a seu vizinho) que podem nos ajudar a evitar as situações adversas; também pode ajudar a nos preparar emocionalmente para a decepção e para desilusões amorosas. No entanto, *refletir* sobre acontecimentos desagradáveis interfere nas atividades diárias e promove efeitos negativos, como ansiedade e depressão.

"Sou um otimista — não parece ter muita utilidade ser qualquer outra coisa", declarou Winston Churchill no banquete do prefeito de Londres em 1954. Um pessimista, nas palavras de Churchill, verá dificuldade em toda oportunidade e por isso provavelmente não tentará, enquanto um otimista verá oportunidade em toda dificuldade.

É, o orçamento das Olimpíadas de Londres em 2012 precisou ser ajustado para levar em conta as previsões excessivamente otimistas. Mas se o espírito humano não fosse otimista, será que teria havido alguém para participar dos jogos? Meu palpite é que o número de atletas que esperam conquistar uma medalha nas Olimpíadas excede significativamente o número de competidores que subirão ao pódio para receber a coroa de louros na hora da premiação. Os atletas submetem-se a anos de treinamento intenso porque conseguem claramente vislumbrar o objetivo final — e ele é magnífico.

Epílogo

Uma linda senhorita ou uma velha e triste senhora?

Do prognóstico à percepção e à ação

Viajamos dos céus escuros de Sharm el-Sheikh aos vestiários lotados do Los Angeles Lakers, de um pub irlandês ao campus da Universidade da Califórnia em Davis, passando pelos famosos táxis pretos de Londres. Esse caminho foi tomado a fim de se apresentarem dois argumentos importantes.

A primeira alegação que este livro apresenta é relativamente simples: as pessoas, em sua maioria, são otimistas. Embora coisas boas possam acontecer, *em média* nossas expectativas superam os acontecimentos.[1] Não estamos necessariamente cientes de nosso viés. Assim como outras ilusões do cérebro humano, o viés do otimismo não é facilmente acessível para introspecção.[2] No entanto, a ciência nos mostrou que a mente humana tende a pensar em dias de sol.[3] Pensamos no sucesso de nossos filhos na vida, em como vamos conseguir o emprego que tanto desejamos ou naquela casa no campo, como vamos encontrar o amor e a felicidade. Imaginamos nosso time vencendo um jogo importante e esperamos ansiosos por aquelas férias relaxantes na Costa Rica. Visualizamos nossos investimentos resultando em ótimos lucros e o valor de nossos imóveis aumentando. Mesmo quando os mercados financeiros entram em colapso e líderes belicosos ameaçam tomar o poder, nossos instintos nos dizem que resistiremos.

Não me interprete mal: a mente tem pensamentos sombrios. Preocupamo-nos em perder entes queridos, em não dar conta do trabalho ou em morrer em um terrível acidente de avião sobre o Mar Vermelho. Pesquisas mostram, porém, que a maioria das pessoas passa menos tempo matutando sobre acontecimentos negativos do que positivos e quando pensamos em derrota e dor de cotovelo tendemos a levar em conta como eles podem ser evitados.

Embora sejamos otimistas, nossas expectativas não costumam beirar a insanidade. A maioria de nós não espera conquistar uma medalha de ouro nas Olimpíadas, ser presidente dos Estados Unidos ou tornar-se um astro ou estrela de Hollywood. O viés do otimismo significa apenas que, na maior parte das vezes, nossas expectativas são ligeiramente melhores do que o futuro nos reserva. De um modo geral, isso é benéfico. Existem inúmeros dados que apontam o lado bom do otimismo; os otimistas vivem mais, são mais saudáveis e mais felizes, fazem melhores planos financeiros e são mais bem-sucedidos.[4]

Isso nos leva à segunda alegação do livro — a afirmação de que nosso cérebro evoluiu para prever exageradamente a felicidade e o sucesso, porque fazê-lo torna a saúde e o progresso mais prováveis. Entender como a mente gera e mantém o otimismo irrealista, e como — de maneira ainda mais desconcertante — o otimismo leva ao sucesso profissional e pessoal exige conhecimento íntimo do funcionamento do cérebro humano. A tendência a fazer previsões positivas para criar resultados positivos (sejam subjetivos ou objetivos) está enraizada em regras fundamentais que governam a maneira como a mente percebe, interpreta e altera o mundo que encontra.

O cérebro é organizado em uma estrutura hierárquica. É esse arranjo preciso que permite que nossas expectativas influenciem tanto nossa *percepção* da realidade quanto nossas *ações* — alterando, assim, a própria realidade. Neste livro, concentramo-nos nas estruturas no topo da hierarquia do cérebro, como o córtex frontal, e nas antigas estruturas evolutivas que são encontradas mais abaixo na hierarquia. Como você deve estar lembrado, o córtex frontal executa funções cognitivas mais elevadas, como o planejamento, o pensamento abstrato, a teoria da mente (pensar sobre o que os outros estão pensando), a detecção de erros e a resolução de conflitos.[5] Mais no interior do cérebro encontramos as regiões subcorticais. Entre elas estão as estruturas que consideramos repetidamente ao longo do livro, como a amígdala, envolvida no processamento emocional,[6] o hipocampo, que desempenha um papel importante na memória,[7] e o corpo estriado, fundamental para a representação do valor dos estímulos e das ações.[8]

Por meio da sinalização neuronal, camadas superiores do cérebro podem transmitir as expectativas para as camadas inferiores, fazendo o viés de sua atividade.[9] Anteriormente no livro, pedi para você fechar os olhos e imaginar seu futuro. Eu sabia, pelas pesquisas feitas por mim, que você provavelmente imaginaria coisas boas e não ruins. Os dados obtidos de imagens cerebrais sugerem que esse desequilíbrio se deve ao fato de neurônios no lóbulo frontal alterarem a atividade das regiões subcorticais e intensificarem os sinais que transmitem emoções e associações positivas quando consideramos o futuro.[10] Em um *loop de feedback*, os neurônios das estruturas inferiores projetam informações de volta para as superiores, fortalecem e confirmam as expectativas iniciais.

Vamos usar um exemplo visual (como fizemos no Capítulo 1) para exemplificar como nossas expectativas alteram a maneira como percebemos e interpretamos o mundo. Dê uma olhada na linda jovem com plumas, retratada na figura abaixo.

Figura 3
Adaptada da revista *Puck* (1915).

Consegue vê-la? Ótimo. Agora olhe mais uma vez para a figura. Dessa vez, porém, eu lhe direi que, na verdade, a figura retrata uma velha com franja preta e nariz comprido. Pode levar algum tempo para que sua percepção mude daquela de uma linda jovem para a de uma senhora idosa, mas depois de um ou dois momentos a velha surgirá.

Inicialmente, você esperou que a figura retratasse uma linda senhorita bem-vestida. Ao examinar a ilustração, buscou ativamente pistas que confirmassem as suas expectativas. Seu cérebro detectou essas pistas e interpretou a figura como um retrato de uma jovem. Eu então revelei que o desenho não é de uma linda jovem afinal, e sim de uma velha com aparência triste. Você rapidamente atualizou suas expectativas e procurou a mulher idosa na figura até que, em um passe de mágica, a percepção passou a equivaler ao prognóstico. Na verdade, a figura retrata tanto uma mulher idosa quanto uma jovem atraente. O fato de você ver uma coisa ou outra depende do que você espera perceber.

O viés do otimismo sustenta-se em um princípio semelhante para transformar previsão em realidade. Em primeiro lugar, altera a realidade *subjetiva*. Em outras palavras, as crenças otimistas mudam nossa opinião sobre as pessoas e sobre os acontecimentos com os quais deparamos. Os incidentes da vida são, em sua maior parte, compostos de elementos positivos e negativos. Imagine, por exemplo, que você acaba de se formar pelo Le Cordon Bleu. Está prestes a assumir um novo emprego como principal *chef* de um dos restaurantes italianos de Mario Batali em Manhattan — o Babbo. Você sempre sonhou em trabalhar ao lado de Batali, com seu famoso rabo de cavalo ruivo. É um emprego de prestígio e paga bem. No entanto, o pacote inclui longas horas de trabalho, muita cebola para cortar e dificuldade de transporte de seu apartamento no Queens até lá. Se considerar tudo isso, você prevê que vai gostar de seu novo emprego?

Depois de ler o Capítulo 5, você deve saber que (a) essa é um pergunta capciosa, que você não pode responder de maneira confiável e (b) dificuldade de transporte é realmente terrível para o seu bem-estar. No entanto, desconfio que seus neurônios dopaminérgicos são ativados quando você se imagina com um chapéu de *chef*, exatamente como fez Tim quando pensou em sua futura viagem à Costa Rica. A maioria das pessoas admitirá prontamente que, sim, é fácil ver-se picando cebola com um largo sorriso no rosto — imagens do metrô lotado nem passam pela sua cabeça.

Como regra geral, esperamos que o futuro seja brilhante. Somos, portanto, pelo menos ligeiramente propensos a perceber o positivo com maior clareza do que o negativo. Enquanto escrevo estas linhas, um amigo meu liga. Ele está no Aeroporto de Heathrow, esperando para embarcar em um avião rumo a uma estação de esqui na Áustria. Seu avião está três horas atrasado por causa de tempestades de neve em seu destino. "Isso é bom e ruim ao mesmo tempo", diz. A espera no aeroporto não é nada agradável, mas sua mente conclui rapidamente que neve hoje significa melhores condições para esquiar amanhã. A possibilidade de o voo ser cancelado e de ele não conseguir deslizar alegremente pelas encostas no dia seguinte ainda não lhe ocorreu. No fim, o voo é realmente cancelado. No entanto, um dia depois ele chega ao seu destino. O sol brilha e a neve é abundante.

Um voo cancelado certamente não é um acontecimento trágico, mas mesmo quando ocorrem conosco incidentes terríveis, que nunca esperávamos viver, buscamos automaticamente provas que confirmem que nosso azar é uma bênção disfarçada.[11] É por isso que, quando pensamos em câncer, vemos uma mulher idosa, enquanto que Armstrong vê uma linda senhorita com plumas. Não, não prevemos perder o emprego, ficar doentes ou passar por um divórcio. Entretanto, quando esses incidentes acontecem, tentamos vê-los pelo lado melhor. Ponderamos que essas experiências nos ajudam a amadurecer. Acreditamos que podem levar a empregos melhores e a relacionamentos estáveis. Interpretar um infortúnio como uma linda jovem significa que podemos afirmar que estávamos certos ao presumir que as coisas acabariam bem.

Gravar a atividade cerebral enquanto ocorrem essas rápidas transformações revela que destacar o positivo dentro do negativo envolve, mas uma vez, um tête-à-tête entre o córtex frontal e as regiões subcorticais que processam o valor emocional. Ao ponderarmos sobre um infortúnio, como o atraso de um voo, a atividade no córtex frontal modula os sinais no corpo estriado que transmitem o bom e o ruim do acontecimento em questão — e o viés conduz sua atividade em uma direção positiva.[12] A avaliação nova e aprimorada do voo atrasado é então transmitida de volta para as regiões frontais e concluímos que o atraso não é tão ruim assim, afinal de contas.

Ironicamente, perceber reveses como oportunidades na realidade pode transformá-los nisso. Isso porque os prognósticos não apenas alteram a percepção como também modificam a ação e mudam, portanto, a realidade objetiva. Karl Friston, professor da University College London e um dos principais neurocientistas da atualidade, afirma: "Modificaremos constantemente nossa relação com o meio para que nossas expectativas se tornem profecias que se autorrealizem."[13] Imagine um exemplo simples. Você espera encontrar um velho amigo em uma festa. Essa expectativa provoca um certo comportamento — você anda pela sala, examina os rostos ao seu redor; fica até na ponta dos pés para ter uma visão melhor das pessoas. Com essas ações, você provavelmente encontrará seu amigo. De acordo com Friston, "esse princípio pode cercar toda a nossa orientação do mundo para evitar o inesperado".[14]

De acordo com esse raciocínio, os otimistas tomarão atitudes que tornarão mais prováveis suas previsões auspiciosas. O treinador Riley fez os Lakers suarem durante 12 meses porque acreditava que poderiam vencer o campeonato da NBA no fim do ano — e eles venceram.[15] Elaine, a participante otimista do programa *Survivor*, procurou cocos pela ilha e nadou no oceano em busca de peixes — iniciativas que aumentaram suas chances de sobrevivência. Matt Hampson constrói uma casa e atua como treinador de rugby numa cadeira de rodas porque acredita que a vida vale a pena mesmo que esteja paralítico — e é isso aí.[16] Peter evita se entupir de hambúrguer e faz longas caminhadas porque acredita que pode evitar outro ataque cardíaco, o que, por sua vez, torna outro incidente menos provável.

Riley não foi o único treinador da NBA a acreditar que seu time venceria o campeonato de 1988. Elaine não foi a única participante a esperar ser a última sobrevivente. A maioria das pessoas acredita ter uma chance de levar o prêmio. A maior parte volta de mãos vazias — essa é a essência do viés do otimismo. No entanto, quem não prevê levantar a taça do campeonato, levar uma vida saudável ou conquistar objetivos profissionais tem menos chance de agir de maneira a alcançar tais metas.

É tentador especular que o otimismo foi selecionado ao longo da evolução exatamente porque as expectativas positivas aumentam a possibilidade de sobrevivência. O fato de os otimistas viverem mais e serem mais saudáveis,[17] associado a estatísticas que indicam que a maior parte dos seres humanos tem viés otimista[18] e aos dados recentes que ligam o otimismo a genes específicos,[19] sustenta fortemente essa hipótese.

No entanto, apesar de tudo de bom que as ilusões otimistas têm a oferecer, existem armadilhas imprevistas ao longo do caminho. Há risco de, em algumas situações, vieses relativamente pequenos de várias pessoas diferentes se combinarem para criar uma ilusão muito maior, o que pode levar ao desastre. Vejamos, por exemplo, a crise de crédito de 2008. Investidores, proprietários de imóveis, banqueiros e reguladores econômicos esperavam lucros ligeiramente melhores do que os que eram factíveis.[20] Cada um desses vieses, isoladamente, não teria gerado enormes perdas. No entanto, quando associados no mercado, formaram uma gigantesca bolha financeira, que, ao estourar, gerou enormes perdas para muitos.

Imagine outro exemplo discutido no Capítulo 11 — a construção da Opera House de Sydney, que levou uma década a mais do que se esperava inicialmente. As falhas no planejamento do projeto não se deveram a um indivíduo altamente otimista. Ao definir a data final de entrega, o gerente de projeto teve de considerar as estimativas apresentadas por vários membros da equipe — o gerente de construção, o engenheiro do projeto, o engenheiro de construção e o arquiteto do projeto. Como eram humanos, cada um desses profissionais subestimou ligeiramente o tempo necessário para concluir o trabalho. As tarefas, em geral, são feitas em sequência, não simultaneamente. Nesse caso, o arquiteto e sua equipe precisavam terminar os desenhos do projeto para que a equipe de construção pudesse começar a trabalhar. Os erros de projeto de cada membro se acumularam e provocaram atrasos significativos.

Em nível individual, o otimismo também pode provocar resultados indesejados. Isso é especialmente verdadeiro entre os otimistas extremos, para quem as desvantagens do viés do otimismo podem suplantar as vantagens. Entretanto, se estivermos cientes do viés, devemos ser capazes de manter o otimismo — e nos beneficiar de seus frutos — e, ao mesmo tempo, de promover atitudes que nos protejam das armadilhas do otimismo irrealista. É como ver a jovem senhorita da Figura 3 e, ao mesmo tempo, saber que a velha senhora também existe. Assim como um piloto é capaz de confiar no sistema de navegação de um avião, mesmo quando sente que o sistema o guia diretamente para o chão, devemos ser capazes de acreditar que teremos uma vida longa e saudável, mas não deixar de ir ao médico regularmente; ter certeza de que nosso casamento durará, mas também assinar um acordo pré-nupcial; calcular que o projeto estará concluído em sete meses, mas fazer questão de acrescentar mais um mês a essa estimativa.

Os pilotos não chegam ao mundo com todos os conhecimentos sobre vertigem. Se não lhes explicassem explicitamente esse fenômeno antes de entrarem no *cockpit* do avião, estes cairiam em um giro em espiral diariamente. Do mesmo modo, a mente não é dotada de um entendimento inato de seus vieses cognitivos; tampouco somos naturalmente cientes das vantagens e desvantagens desses vieses. Eles devem ser identificados por meio de cuidadosa observação, depois comprovados por experimentos controlados e, finalmente, comunicados para o resto de nós.

O cérebro nos oferece uma visão distorcida da realidade. Ele engana, sim. Mas faz isso por um motivo e, ao mesmo tempo, permite a constatação de que cada um de nós está suscetível a ilusões e vieses.

AGRADECIMENTOS

Sou extremamente afortunada por ter amigos tão generosos, talentosos e inteligentes, que, por acaso, também são meus colegas de profissão. Eles não só melhoraram a qualidade deste livro ao ler capítulos, tecer comentários e oferecer sugestões, como também me apoiaram e tornaram o processo mais agradável. Tamara Shiner leu pacientemente cada palavra que escrevi e ouviu todos os meus dilemas, que não foram poucos. Assumiu o papel de amiga, colaboradora, terapeuta e médica. Sou-lhe eternamente grata. Amir Doron, autor de uma brilhante série de livros para adolescentes, ajudou-me durante as fases iniciais desta obra. Amir é o Google em carne e osso e apresentou ideias para muitos dos exemplos aqui apresentados. Sou grata por ter escolhido aquela cadeira vaga ao seu lado muitos anos atrás, em nossa primeira palestra sobre economia na faculdade. A extraordinária Rosalyn Morn ofereceu ajuda com tudo, da codificação de programas a soluções elegantes para conflitos sociais e profissionais. Sara Bengtsson ofereceu conselhos particularmente perspicazes depois de ler o livro; seu trabalho inovador inspirou o Capítulo 3. Ana Stefanovic leu o livro com todo o cuidado e apontou erros. Patrick Freund, companhia divertida, leu capítulos e fez sugestões. Marc

Guitart Masip teceu comentários e envolveu-se em longas discussões. Nick Wright chamou minha atenção para notícias relevantes e fez seus comentários. Agradeço em especial a Steve Fleming, cujo apoio teimoso ao longo desta aventura intensificou meu viés otimista. Nossas frequentes interações continuam a questionar meus pensamentos e aperfeiçoar minha ciência.

Sou especialmente grata a minha mentora, Elizabeth Phelps. Liz não é apenas uma renomada cientista; é também uma excepcional mulher e conselheira. Tremo só de pensar onde eu estaria se não tivesse entrado em sua sala, sem anunciar, há mais de uma década. Devo-lhe minha paixão pela neurociência e a meta constante de fazer pesquisas significativas. Foi Liz quem me apresentou a Ray Dolan, um dos principais neurocientistas cognitivos da atualidade, que foi generoso o suficiente para me colocar sob sua tutela. Sou grata a Ray por ser um mentor útil e um colaborador próximo e por me oferecer um lugar no Wellcome Trust Centre for Neuroimaging at University College London. Grande parte das pesquisas descritas neste livro foi feita enquanto eu estava lá. Seria impossível imaginar lugar mais dinâmico e produtivo. Trata-se realmente de uma instituição única que reúne os mais talentosos e sérios cientistas.

A ideia de transformar minha pesquisa sobre o otimismo em livro partiu de Richard T. Kelly, que procurou Kevin Conroy Scott, da Tibor Jones & Associates, o qual mais tarde se tornou o meu agente. Sou profundamente grata aos dois por darem o pontapé inicial em

O viés otimista e por me ajudarem a transformá-lo em livro. Agradeço também a Sophie Lambert e Marika Lysandrou, da Tibor Jones. Tenho uma dívida de gratidão especial para com Dan Frank, meu editor na Pantheon Books, que acreditou em *O viés otimista* no momento exato em que os mercados financeiros estavam em colapso. Tive a sorte de ter um editor tão perspicaz quanto Dan, cuja experiência e temperamento calmo me transmitiram grande confiança. Agradeço também à paciência de Jill Verrillo, da Pantheon Books, a meus enérgicos publicistas na Knopf Erinn Hartman e Frances Bedford e à minha editora na Knopf Canada, Diane Martin, otimista desde o primeiro dia. Na Constable & Robinson, agradeço ao meu editor, Jamie Joseph, e ao relações-públicas, Jamie-Lee Nardone.

 Devo aos meus alunos reconhecimento e gratidão pelo seu árduo trabalho. Christoph Korn, em particular, contribuiu enormemente para as pesquisas descritas neste livro, bem como Cristina Velasquez, Candace Raio, Alison Riccardi, Arshneel Kochar, Annemarie Brown, David Johnson, Katelyn Gulbransen e Elizabeth Martorella. Gostaria também de agradecer aos diversos cientistas cujo trabalho é descrito aqui, em especial a Karl Friston, Daniel Gilbert, Daniel Kahneman, Eleanor Maguire, Nicky Clayton e Laurie Santos. Agradeço à British Academy pelo apoio às minhas pesquisas e aos meus colaboradores Benedetto De Martino, Yadin Dudai, Mauricio Delgado e Andrew Yonelinas.

 Por fim, meu enorme agradecimento às outras pessoas importantes da minha vida que, exceto uma, não são neurocientistas: minhas amigas Keren Sarbero Sorek e Maya Margi pelo apoio e pelos *insights*. Meu pai, que me inspirou a seguir a vida acadêmica e cujas ideias contribuíram para o Capítulo 4. Minha mãe, de quem desconfio ter herdado o profundo interesse pela natureza humana. Meu irmão, Dan, que me aconselhou em todos os documentos relacionados a livros não científicos e bancou o irmão mais velho (na verdade é o mais novo). Meu companheiro, Josh McDermott, por sugerir alterações importantes, ajudar a me manter centrada e tornar minha vida muito mais agradável.

Notas

Prólogo

1. T. Sharot et al., "How Personal Experience Modulates the Neural Circuitry of Memories of September 11", *Proceedings of the National Academy of Sciences of the United States of America* 104, nº 1 (2007): 389-94.
2. Daniel L. Schacter e Donna Rose Addis, "Constructive Memory: The Ghosts of Past and Future", *Nature* 445, nº 7123 (2007): 27, doi:10.1038/445027a.
3. Donna Rose Addis, Alana T. Wong e Daniel L. Schacter, "Remembering the Past and Imagining the Future: Common and Distinct Neural Substrates During Event Construction and Elaboration", *Neuropsychologia* 45, nº 7 (2007): 1363-77, doi:10.1016/j.neuropsychologia.2006.10.016.
4. T. Sharot et al., "Neural Mechanisms Mediating Optimism Bias", *Nature* 450, nº 7166 (2007): 102-5.
5. Mariellen Fischer e Harold Leitenberg, "Optimism and Pessimism in Elementary School-Aged Children", *Child Development* 57, nº 1 (1986): 241-48.
6. Derek M. Isaacowitz, "Correlates of Well-being in Adulthood and Old Age: A Tale of Two Optimisms", *Journal of Research in Personality* 39, nº 2 (2005): 224-44.
7. Neil D. Weinstein, "Unrealistic Optimism About Susceptibility to Health Problems: Conclusions from a Community - Wide Sample", *Journal of Behavioral Medicine* 10, nº 5 (1987): 481-500.
8. Ibid., N. D. Weinstein, "Unrealistic Optimism About Future Life Events", *Journal of Personality and Social Psychology* 39, nº 5 (1980): 806-20.
9. Weinstein, "Unrealistic Optimism".
10. Gottfried Wilhelm Leibniz, *Essais de Théodicée sur la bonté de Dieu, la liberté de l'homme et l'origine du mal* (Paris, 1710).

CAPÍTULO 1

1. Série de documentários para televisão *Mayday*, temporada 4, episódio 9: "Vertigo".
2. David Evans, "Safety: Mode Confusion, Timidity Factors", *Avionics Magazine*, 1/07/2005, http://www.avionicstoday.com/av/issue/columns/993.html.
3. Ibid.
4. Ibid.
5. Ibid.
6. U.S. Summary Comments on Draft Final Report of Aircraft Accident Flash Airlines Flight 604, Boeing 737-300, SU-ZCF, www.ntsb.gov/events/2006/flashairlines/343220.pdf.
7. Ibid. A equipe de investigação egípcia não chegou às mesmas conclusões que a equipe dos EUA.
8. "Kennedy Crash Bodies Recovered", BBC News, 22/07/1999.
9. Student Pilot—Flight Training Online, "Disorientation (Vertigo)", http://www.news/bbc.co.uk./1/hi/world/americas/401243.stm.
10. Ibid.; Eric Nolte, "Heart over Mind: The Death of JFK, Jr.", Airline Safety.com.
11. Student Pilot—Flight Training Online, "Disorientation (Vertigo)".
12. "Kennedy Crash Bodies Recovered."
13. U.S. Summary Comments on Draft Final Report.
14. Documentário *Mayday*.
15. U.S. Summary Comments on Draft Final Report.
16. E. H. Adelson, "Lightness Perception and Lightness Illusions", in *The New Cognitive Neurosciences*, 2ª ed., org. M. Gazzaniga (Cambridge, MA: MIT Press, 2000), pp. 339-51.
17. P. Thompson, "Margaret Thatcher: A New Illusion", *Perception* 9 (1980): 483-84.
18. N. Kanwisher, J. McDermott e M. M. Chun, "The Fusiform Face Area: A Module in Human Extrastriate Cortex Specialized for Face Perception", *Journal of Neuroscience* 17, nº 11 (1997): 4302-11.
19. Oliver Sacks, *The Man Who Mistook His Wife for a Hat* (1970; reimpressão, Nova York: Picador, 1986). [Edição brasileira: *O homem que confundiu sua mulher com um chapéu*. São Paulo, Companhia das Letras, 1997.]

20. Paul Ekman, *Emotions Revealed: Understanding Faces and Feelings* (Londres: Weidenfeld & Nicolson, 2003).
21. Vide http://sallyssimilies.blogspot.com/2008/02/boy-george-looks-like-margaret-thatcher.html.
22. G. Rhodes et al., "Expertise and Configural Coding in Face Recognition", *British Journal of Psychology* 80 (1989): 313-31.
23. Ibid.
24. Ikuma Adachi, Dina P. Chou e Robert R. Hampton, "Thatcher Effect in Monkeys Demonstrates Conservation of Face Perception Across Primates", *Current Biology* 19, nº 15 (2009): 1270-73, doi:10.1016/j.cub.2009.05.067.
25. Mark D. Alicke e Olesya Govorun, "The Better-Than-Average Effect", in *The Self in Social Judgment,* org. Mark D. Alicke et al. (Nova York: Psychology Press, 2005), pp. 85-108.
26. O. Swenson, "Are We All Less Risky and More Skillful Than Our Fellow Drivers?", *Acta Psychologica* 47, nº 2 (1981): 145-46, doi:10.1016/0001-6918(81)90005-6.
27. U.S. Summary Comments on Draft Final Report.
28. E. Pronin, D. Y. Lin e L. Ross, "The Bias Blind Spot: Perceptions of Bias in Self Versus Others", *Personality and Social Psychology Bulletin* 28 (2002): 369-81.
29. Extraído da apresentação de Emily Pronin na conferência Project on Law and Mind Sciences (PLMS), Harvard Law School, 8/03/2008.
30. Dan Collins, "Scalia-Cheney Trip Raises Eyebrows", CBS News, 17/01/2003.
31. Citado em Dahlia Lithwick, "Sitting Ducks", *Slate,* 3/02/2004.
32. Emily Pronin e M. B. Kugler, "Valuing Thoughts, Ignoring Behavior: The Introspection Illusion as a Source of the Bias Blind Spot", *Journal of Experimental Social Psychology* 43 (2006): 565-78.
33. Timothy D. Wilson, *Strangers to Ourselves: Discovering the Adaptive Unconscious* (Cambridge, MA: Belknap Press, 2002), pp. 159-82.
34. Petter Johansson et al., "Failure to Detect Mismatches Between Intention and Outcome in a Simple Decision Task", *Science* 310, nº 5745 (2005): 116-19, doi:10.1126/science.1111709.
35. Ibid.

36. L. Hall e P. Johansson, "Using Choice Blindness to Study Decision Making and Introspection", in *A Smorgasbord of Cognitive Science,* org. P. Gärdenfors e A. Wallin (Nora, Suécia: Nya Doxa, 2008), pp. 267-83.
37. Ibid.
38. "How to Make Better Decisions", *Horizon,* BBC, fevereiro de 2008.
39. T. D. Wilson e J. W. Schooler, "Thinking Too Much: Introspection Can Reduce the Quality of Preferences and Decisions", *Journal of Personality and Social Psychology* 60, nº 2 (1991): 181-92.
40. Loran F. Nordgren e Ap Dijksterhuis, "The Devil Is in the Deliberation: Thinking Too Much Reduces Preference Consistency", *Journal of Consumer Research: An Interdisciplinary Quarterly* 36, n 1 (2009): 39-46.

Capítulo 2

1. C. R. Raby et al., "Planning for the Future by Western Scrub-Jays", *Nature* 445, nº 7130 (2007): 919-21, doi:10.1038/nature05575.
2. Virginia Morell et al. "Nicola Clayton Profile: Nicky and the Jays", *Science* 315, nº 5815 (2007): 1074-75.
3. Raby et al., "Planning for the Future by Western Scrub-Jays"; Nicola S. Clayton, Timothy J. Bussey e Anthony Dickinson, "Can Animals Recall the Past and Plan for the Future?", *Neuroscience* 4, nº 8 (2003): 685-91, doi:10.1038/nrn1180; Sérgio P. C. Correia, Anthony Dickinson e Nicola S. Clayton, "Western Scrub-Jays Anticipate Future Needs Independently of Their Current Motivational State", *Current Biology* 17, nº 10 (2007): 856-61, doi:10.1016/j.cub.2007.03.063.
4. Endel Tulving, "Episodic Memory: From Mind to Brain", *Annual Review of Psychology* 53 (2002): 1-25, doi:10.1146/annurev.psych.53.100901.135114.
5. Doris Bischof-Köhler, "Zur Phylogenese menschlicher Motivation", in *Emotion und Reflexivität,* org. Lutz H. Eckensberger et al. (Munique: Urban & Schwarzenberg, 1985), pp. 3-47.
6. Thomas Suddendorf e Michael C. Corballis, "The Evolution of Foresight: What Is Mental Time Travel, and Is It Unique to Humans?", *Behavioral and Brain Sciences* 30, nº 3 (2007): 313-51, doi:10.1017/S0140525X07001975; William A. Roberts, "Mental Time Travel: Animals Anticipate the Future", *Current Biology* 17, nº 11 (2007): R418-20, doi:10.1016/j.cub.2007.04.010.

7. Suddendorf e Corballis, "The Evolution of Foresight".
8. Raby et al., "Planning for the Future by Western Scrub-Jays".
9. Joanna M. Dally, Nathan J. Emery e Nicola S. Clayton, "Food-Caching Western Scrub-Jays Keep Track of Who Was Watching When", *Science* 312, nº 5780 (2006): 1662-65, doi:10.1126/science.1126539.
10. Correia, Dickinson e Clayton, "Western Scrub-Jays Anticipate Future Needs".
11. Raby et al., "Planning for the Future by Western Scrub-Jays".
12. Morell et al., "Nicola Clayton Profile".
13. L. R. Bird et al., "Spatial Memory for Food Hidden by Rats (*Rattus norvegicus*) on the Radial Maze: Studies of Memory for Where, What, and When", *Journal of Comparative Psychology* 117 (2003): 176-87.
14. Thomas R. Zentall, "Mental Time Travel in Animals: A Challenging Question", *Behavioral Processes* 72, nº 2 (2006): 173-83, doi:10.1016/j.beproc.2006.01.009.
15. Tammy McKenzie et al., "Can Squirrel Monkeys (*Saimiri sciureus*) Plan for the Future? Studies of Temporal Myopia in Food Choice", *Learning & Behavior* 32, nº 4 (2004): 377-90.
16. Katherine Woollett, Hugo J. Spiers e Eleanor A. Maguire, "Talent in the Taxi: A Model System for Exploring Expertise", *Philosophical Transactions of the Royal Society of London B: Biological Sciences* 364, nº 1522 (2009): 1407-16, doi:10.1098/rstb.2008.0288.
17. E. A. Maguire et al., "Navigation-Related Structural Change in the Hippocampi of Taxi Drivers", *Proceedings of the National Academy of Sciences of the United States of America* 97, nº 8 (2000): 4398-403, doi:10.1073/pnas.070039597.
18. "Taxi Drivers' Brains 'Grow' on the Job", BBC News, 14 de março de 2000, http://news.bbc.co.uk/1/hi/677048.stm.
19. Maguire et al., "Navigation-Related Structural Change in the Hippocampi of Taxi Drivers".
20. Ibid.
21. D. W. Lee, L. E. Miyasato e N. S. Clayton, "Neurobiological Bases of Spatial Learning in the Natural Environment: Neurogenesis and Growth in the Avian and Mammalian Hippocampus", *Neuroreport* 9, nº 7 (1998): R15-27.

22. J. R. Krebs et al., "Hippocampal Specialization of Food-Storing Birds", *Proceedings of the National Academy of Sciences of rhe United States of America* 86, nº 4 (1989): 1388-92.
23. Lee, Miyasato e Clayton, "Neurobiological Bases of Spatial Learning".
24. T. V. Smulders, A. D. Sasson e T. J. DeVoogd, "Seasonal Variation in Hippocampal Volume in a Food-Storing Bird, the Black-Capped Chickadee", *Journal of Neurobiology* 27, nº 1 (1995): 15-25, doi:10.1002/neu.480270103.
25. J. C. Reboreda, N. S. Clayton e A. Kacelnik, "Species and Sex Differences in Hippocampus Size in Parasitic and Non-Parasitic Cowbirds", *Neuroreport* 7, nº 2 (1996): 505-8.
26. L. F. Jacobs et al., "Evolution of Spatial Cognition: Sex-Specific Patterns of Spatial Behavior Predict Hippocampal Size", *Proceedings of the National Academy of Sciences of the United States of America* 87, nº 16 (1990): 6349-52.
27. Tulving, "Episodic Memory".
28. Demis Hassabis et al., "Patients with Hippocampal Amnesia Cannot Imagine New Experiences", *Proceedings of the National Academy of Sciences of the United States of America* 104, nº 5 (2007): 1726-31, doi: 10.1073/pnas.0610561104.
29. Donna Rose Addis, Alana T. Wong e Daniel L. Schacter, "Remembering the Past and Imagining the Future: Common and Distinct Neural Substrates During Event Construction and Elaboration", *Neuropsychologia* 45, nº 7 (2007): 1363-77, doi:10.1016/j.neuropsychologia.2006.10.016.
30. Stephanie M. Matheson, Lucy Asher e Melissa Bateson, "Larger, Enriched Cages Are Associated with 'Optimistic' Response Biases in Captive European Starlings (*Sturnus vulgaris*)", *Applied Animal Behaviour Science* 109 (2008): 374-83.
31. Ajit Varki, "Human Uniqueness and the Denial of Death", *Nature* 460, nº 7256 (2009): 684, doi:10.1038/460684c.
32. Ibid.

CAPÍTULO 3

1. Lyle Spencer, "Walking the Talk", *NBA Encyclopedia, Playoff Edition*, http://www.nba.com/encyclopedia/coaches/pat_riley_1987-88.html.

2. Jack McCallum, "The Dread R Word", *Sports Illustrated*, 18/04/1988, http://sportsillustrated.cnn.com/vault/article/magazine/MAG1067216/4/index.htm.
3. Ibid.
4. Robert K. Merton, *Social Theory and Social Structure,* edição revisada (Nova York: Free Press, 1968), p. 477.
5. "Berlin's Wonderful Horse: He Can Do Almost Everything but Talk", *New York Times,* 4/9/1904.
6. Ibid.
7. "'Clever Hans' Again: Expert Commission Decides That the Horse Actually Reasons", *New York Times,* 2/10/1904.
8. Robert Rosenthal e Lenore Jacobson, *Pygmalion in the Classroom,* edição revisada (Nova York: Irvington Publishers, 1992).
9. Susan C. Duncan et al., "Adolescent Alcohol Use Development and Young Adult Outcomes", *Drug and Alcohol Dependence* 49, nº 1 (1997): 39-48.
10. T. L. Good, "Two Decades of Research on Teacher Expectations: Findings and Future Directions", *Journal of Teacher Education* (1987): 32-47.
11. Sara L. Bengtsson, Hakwan C. Lau e Richard E. Passingham, "Motivation to Do Well Enchances Responses to Errors and Self-Monitoring", *Cerebral Cortex* 19, nº 4 (2009): 797-804.
12. M. R. Cadinu et al., "Why Do Women Underperform Under Stereotype Threat? Evidence for the Role of Negative Thinking", *Psychological Science* 16, nº 7 (2005): 572-78.
13. C. M. Steele e J. Aronson, "Stereotype Threat and the Intellectual Test Performance of African Americans", *Journal of Personality and Social Psychology* 69, nº 5 (1995): 797-811.
14. Richard B. Buxton, *Introduction to Functional Magnetic Resonance Imaging: Principles and Techniques,* segunda edição (Nova York: Cambridge University Press, 2009), pp. ix-x.
15. Bengtsson, Lau e Passingham, "Motivation to Do Well Enhances Responses to Errors and Self-Monitoring".
16. Michael S. Gazzaniga, org., *The New Cognitive Neurosciences,* segunda edição (Cambridge, MA: MIT Press, 1999), pp. 7-22.
17. R. Saxe, S. Carey e N. Kanwisher, "Understanding Other Minds:

Linking Developmental Psychology and Functional Neuroimaging", *Annual Review of Psychology* 55 (2004): 87-124.
18. Gazzaniga, org., *The New Cognitive Neurosciences*.
19. C. S. Carter, M. M. Bostvinick e J. D. Cohen, "The Contribution of the Anterior Cingulate Cortex to Executive Processes in Cognition", *Reviews in the Neurosciences* 10, n° 1 (1999): 49-57.
20. Ibid.
21. Jonathon D. Brown e Margaret A. Marshall, "Great Expectations: Optimism and Pessimism in Achievement Settings", in *Optimism and Pessimism: Implications for Theory, Research, and Practice*, ed. Edward C. Chang (Washington, D.C.: American Psychological Association, 2000), pp. 239-56.
22. Christopher Peterson e Lisa M. Bossio, "Optimism and Physical Well-being", in Chang (org.), *Optimism and Pessimism*, pp. 126-46.
23. Ibid.
24. Michael F. Scheier, Charles S. Carver e Michael W. Bridges, "Optimism, Pessimism, and Psychological Weel-being", in Chang (org.), *Optimism and Pessimism*, pp. 189-216.
25. Ibid.
26. Peterson e Bossio, "Optimism Physical Well-being".
27. Manju Puri e David T. Robinson, "Optimism and Economic Choice", *Journal of Financial Economics 86, n°1* (2007): 71-99.
28. Ibid.
29. Judi Ketteler, "5 Money Rules for Optimists", CBS MoneyWatch.com, 18/08/ 2010, http://moneywatch.bnet.com/investing/article/5-money-rules-for-optimists/457670/.

Capítulo 4

1. David Gardner, "Obama Can Save Us! Polls Show Wave of Optimism Sweeping the Nation", *Daily Mail*, 17/01/2009, http://www.dailymail.co.uk/news/worldnews/article-1119783/Obama-save-says-America-polls-wave-optimism-sweeping- nation.html.
2. Barack Obama, *The Audacity of Hope: Thoughts on Reclaiming the American Dream* (Nova York: Crown, 2006).
3. Gardner, "Obama Can Save Us!"

4. Ibid.
5. Pesquisa Gallup, *USA Today*, 4/01 e 9/01/2001.
6. Royal Society of Arts symposium, "Private Optimism vs. Public Despair: What Do Opinion Polls Tell Us?" O simpósio, em 6 de novembro de 2008, foi organizado por Matthew Taylor e contou com palestras de Ben Page, Daniel Finkelstein, Deborah Mattinson, Matthew Taylor e Paul Dolan. O tema do presente capítulo foi inspirado nesse simpósio.
7. Discurso de posse de Barack Obama, 20/01/2009.
8. Discurso de vitória de Barack Obama, 4/11/ 2008.
9. Diana Zlomislic, "New Emotion Dubbed 'Elevation'", *Toronto Star*, 11/12/2008.
10. Jennifer A. Silvers e Jonathan Haidt, "Moral Elevation Can Induce Nursing", *Emotion* 8, nº 2 (2008): 291-95, doi:10.1037/1528-3542.8.2.291.
11. Gregor Domes et al., "Oxytocin Attenuates Amygdala Responses to Emotional Faces Regardless of Valence", *Biological Psychiatry* 62, nº 10 (2007): 1187-90, doi:10.1016/j.biopsych.2007.03.025.
12. Michael Kosfeld et al., "Oxytocin Increases Trust in Humans", *Nature* 435, nº 7042 (2005): 673-76, doi:10.1038/nature03701.
13. "Overproduction of Goods, Unequal Distribution of Wealth, High Unemployment, and Massive Poverty", memorando do Conselho Econômico do presidente Franklin Roosevelt, 10/03/1933, http://amhist.ist.unomaha.edu.
14. Discurso de posse de Barack Obama, 20/01/2009.
15. Vide http://www.kennedy-center.org.
16. Gardner, "Obama Can Save Us!".
17. Pesquisa Gallup, *USA Today*.
18. Ipsos MORI 2008 Political Monitor, http://www.ipsos-mori.com.
19. Pesquisa da BBC, 20/01/2009, http://www.globescan.com/news_archives/bbc-obama.
20. Ipsos MORI 2008 Political Monitor.
21. Ibid..
22. Http://en.wikipedia.org/wiki/List_of_countries_by_intentional_homicide_rate.

23. T. Sharot, C. Korn e R. Dolan, "How Optimism Is Maintained in the Face of Reality", inédito.
24. Simpósio da Royal Society of Arts.

Capítulo 5

1. Pesquisa do Ipsos MORI, setembro de 2007, http://www.ipsos-mori.com/assets/docs/news/ben-page-the-state- were-in-ascl-conference-2010.pdf.
2. A. Dravigne, "The Effect of Live Plants and Window Views of Green Spaces on Employee Perceptions of Job Satisfaction" (dissertação de mestrado, Texas State University, San Marcos, 2006).
3. Pesquisa do Ipsos MORI.
4. Daniel Kahneman et al., "A Survey Method for Characterizing Daily Life Experience: The Day Reconstruction Method", *Science* 306, nº 5702 (2004): 1776-80, doi:10.1126/science.1103572.
5. Daniel Gilbert, "Does Fatherhood Make You Happy?", *Time*, 11/06/2006.
6. Richard E. Lucas et al., "Reexamining Adaptation and the Set Point Model of Happiness: Reactions to Changes in Marital Status", *Journal of Personality and Social Psychology* 84, nº 3 (2003): 527-39.
7. "Are We Happy Yet?", Pew Research Center, 13/02/2006, http://pewresearch.org/pubs/301/are-we-happy-yet.
8. Daniel Kahneman et al., "Would You Be Happier If You Were Richer? A Focusing Illusion", *Science* 312, nº 5782 (2006): 1908-10, doi:10.1126/science.1129688.
9. R. Layard, *Happiness: Lessons from a New Science* (Londres: Penguin, 2005), pp. 41-54.
10. P. Brickman, D. Coates e R. Janoff-Bulman, "Lottery Winners and Accident Victims: Is Happiness Relative?, *Journal of Personality and Social Psychology* 36, nº 8 (1978): 917-27.
11. E. Diener e R. Biswas-Diener, "Will Money Increase Subjective Well-Being?", *Social Indicators Research* 57 (2002): 119-69
12. P. Schnall et al., "A Longitudinal Study of Job Strain and Ambulatory Blood Pressure: Results from a Three-Year Follow-up", *Psychosomatic Medicine* 60 (1998): 697-706.

13. Kahneman et al., "Would You Be Happier If You Were Richer?".
14. Ibid.
15. Paul W. Glimcher, *Decisions, Uncertainty, and the Brain: The Science of Neuroeconomics* (Cambridge, MA: MIT Press, 2004), pp. 189-91.
16. Kahneman et al., "Would You Be Happier If You Were Richer?".
17. A. P. Yonelinas, "Components of Episodic Memory: The Contribution of Recollection and Familiarity", *Philosophical Transactions of the Royal Society of London B: Biological Sciences* 356, nº 1413 (2001): 1363-74, doi:10.1098/rstb.2001.0939.
18. E. A. Phelps e T. Sharot, "How (and Why) Emotion Enhances the Subjective Sense of Recollection", *Current Directions in Psychological Science* 17, nº 2 (2008): 147-52.
19. Tali Sharot e Andrew P. Yonelinas, "Differential Time-Dependent Effects of Emotion on Recollective Experience and Memory for Contextual Information", *Cognition* 106, nº 1 (2008): 538-47, doi:10.1016/j.cognition.2007.03.002.
20. F. Fujita e E. Diener, "Life Satisfaction Set Point: Stability and Change", *Journal of Personality and Social Psychology* 88 (2005): 158-64.
21. E. Diener, M. Diener e C. Diener, "Factors Predicting the Subjective Well-being of Nations", *Journal of Personality and Social Psychology* 69 (1995): 851-64; "The World in 2005: The Economist Intelligence Unit's Quality-of-Life Index", http://www.economist.com/media/pdf/quality_of_life.pdf.
22. M. E. P. Seligman et al., "Positive Psychology Progress: Empirical Validation of Interventions", *American Psychologist* 60 (2005): 410-21.
23. Dados de 2005 do European Values Study Group & World Values Survey Association, http://www.wvsevsdb.com.
24. A. Campbell, P. E. Converse e W. L. Rodgers, *The Quality of American Life: Perceptions, Evaluations, and Satisfactions* (Nova York: Russell Sage Foundation, 1976), pp. 135-69.
25. T. Sharot et al., "Neural Mechanisms Mediating Optimism Bias", *Nature* 450, nº 7166 (2007): 102-5.
26. Ibid.
27. J. M. Williams et al., "The Specificity of Autobiographical Memory and Imageability of the Future", *Memory and Cognition* 24 (1996): 116-25.

28. W. C. Drevets et al., "Subgenual Prefrontal Cortex Abnormalities in Mood Disorders", *Nature* 386, nº 6627 (1997): 824-27.
29. L. B. Alloy e L. Y. Abramson, "Judgment of Contingency in Depressed and Nondepressed Students: Sadder but Wiser?", *Journal of Experimental Psychology: General* 108 (1979): 441-85.

Capítulo 6

1. American Psychiatric Association, *Diagnostic Statistical Manual of Mental Disorders*, 4ª ed. (Washington, D.C.: American Psychiatric Publishing, 1994.)
2. P. W. Andrews e J. A. Thomson, Jr.,"The Bright Side of Being Blue: Depression as an Adaptation Analyzing Complex Problems", *Psychological Review* 116, nº 3 (2009): 620-54.
3. S. Moussavi et al., "Depression, Chronic Diseases, and Decrements in Health: Results from the World Health Surveys", *Lancet* 370 (2007): 851-58.
4. L. Y. Abramson, M. E. Seligman e J. D. Teasdale, "Learned Helplessness in Humans: Critique and Reformulation", *Journal of Abnormal Psychology* 87, nº 1 (1978): 49-74.
5. M. E. P. Seligman, *Learned Optimism: How to Change Your Mind and Your Life* (Nova York: Vintage Books, 2006), pp. 3-16.
6. Christopher Peterson, Steven F. Maier e Martín E. P. Seligman, *Learned Helplessness: A Theory for the Age of Personal Control* (Nova York: Oxford University Press, 1995), pp. 182-223.
7. Martin E. Seligman, Steven F. Maier e James H. Geer, "Alleviation of Learned Helplessness in the Dog", *Journal of Abnormal Psychology* 73, nº 3 (1968): 256-62.
8. Peterson, Maier e Seligman, *Learned Helplessness*, pp. 182-223.
9. Ibid.
10. G. M. Buchanan, C. A. R. Gardenswartz e M. E. P Seligman, "Physical Health Following a Cognitive-Behavioral Intervention", *Prevention and Treatment* 2, nº 10 (1999). http://www.ppc.sas.upenn.edu/healthbuchanan1999.pdf.
11. M. Olfson e S. C. Marcus, "National Patterns in Antidepressant Medication Treatment", *Archives of General Psychiatry* 66, nº 8 (2009): 848.
12. Catherine J. Harmer, "Serotonin and Emotional Processing: Does It

Help Explain Antidepressant Drug Action?", *Neuropharmacology* 55, nº 6 (2008): 1023-28.
13. A. T. Beck et al., *Cognitive Therapy of Depression* (Nova York: Guilford Press, 1979), pp. 117-66.
14. Harmer, "Serotonin and Emotional Processing".
15. A. Caspi et al., "Influence of Life Stress on Depression: Moderation by a Polymorphism in the 5-HTT Gene", *Science* 301, nº 5631 (2003): 386.
16. Ibid.
17. D. L. Murphy et al., "Genetic Perspectives on the Serotonin Transporter", *Brain Research Bulletin* 56, nº 5 (2001): 487-94.
18. A. R. Hariri et al., "Serotonin Transporter Genetic Variation and the Response of the Human Amygdala", *Science* 297, nº 5580 (2002): 400; A. Heinz et al., "Amygdala-Prefrontal Coupling Depends on a Genetic Variation of the Serotonin Transporter", *Nature Neuroscience* 8, nº 1 (2004): 20-21; T. Canli et al., "Beyond Affect: A Role for Genetic Variation of the Serotonin Transporter in Neural Activation During a Cognitive Attention Task", *Proceedings of the National Academy of Sciences of the United States of America* 102, nº 34 (2005): 122-24.
19. L. Pezawas et al., "5-HTTLPR Polymorphism Impacts Human Cingulate-Amygdala Interactions: A Genetic Susceptibility Mechanism for Depression", *Nature Neuroscience* 8, nº 6 (2005): 828-34.
20. H. S. Mayberg et al., "Deep Brain Stimulation for Treatment-Resistant Depression", *Neuron* 45, nº 5 (2005): 651-60.
21. "Gene-Environment Interactions — Seminal Studies (4 of 7)", http://www.youtube.com/watch?v=vLDvhWF3qis&feature=youtube_gdata.
22. Ibid.
23. Ibid.
24. T. Sharot et al., "Neural Mechanisms Mediating Optimism Bias", *Nature* 450, nº 7166 (2007): 102-5.
25. Ibid.
26. J. E. De Neve et al., "Genes, Economics, and Happiness", SSRN eLibrary (fevereiro de 2010), CES working paper, série nº 2946.
27. G. Tang, dados inéditos.

28. E. Fox, A. Ridgewell e C. Ashwin, "Looking on the Bright Side: Biased Attention and the Human Serotonin Transporter Gene", *Proceedings of the Royal Society B: Biological Sciences* 276, n° 1663 (2009): 1747.

Capítulo 7

1. "Guinness Comes to Those Who've Waited", http://www.prnewswire.co.uk/cgi/news/release?id=21223.
2. "How to Pour the Perfect Guinness", http://www.esquire.com/the-side/opinion/guinness031207.
3. "Guinness", http://en.wikipedia.org/wiki/Guinness#Pouring_and_serving.
4. "Guinness Comes to Those Who've Waited."
5. G. Loewenstein, "Anticipation and the Valuation of Delayed Consumption", *Economic Journal* 97 (1987): 666-84.
6. M. L. Farber, "Time Perspective and Feeling Tone: A Study in the Perception of Days", *Journal of Psychology* 35 (1953): 253-57.
7. Loewenstein, "Anticipation and the Valuation of Delayed Consumption".
8. Gregory S. Berns et al., "Neurobiological Substrates of Dread", *Science* 312, n° 5774 (2006): 754-58, doi:10.1126/science.1123721.
9. P. C. Fishburn, *Utility Theory for Decision-Making* (Nova York: Wiley, 1970).
10. S. V. Kasl, S. Gore e S. Cobb, "The Experience of Losing a Job: Reported Changes in Health, Symptoms and Illness Behavior", *Psychosomatic Medicine* 37, n° 2 (1975): 106-22.
11. Berns et al., "Neurobiological Substrates of Dread".
12. Tali Sharot, Benedetto De Martino e Raymond J. Dolan, "How Choice Reveals and Shapes Expected Hedonic Outcome", *Journal of Neuroscience* 29, n° 12 (2009): 3760-65, doi:10.1523/JNEUROSCI.4972-08.2009.
13. George Loewenstein, *Choice over Time* (Nova York: Russell Sage Foundation Publications, 1992).
14. Tali Sharot et al., "Neural Mechanisms Mediating Optimism Bias", *Nature* 450, n° 7166 (2007): 102-5, doi:10.1038/nature06280.

15. Joseph W. Kable e Paul W. Glimcher, "The Neural Correlates of Subjective Value During Intertemporal Choice", *Nature Neuroscience* 10, nº 12 (2007): 1625-33, doi:10.1038/nn2007.
16. P. H. Roelofsma, "Modelling Intertemporal Choices: An Anomaly Approach", *Acta Psychologica* 93 (1996): 5-22.
17. M. Berndsen e J. van der Pligt, "Time Is on My Side: Optimism in Intertemporal Choice", *Acta Psychologica* 108, nº 2 (2001): 173-86.
18. Hal Ersner-Hershfield, G. Elliott Wimmer e Brian Knutson, "Saving for the Future Self: Neural Measures of Future Self-Continuity Predict Temporal Discounting", *Social Cognitive and Affective Neuroscience* 4, nº 1 (2009): 85-92, doi:10.1093/scan/nsn042.
19. Timothy L. O'Brien, "What Happened to the Fortune Michael Jackson Made?", *The New York Times,* 14/05/2006.
20. "U.S. Savings Rate Hits Lowest Level Since 1933", http://www.msnbc.msn.com./id/11098797/ns/business-eye_on_the_economy.
21. O'Brien, "What Happened to the Fortune Michael Jackson Made?".
22. "U.S. Savings Rate Hits Lowest Level Since 1933."
23. Ibid.
24. Richard H. Thaler e Cass R. Sunstein, *Nudge: Improving Decisions About Health, Wealth, and Happiness,* edição revisada. (Nova York: Penguin, 2009), pp. 105-19.
25. Blog de Lisa Marie Presley no MySpace, http://blogs.myspace.com.

Capítulo 8

1.. J. W. Brehm, "Post-Decision Changes in the Desirability of Choice Alternatives", *Journal of Abnormal and Social Psychology* 52 (1956): 384-89.
2. L. C. Egan, L. R. Santos e P. Bloom, "The Origins of Cognitive Dissonance: Evidence from Children and Monkeys", *Psychological Science* II (2007): 978-83.
3. M. D. Lieberman et al., "Do Amnesics Exhibit Cognitive Dissonance Reduction? The Role of Explicit Memory and Attention in Attitude Change", *Psychological Science* 2 (2001): 135-40.
4. T. Sharot, B. De Martino e R. J. Dolan, "How Choice Reveals and Shapes Expected Hedonic Reaction, *Journal of Neuroscience* 29, nº 12 (2009): 3760-65, doi:10.1523/JNEUROSCI.4972-08.2009.

5. M. R. Delgado, "Reward-Related Responses in the Human Striatum", *Annals of the New York Academy of Sciences* 1104 (2007): 70-88.
6. Louisa Egan, Paul Bloom e Laurie R. Santos, "Choice-Induced Preferences in the Absence of Choice: Evidence from a Blind Two Choice Paradigm with Young Children and Capuchin Monkeys", *Journal of Experimental Social Psychology* 46 (2010): 204-7.
7. T. Sharot, C. M. Velasquez e R. Dolan, "Do Decisions Shape Preference? Evidence from Blind Choice", *Psychological Science* 21 (2010): 9209-15.
8. Choosing the Same Partner Over and Over Again: Commitment in a Healthy Marriage", http://www.meridianmagazine.com/LdsMarriageNetwork/060714same.html.
9. Leon Festinger, *Conflict, Decision and Dissonance* (Palo Alto, CA: Stanford University Press, 1964).
10. D. J. Bem, "Self-Perception: An Alternative Interpretation of Cognitive Dissonance Phenomena", *Psychological Review* 74 (1967): 183-200.
11. J. Cooper, M. P. Zanna e P. A. Taves, "Arousal as a Necessary Condition for Attitude Change Following Induced Compliance", *Journal of Personality and Social Psychology* 36, nº 10 (1978): 1101-6.
12. T. Sharot et al., "Dopamine Enhances Expectation of Pleasure in Humans", *Current Biology* 19, nº 24 (2009): 2077-80, doi:10.1016/j.cub.2009.10.025.

CAPÍTULO 9

1. Jim Bishop, *The Day Lincoln Was Shot* (Nova York: Gramercy, 1984).
2. F. Colgrove, "Individual Memories", *American Psychologist* 10 (1899): 228-55.
3. R. Brown e J. Kulick, "Flashbulb Memories", *Cognition* 5 (1977): 73-99.
4. U. Neisser e N. Harsch, "Phantom Flashbulbs", in *Affect and Accuracy in Recall: Studies of "Flashbulb" Memories*, org. E. Winograd e U. Neisser (Nova York: Cambridge University Press, 1992), pp. 9-32.
5. William James, *The Principles of Psychology*, vol. 1 (Nova York: Henry Holt, 1890), p. 670.
6. J. M. Talarico e D. C. Rubin, "Confidence, Not Consistency,

Characterizes Flashbulb Memories", *Psychological Science* 14 (2003): 455-61.
7. T. Sharot et al., "How Personal Experience Modulates the Neural Circuitry of Memories of September 11", *Proceedings of the National Academy of Sciences of the United States of America* 104, n° 1 (2007): 389-94.
8. "Introduction: One Year Later: New Yorkers More Troubled, Washingtonians More on Edge", http://people-press.org/report/160/.
9. H. Klüver e P. C. Bucy, "Preliminary Analysis of Functions of the Temporal Lobes in Monkeys", *Archives of Neurology and Psychiatry* 42 (1939): 979-1000.
10. L. Weiskrantz, "Behavioral Changes Associated with Ablation of the Amygdaloid Complex in Monkeys", *Journal of Comparative and Physiological Psychology* 4 (1956): 381-91.
11. Joseph LeDoux, *The Emotional Brain: The Mysterious Underpinnings of Emotional Life* (Londres: Phoenix, 1999).
12. Ibid.
13. O exemplo nesse contexto foi postado por Ed Yong em "9/11 Memories Reveal How 'Flashbulb Memories' Are Made in the Brain", http://notexactlyrocketscience.wordpress.com/2007/02/25/911-memories-reveal-how-fashbulb-memories-are-made-in-the-brain/.

Capítulo 10

1. Lance Armstrong e Sally Jenkins, *It's Not About the Bike: My Journey Back to Life* (Nova York: Berkley Books, 2001), p. 259.
2. P. Brickman, D. Coates e R. Janoff-Bulman, "Lottery Winners and Accident Victims: Is Happiness Relative?", *Journal of Personality and Social Psychology* 36 (1978): 917-27.
3. Peter A. Ubel, George Loewenstein e Christopher Jepson, "Disability and Sunshine: Can Hedonic Predictions Be Improved by Drawing Attention to Focusing Illusions or Emotional Adaptation?", *Journal of Experimental Psychology: Applied* 11, n° 2 (2005): 111-23.
4. Ibid.
5. "The Big Interview: Matt Hampson", *Sunday Times* (Londres), 12/03/2006.

6. T. D. Wilson et al., "When to Fire: Anticipatory Versus Postevent Reconstrual of Uncontrollable Events", *Personality and Social Psychology Bulletin* 30 (2004): 340-51.
7. T. Sharot, T. Shiner e R. Dolan, "Experience and Choice Shape Expected Aversive Outcomes", *Journal of Neuroscience* 30, nº 27: 9209-15.
8. Elizabeth A. Phelps e Joseph E. LeDoux, "Contributions of the Amygdala to Emotion Processing: From Animal Models to Human Behavior", *Neuron* 48, nº 2 (2005): 175-87, doi:10.1016/j.neuron.2005.09.025.
9. M. A. Changizi e W. G. Hall, "Thirst Modulates a Perception", *Perception* 30 (2001): 1489-97.
10. E. Balcetis e D. Dunning, "Cognitive Dissonance and the Perception of Natural Environments", *Psychological Science* 10 (2007): 917-21.
11. Leon Festinger, Henry W. Riecken e Stanley Schachter, *When Prophecy Fails* (Nova York: HarperPerennial, 1964).

Capítulo 11

1. Leopold Trepper, *Great Game: Story of the Red Orchestra* (Londres: Sphere, 1979).
2. R. J. Overy, *The Dictators: Hitler's Germany and Stalin's Russia* (Nova York: W.W. Norton, 2004), pp.83-90.
3. Trepper, *Great Game*.
4. Ibid.
5. Ibid.
6. Ibid.
7. Statistic from the American Cancer Society, http://www.cancer.org.
8. N. D. Weinstein, "Unrealistic Optimism About Future Life Events", *Journal of Personality and Social Psychology* 39, nº 5 (1980): 806-20.
9. L. Baker e R. Emery, "When Every Relationship Is Above Average: Perceptions and Expectations of Divorce at the Time of Marriage", *Law and Human Behavior* 17 (1993): 439-50.
10. Neil D. Weinstein, "Unrealistic Optimism About Susceptibility to Health Problems: Conclusions from a Community-wide Sample", *Journal of Behavioral Medicine* 10, nº 5 (1987): 481-500.

11. Overy, *The Dictators,* pp. 483-99.
12. Gabriel Gorodetsky, *Grand Delusion: Stalin and the German Invasion of Russia* (New Haven, CT: Yale University Press, 2001), pp. 67-86.
13. Edward E. Ericson, *Feeding the German Eagle: Soviet Economic Aid to Nazi Germany, 1933-1941* (Westport, CT: Greenwood, 1999), p. 162.
14. Richard S. Sutton e Andrew G. Barto, *Reinforcement Learning: An Introduction* (Cambridge, MA: MIT Press, 1998).
15. David Dunning, Chip Heath e Jerry M. Suls, "Flawed Self-Assessment: Implications for Health, Education, and the Workplace", *Psychological Science in the Public Interest* 5, nº 3 (2004): 69-106.
16. R. Schulz et al., "Pessimism, Age, and Cancer Mortality", *Psychology and Aging* 11, nº 2 (1996): 304-9.
17. M. F. Scheier et al., "Dispositional Optimism and Recovery from Coronary Artery Bypass Surgery: The Beneficial Effects on Physical and Psychological Well-being", *Journal of Personality and Social Psychology* 57, nº 6 (1989): 1024-40.
18. Manju Puri e David T. Robinson, "Optimism and Economic Choice", *Journal of Financial Economics* 86, nº 1 (2007): 71-99.
19. Thomas Gilovich, Dale Griffin e Daniel Kahneman, *Heuristics and Biases: The Psychology of Intuitive Judgment* (Nova York: Cambridge University Press, 2002), pp. 250-70.
20. Peter Jones, *Ove Arup: Masterbuilder of the Twentieth Century* (Nova Haven, CT: Yale University Press, 2006), p. 214
21. Peter Murray, *The Saga of Sydney Opera House: The Dramatic Story of the Design and Construction of the Icon of Modern Australia* (Londres: Routledge, 2003), pp. 56-70.
22. Her Majesty's Treasury, Green Book, http://www.hm-treasury.gov.uk/data_greenbook_index.htm.
23. Hersh Shefrin, "How Psychological Pitfalls Generated the Global Financial Crisis", http://ssrn.com/abstract-1523931; Peter Ubel, "Human Nature and the Financial Crisis", *Forbes,* 22/02/2009.

Epílogo

1. N. D. Weinstein, "Unrealistic Optimism About Future Life Events", *Journal of Personality and Social Psychology* 39, nº 5 (1980): 806-20; Neil D. Weinstein, "Unrealistic Optimism

About Susceptibility to Health Problems: Conclusions from a Community-wide Sample", *Journal of Behavioral Medicine* 10, nº 5 (1987): 481-500.
2. E. Pronin, D. Y. Lin e L. Ross, "The Bias Blind Spot: Perceptions of Bias in Self Versus Others", *Personality and Social Psychology Bulletin* 28 (2002): 369-81.
3. T. Sharot et al., "Neural Mechanisms Mediating Optimism Bias", *Nature* 450, nº 7166 (2007): 102-5, doi:10.1038/nature06280.
4. Manju Puri e David T. Robinson, "Optimism and Economic Choice", *Journal of Financial Economics* 86, nº 1 (2007): 71-99; Edward C. Chang, org., *Optimism and Pessimism: Implications for Theory, Research, and Practice* (Washington, D.C.: American Psychological Association, 2000).
5. Michael S. Gazzaniga, org., *The New Cognitive Neurosciences*, 2ª ed. (Cambridge, MA: MIT Press, 1999).
6. Elizabeth A. Phelps e Joseph E. LeDoux, "Contributions of the Amygdala to Emotion Processing: From Animal Models to Human Behavior", *Neuron* 48, nº 2 (2005): 175-87, doi:10.1016/j.neuron.2005.09.025.
7. E. Tulving e H. J. Markowitsch, "Episodic and Declarative Memory: Role of the Hippocampus", *Hippocampus* 8, nº 3 (1998): 198-220.
8. M. R. Delgado, "Reward-Related Responses in the Human Striatum", *Annals of the New York Academy of Sciences* 1104 (2007): 70-88.
9. K. Friston, "The Prophetic Brain", *Seed*, 27/01/2009, http://seedmagazine.com/content/article/the_prophetic_brain/P1.
10. Pronin, Lin e Ross, "The Bias Blind Spot".
11. Daniel Gilbert, *Stumbling on Happiness* (Nova York: Vintage, 2007).
12. T. Sharot, T. Shiner e R. Dolan, "Experience and Choice Shape Expected Aversive Outcomes", *Journal of Neuroscience* 30, nº 27 (2010): 9209-15.
13. Friston, "The Prophetic Brain".
14. Ibid.
15. Mark Heisler, *The Lives of Riley* (Nova York: Macmillan, 1994).

16. "The Big Interview: Matt Hampson", *Sunday Times* (Londres), 12/03/2006.
17. Chang, org., *Optimism and Pessimism*.
18. Weinstein, "Unrealistic Optimism About Susceptibility to Health Problems".
19. E. Fox, A. Ridgewell e C. Ashwin, "Looking on the Bright Side: Biased Attention and the Human Serotonin Transporter Gene", *Proceedings of the Royal Society B: Biological Sciences* 276, n.º 1663 (2009): 1747-51.
20. Peter Ubel, "Human Nature and the Financial Crisis", *Forbes*, 22/02/2009.

Este livro foi impresso na Editora JPA Ltda.,
Av. Brasil, 10.600 – Rio de Janeiro – RJ,
para a Editora Rocco Ltda.